KB195627

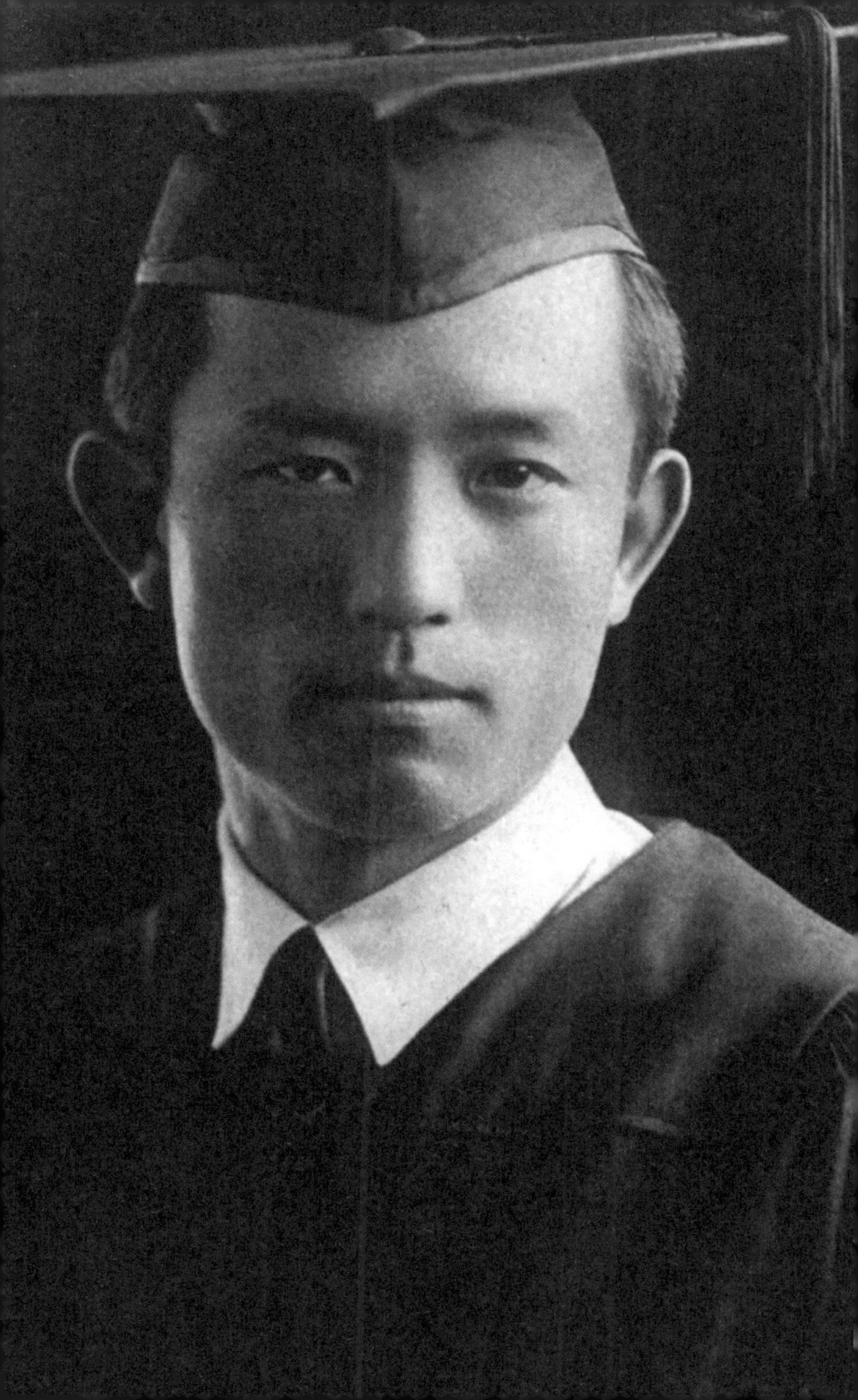

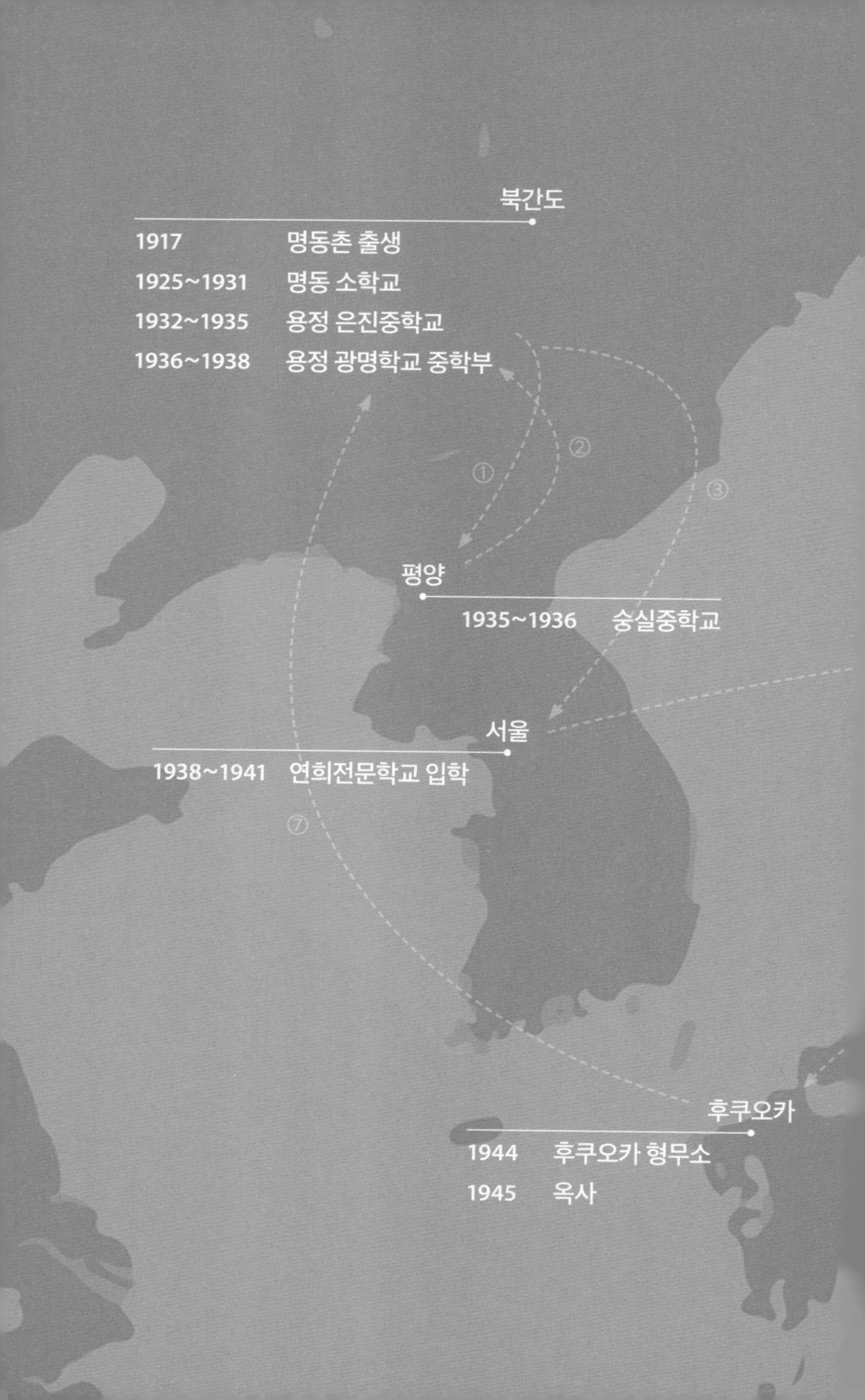

북간도

1917 명동촌 출생

1925~1931 명동 소학교

1932~1935 용정 은진중학교

1936~1938 용정 광명학교 중학부

①

②

③

평양

1935~1936 숭실중학교

서울

1938~1941 연희전문학교 입학

⑦

후쿠오카

1944 후쿠오카 형무소

1945 옥사

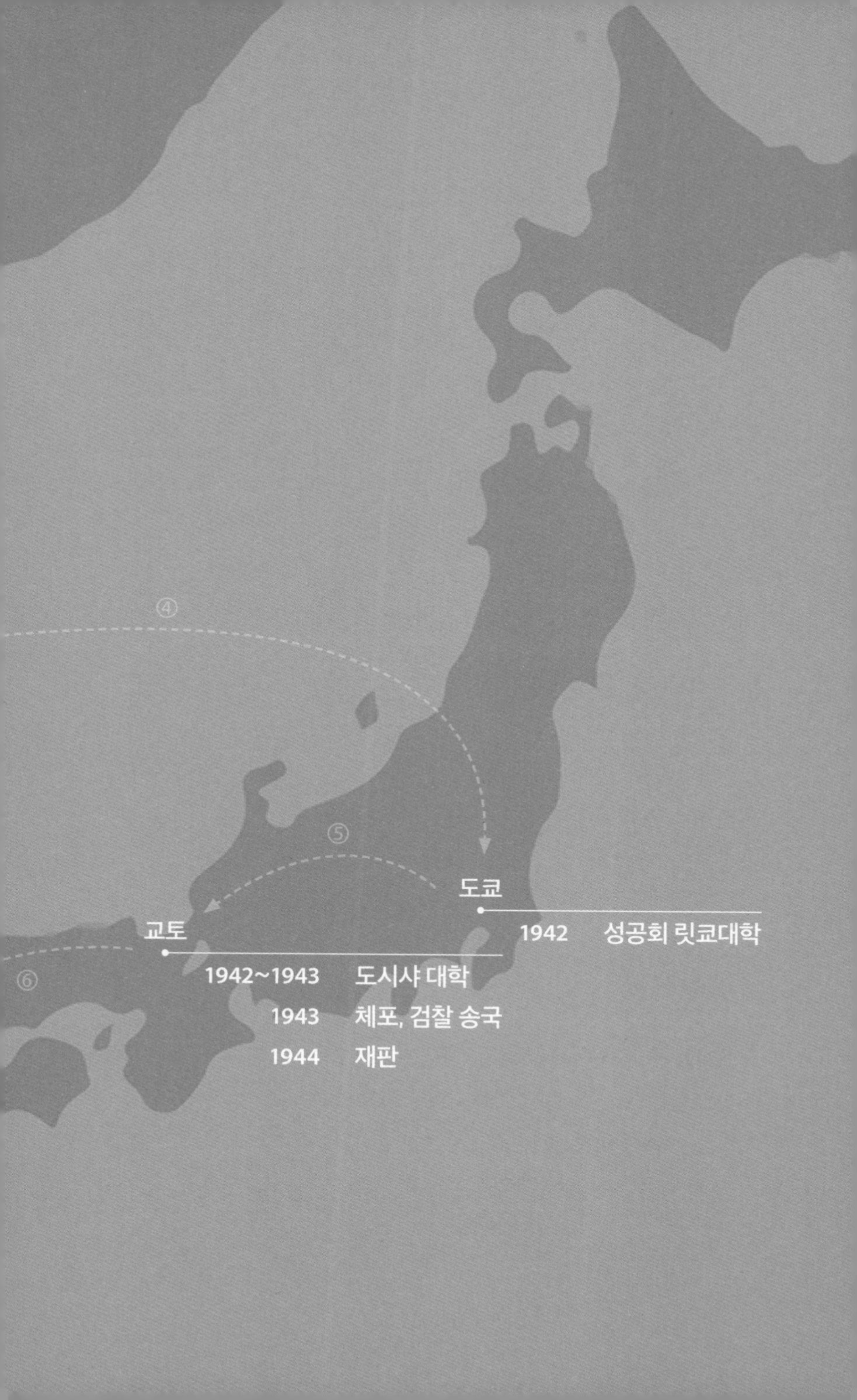

④

⑤

도쿄

1942 성공회 릿쿄대학

교토

1942~1943 도시샤 대학

1943 체포, 검찰 송국

1944 재판

⑥

일러두기

- 단행본, 잡지, 신문 등 책으로 간주할 수 있는 것은 겹낫표(『 』)로, 단편소설, 시, 기사, 칼럼 등은 홑낫표(「 」)로, 미술, 음악, 연극 등의 작품명은 홑화살괄호(〈 〉)로 표기했다.
- 외래어 표기는 국립국어원 외래어표기법을 따랐으나, 관습적으로 굳은 표기는 그대로 허용했다.

클래식 클라우드 | 036

윤동주

×

김응교

문학지도, 걸어가야겠다

arte

CONTENTS

기억의 저장소
토포필리아, 헤테로토피아

토포필리아

누구든 잊지 못하는 소중한 장소가 있다. 난생 처음 영화를 보았던 잘 기억나지 않는 극장, 엄마아빠와 처음 봄꽃 놀이 가서 가족사진 찍었던 고궁, 아무도 모르게 반나절 누워 편히 쉬었던 나무그늘, 첫사랑에게 고백하고 마주보았던 야외 카페, 힘들 때마다 한참 홀로 걸었던 산책길, 이 모든 장소에는 보이지 않는 이력이 새겨져 있다.

그리스어로 토포필리아Topophilia는 장소를 뜻하는 토포스topos와 사랑과 우정을 뜻하는 필리아philia의 합성어다. 영국 시인 존 베처먼John Betjeman(1906~1984)이 이 단어를 사용했다. 소중한 기억이 저장된 특정 장소에 대한 특별한 사랑을 뜻한다. 내가 특별한 장소에 대해 느끼는 감정을 표현한 적절한 말이다. 토포필리아는 '장소애場所愛'로도 번역한다.

이-후 투안Yi-Fu Tuan이 쓴 『토포필리아』(1990)는 '환경 지각, 태도, 가치의 연구'라는 부제가 책의 내용을 요약한다. 이 책이 나오기 전까지 장소를 연구한다 하면 그저 지리학적인 공간 연구에 국한되었다. 저자는 '사람'을 빼놓은 공간 연구가 과연 무슨 의미가 있을지 지적한다. '사람'이 그 공간에서 어떻게 살고 있는지, 그 공간 점유의 의미와 가치를 분석한 내용이 이 책이다.

자신이 살고 있는 공간을 사람들은 어떻게 체험하며 성찰할까. 인간은 자신이 거주하는 공간에서 숨쉬고 행동하며 잠자며 지리적 공간을 '정서적 공간'으로 만든다.

문학 작품은 작가가 체험하고 사랑하는 공간에서의 기억을 문장으로 표현한 결과물이다. 작가가 사랑하며 기억하는 '정서적 공간'을 회감回感시킨 텍스트는 얼마나 귀한가.

헤테로토피아

한편 1966년 12월에 미셸 푸코가 했던 강연을 편집한 『유토피아적인 몸 / 헤테로토피아』에서 '헤테로토피아'라는 개념이 발표되었다. 헤테로토피아란, 다른heteros이라는 단어와 장소topos의 합성어다. 현실에서는 있을 수 없는 유토피아를 대신하는 '다른 장소'를 뜻한다. 간단히 쓰면, '현실에 설정된 유토피아'다. 이 강연에서 푸코는 헤테로토피아의 개념을 이렇게 요약한다.

> 어떤 인간 집단이든 그것이 점유하고 실제로 살고 일하는 공간 안에서 유토피아적인 장소들을 구획하고, 그것이 바삐 움직이는 시간 속에서 유크로니아적인 순간들을 구획한다.
>
> – 미셸 푸코, 『헤테로토피아』, 문학과지성사, 2020. 12면

유크로니아uchronie는 부정을 나타내는 접두사 'u'와 시간을 의미하는 'chronie'의 합성어다. 시간chronie에 상관없이(u) 전혀 새로운 시공간에 유토피아적 공간을 만드는 것이 '헤테로토피아'라는 공간이다.

아이들은 왜 다락방을 좋아할까. 아이들은 다락방을 엄마 뱃속처럼 안락한 공간, 즉 헤테로토피아로 여긴다고 미셸 푸코는 설명한다. 어른들의 헤테로토피아는 이렇게 설명한다.

> 어른의 사회는 아이들보다 훨씬 먼저 자기만의 반공간, 자리매겨진 유토피아, 모든 장소 바깥의 실제 장소들을 스스로 조직했다. 예를 들면, 정원이 있고 묘지가 있고 감호소가 있고 사창가가 있고 감옥이 있고 클럽 메드의 휴양촌이 있고, 그밖에도 많다.
>
> – 미셸 푸코, 『헤테로토피아』, 문학과지성사, 2020, 14면

이밖에도 어른들이 설정한 신성한 종교적 공간은 천국이라는 유토피아를 대신하는 헤테로토피아라고 할 수 있겠다. 박물관이라는 공간은 고대 공동체라는 유토피아 세계로 돌아갈 수 없기에 어른들이 설정한 헤테로토피아라고 할 수 있다. "박물관, 도서관

등은 우리 문화의 고유한 헤테로토피아들”(20면)이라고 푸코는 평가한다. 묘지, 관광지, 백화점 등도 인간의 유토피아적 욕망을 펼치는 헤테로토피아다.

이 책에서 우리는 윤동주가 ‘공간’을 어떻게 체험하고, 이해하고, 어떻게 자신의 작품에 써놓았는지 함께 답사하는 여행을 하려 한다. 윤동주가 사랑한 토포필리아의 공간, 혹은 윤동주가 대안의 유토피아로 설정한 헤테로토피아를 찾아 운동화 끈을 편히 매고 천천히 길을 떠나자.

함경도

영혼의 고향, 함경도

함경북도 청진부 포항정 76번지

고향이란 한 인간의 평생을 지배하며 떼어내려야 떼어낼 수 없는 장소다.

모든 윤동주 책은 명동마을부터 윤동주 이야기를 시작한다. 물론 윤동주가 태어나고 자란 공간은 명동마을이기에 그곳에서 어떻게 자랐는지 살펴보는 것은 당연하다. 다만 윤동주가 명동마을을 고향으로 생각했을까, 이 문제는 다른 문제다.

윤동주는 명동마을을 고향이라고 쓴 적이 있을까. 있다. "삼년 만에 고향에 찾아드는"(「곡간」)이라는 표현이 있다. 여기에 쓴 '고향'이라는 표현은 진정한 고향을 가리키는 것일까.

判 決

本籍 朝鮮咸鏡北道清津府浦項町七十六番地

住居 京都市左京區田中高原町二十七番地

武田アパート内

私立同志社大學文學部選科學生

平沼東柱

大正七年十二月三十日生

고향을 호명한 경우 "남쪽 하늘 저 밑엔/따뜻한 내 고향"(「고향집」) 이라며 남쪽 모국에 있는 고향을 썼다. 반대로 명동마을에 대해서는 "어머님, 그리고 당신은 멀리 북간도에 계십니다"(「별 헤는 밤」)라고 썼지, '고향에 계십니다'라고 쓰지 않았다. 게다가 "진정한 내 고향이 있다면 고향행故鄉行을 달겠다."(「종시」)라고 썼다. 이렇게 썼으니 진정한 내 고향이 없다는 말이 아닌가. 윤동주의 글 전체를 볼 때, 행정적 고향은 명동마을이지만 '진정한 고향'은 없는 듯하다.

그의 영혼이 그리워하던 고향은 함경도가 아닐까. 명동마을보다는 따스한 함경도가 남쪽 하늘 저 밑 따뜻한 내 고향이 아니었을까. 함경도는 윤동주의 본적지였다. 그의 모든 학적부, 성적표, 하다못해 마지막 판결문에도 그의 본적은 "조선 함경북도 청진부 포항정 76번지"로 나온다.

함경도 회령 오룡천 오현들

명동마을로 집단이주를 하도록 가족을 이끈 이들은 모두 유학자요 교육자였다. 회령에 오룡천五龍川이라는 강이 있었다. 오룡천은 함경북도 회령군 화풍면의 산지에서 발원하여 회령군·종성군·경원군을 지나 두만강으로 66킬로미터 거리를 흐르는 하천이다. 오룡천 가까운 곳에 한양에서 유배당해 온 학자 다섯 사람이 살았다.

김약연 선생의 증손인 김재홍은 '오룡천 오현五賢'을 증언한다.

회령에 살던 최학암 선생은 우암 송시열에게서 가장 총애를 받고, 83세까지 인종·효종·현종·숙종 4대에 걸쳐 나라를 섬긴 공신이었다. 효종의 장례 문제로 관직에서 파면되어 함남 덕원에 귀양 갔다가 경남 거제도를 거쳐 청봉 산읍으로 유배된다.

종성에는 한봉암 선생과 그의 동생 한치암 선생 등이 유배되어 살았다. 종성에는 스무 살에 과거에 합격하여 공조 좌랑 벼슬까지 했던 남오룡재(1731~1798) 선생이 고향 함경도에 돌아와 오룡천 기슭에서 교육에 힘썼다.

명동마을로 사람들을 집단 이주하도록 이끈 이들은 바로 '오룡천 오현'의 문하생이거나 후손들이었다. 규암 김약연, 성암 문병규, 도천 남종구, 소재 김하규, 김정규 등 선생들은 이주하여 '제2의 오룡천'을 세우고자 했던 것이다(김재홍 증언, 「명동은 간도의 '오룡천'」, 『북간도 지역 한인 민족운동: 명동학교 100주년 기념』, 독립기념관, 2008. 37면).

이들 중 "나이 서른둘인 청년으로 두만강을 함께 건넜던 김약연 선생은 남종구 선생 문하에서 맹자를 만독萬讀하신 분"(문재린·김신묵 회고록, 『기린갑이와 고만네의 꿈』, 삼인, 2006, 32면)이었다. 함께 이주한 유학자와 더불어 김약연 역시 『맹자』에 나오는 군자君子의 모습이었다.

> 그(김약연-인용자)를 가르친 남종구 선생은 "규암은 맹자에 통달했으니 맹판孟板이요, 예절이 각별하니 예판禮板이요, 한번 보기만 해도 척척 기억하니 피판皮板이요, 처사가 견실하니 철판鐵板"이라고 했다. 학식이 뛰어날 뿐 아니라 지략이 탁월하고 도덕이 높아서 만주에 사는 한인 교포의 대표요 두령임을 한인들뿐 아니라 중국인, 일본인도 다 알았다.
>
> –문재린·김신묵 회고록, 위의 책, 53~54면

그의 삶은 철저하게 맹자에 기초를 두고 있었다. 김약연은 1868년 9월 12일 함경북도 회령군 동촌 옹희면 제일리 행영에서 태어났다. 김약연이 윤동주 어머니의 오빠, 곧 윤동주에게 외삼촌이었다는 사실은 소년 윤동주에게 평생 축복이었다.

윤동주에게 영향을 끼쳤던 조상들은 모두 함경도에서 온 사람들이다. 송몽규 같은 가족은 물론이요, 둘레의 강처중 같은 친구들, 누상동 하숙집의 주인인 소설가 김송도 함경도 사람이다. 윤동주에게 이 지상의 고향은 시에 나타나지 않는다. 명동마을을 고향이라고 쓴 적이 단 한 번도 없다. 그곳도 이국땅이었다.

마음의 고향

윤동주가 다니던 명동학교의 교목으로 있던 장공 김재준 목사가 번역한 성경의 문장에는 함경도 사투리가 나온다. 김재준 목사는 1930년대에 간도 연길 부근의 용정에 있는 은진중학교恩眞中學校에서 3년간 가르치면서, 1937년부터 1938년까지 『십자군十字軍』이라는 저널을 펴냈다. 이 시기는 윤동주가 은진중학교를 다니던 시기와 겹친다.

중요한 것은 김재준 목사가 성경을 우리말로 번역할 때 함경도 사투리로 인용했다는 사실이다. 그가 사용했던 성경에는 함경도 사투리가 살아 있었다.

"맨드실새"(창 1:1)와 "맨들자"(창 1:27)와 "맨드신"(창 1:31; 2:3) 그리고 "맨드시던 날에"(창 2:4)와 "맨들리라"(창 2:18) 그리고 "비저맨드시고"(창 2:19)가 대표적이다. 곧 "만들다" 를 "맨들다"로 표기

한 것을 말한다.

1880년에 나온 『한불ᄌᆞ뎐韓佛字典』(221)에는 "망그다"나 "ᄆᆞᆫᄃᆞ다"라는 말이 같은 뜻으로 등장한다. 또 1890년에 나온 언더우드의 『한영ᄌᆞ뎐韓英字典』에도 "ᄆᆞᆫᄃᆞ오"라는 뜻을 지닌 "construct"(55쪽)와 "make"(164쪽) 그리고 "manufacture"(165쪽) 항목의 번역어로 등장한다. 창세기 2:20의 "집즘생"이나 "들즘생"의 "즘생"도 여기에 해당한다.(이환진, 「십자군」(1937~1938)에 실린 김재준 목사의 창세기(1~4장) 번역의 특징」, 『성경원문연구』, 제32호. 2013.4, 22면)

윤동주 시에는 적지 않은 함경도 '제땅말'(사투리)이 나온다. 되도록 빨리 윤동주의 시에 본래 있던 함경도 육진 사투리를 살려낸 정본을 내야 한다. 윤동주에게 진정한 마음의 고향은 함경도가 아니었을까.

명동촌으로의 이주 경로

01

YUN DONG-JU

만주

명동마을에 있는 윤동주 집의 정주간(사진 김응교)

정주간
함경도와 육진방언과 '정주간'

사투리, 방언, 지방어라는 표현은 중앙의 표준어와 비교해서 중앙이 아닌 다른 지역에서 쓰는 언어를 뜻한다. 이런 표현 대신에, 그 공간의 주체성을 강하게 표현한 '제땅말'이라는 표현을 나는 쓰고 싶다. 방언方言이나 사투리는 중심어의 잣대에서 벗어난, 변두리 언어라는 단어처럼 들리지 않는가. 이 글에서 '사투리'라는 단어는 억압받는 언어를 뜻할 때 쓰겠고, 고영직 문학평론가가 쓰기 시작한 '제땅말'은 지역의 주체적 특성이 드러날 때 쓰려고 한다.

함북 육진 제땅말과 윤동주

연희전문에 입학한 1938년 이전에 쓴 66편의 시에는 함경도 제땅말이 적지 않게 나온다. 윤동주는 1936년 한 해에 41편을 썼고, 1937년에 25편의 시를 썼다. 두 해 동안 쓴 시들이 전 생애에 탈고한 시의 50%를 넘는다. 윤동주가 살던 명동마을 사람들은 함경도에서 온 이주민이어서 함북 제땅말을 썼다. 여기서 함경도 제땅말이 아니라, '함북 제땅말'이라고 쓰는 이유가 있다.

첫째, 두만강 건너 땅 북간도를 지배했던 함경북도 육진六鎭 문화의 말씨가 숨어 있다. 김종서가 그 지역을 개척한 뒤 육진 주민들은 다른 지역과 교류 없이 폐쇄적으로 살면서 세종 당시에 쓰던 말소리를 한말까지 유지했다고 한다. 바로 이런 특성이 명동마을의 한글 교육과 윤동주 시에도 나타난다.

둘째, 함경남도와 함경북도는 발음에 차이가 있다. 명동마을 사람들은 말끝에 '~슴둥'이 붙는 함경남도 제땅말이 아니라, '~습니다'를 말할 때 '~니'를 생략하는 함경북도 제땅말을 썼다. 함북 제땅말은 "밥 먹었습니까"를 "밥 먹었슴까"라고 말한다. 함북 제땅말은 구개음화나 경음화가 거의 없어 부드럽고 고운 음향을 가진다. 센소리가 아니라, 무척 부드럽고 정겹게 들린다.

1938년 이전, 윤동주 시에서 함경북도 제땅말이 자주 나온다. 「동시 봄」(1936) 자필 원고를 보면 '가마목'을 누군가가 연필로 '부뜨막'으로 고친 흔적이 보인다.

고양이도 따스한 곳을 좋아하여 가마목에서 갸릉갸릉 누워 있는 모양이다. 가마목은 가마솥에 걸어 놓는 그 둘레를 말하는 함경도 제땅말이다. 육필원고를 보면 '가마목'을 검은색 연필로 윤동주가 아닌 누군가가 표준어인 '부뜨막'으로 고쳤다. 『하늘과 바람과 별과 시』를 낼 때 '부뜨막'이라고 수정한 사람은 윤동주 후배 정병욱이다. 윤동주 시인을 더 널리 알리고 싶어 그랬을까. 많은 시집이 아래처럼 인쇄되어 출판되었다.

우리 아기는
아래 발치에서 코올코올,

고양이는
부뚜막에서 가릉가릉

아기 바람이
나뭇가지에 소올소올

아저씨 해님이
하늘 한가운데서 째앵째앵.

윤동주「동시 봄」육필원고(출처 유족 대표 윤인석 교수)

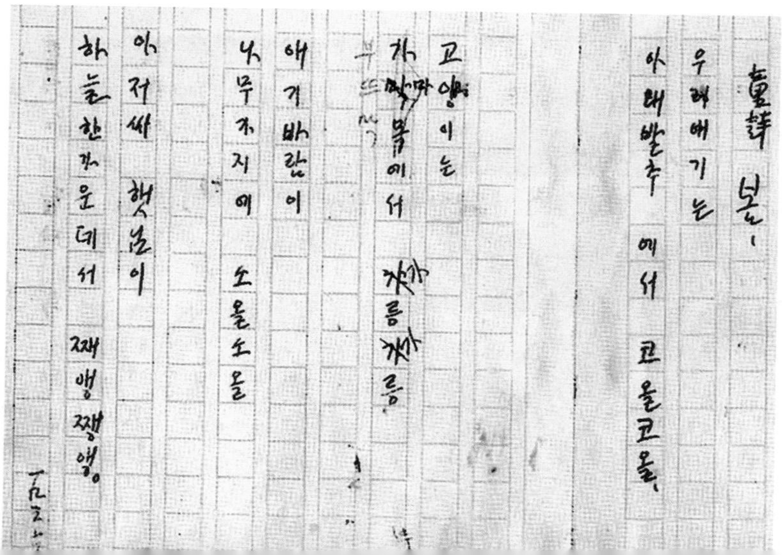

함경도식 가옥 내부

시 2연에 '가마목'을 '부뜨막'으로 수정한 부분이 보인다. '부뚜막'은 부엌에서 흙과 돌을 섞어 편평하게 만들어 아궁이 위에 솥을 걸어두는 화구의 언저리를 말한다. "우리애기는/아래발추에서 코올코올"인 1연은 온돌방 안이고, 2연은 부엌이거나 집 밖이다. 3~4연은 모두 집 밖이 된다. 대구를 이루는 형태를 자주 쓴 윤동주 초기시의 경향으로 볼 때, 1연만 방 안이고, 2~4연이 방 밖인 것은 어색하다.

문제는 '가마목'을 수정해서 시의 내용이 바뀌어버린 것이다. 강원, 경기, 경상, 전북, 충청에서 쓰는 부뚜막은 방 밖에 있는 아궁이의 언저리를 말한다. 함경도 집 구조에서 볼 수 있는 가마목은 구조 자체가 다르다.

'가마목'을 이해하려면, 정주간最廚間이라는 공간부터 이해해야 한다. 정주간은 겨울이 몹시 추운 관북지방에서 볼 수 있는 가옥 구조로, 부엌과 안방 사이에 벽이 없이 부뚜막과 방바닥이 한 바닥으로 연결된 공간을 말한다. 아궁이가 실내에 들어와 있는 구조인 '가마목'은 마루를 따뜻하게 하여 실내에서 온 가족이 식사도 하고 손님맞이도 하고, 잠도 잘 수 있다.

명동마을 윤동주 생가에 있는 정주간을 보면 이 시를 제대로 해석할 수 있다. 집 밖에서 실내로 들어가자마자 난로 같은 정주간이 있다. 정주간 너머 건너편에 보이는 방이 부모님이 거하는 안방이다.

따라서 「동시 봄」에서 '가마목'을 '부뜨막'으로 고친 연필의 필체는 정병욱이 쓴 글씨로 보이는데, 남쪽 표준어로 고치는 과정에서 일어난 실수로 보인다. 원래 윤동주가 썼듯이 정주간의 따뜻한 아랫목에서 우리 애기가 코올코올 잠자고, 고양이는 가마목에서 가릉가릉 하는 모습이 한 방에서 보이는 장면을 쓴 시인 것이다. 본래 윤동주가 쓴 파랑색 펜 글씨를 그대로 살리면 아래 시다.

우리애기는
아래발추에서 코올코올

고양이는
가마목에서 가릉가릉

애기바람이
나뭇가지에 소올소올

아저씨 햇님이
하늘한가운데서 째앵째앵.

– 윤동주, 「동시 봄」(1936.10)

우리 애기는 아래발추에서 코올코올 잔다고 할 때, '발추'는 두 가지 의미로 추정된다. 하나는 '아래발추'를 온돌방에서 따스한 부분인 '아랫목'으로 해석하는 경우다. 다른 하나는 누울 때 발이 가는 쪽을 뜻하는 것으로 해석하는 경우다.

다른 시에 나오는 함경도 제땅말을 살펴보자.

눈이
새하얗게 와서,

눈이
새물새물하오.

– 윤동주, 「눈」(1936. 12) 전문

4행짜리 짧은 이 시에서 "새물새물"을 어떻게 해석해야 할까. 1행의 눈은 분명 하늘에서 내려오는 눈이 맞다. 문제는 3행에 나오는 눈이다. 두 번째 나오는 눈은 사람의 눈일 수도 있고, 하늘에서 내려오는 눈일 수도 있다. "새물거리다"라는 함경북도 제땅말은 "눈부시다"라는 뜻이다. 두 번째 눈이 사람의 눈이라면 눈부시다라는 뜻이겠고, 하늘에서 내려오는 눈이라면 마치 살아 있는 인격체처럼 '새물새물 웃으면서 눈부신' 눈으로 독특하게 형상화되는 것이다. 넣을 것이 없어 걱정하는 '호주머니'를 의인화한 동시도 재미있다.

옇을 것 없이
걱정이던
호주머니는

겨울만 되면
주먹 두 개 갑북갑북

– 윤동주, 「호주머니」(1936) 전문

호주머니에 고구마라도 넣고 있는 사람은 행복한 사람일 것이다. 화자의 호주머니에는 아무것도 없다. 이 시에서 억압받는 사투리가 아닌, 당당한 제땅말이 눈에 띈다. 윤동주는 '넣다'라는 동사 대신 "옇다"라는 제땅말을 썼다. 이 동사는 「편지」(1936), 「호주머니」(1936)에 두 번 나온다. 중앙언어인 표준어에 물들지 않은 "옇다"라는 동사에 제땅말의 의지가 느껴진다. 호주머니에 아무것도 없는 줄 알았는데, "겨울만 되면/주먹 두 개 갑북갑북"이라고 한다. "갑북갑북"이란 가득가득의 함경도 사투리다. "뱁차(배추) 시들지 않도록 물 좀 갑북갑북 줘라"라는 용례가 있다. 가진 돈은 없지만 주먹을 옇고 힘내라는 동시다. 추워서 볼이 언 가난한 집 아이가 텅 빈 호주머니에 주먹을 넣고 꼬옥 쥐며 웃음 짓는 모습이 살짝 떠오른다.

"왜떡이 씁은데도/자꾸 달다고 하오"(「할아버지」, 1937. 3. 10)라며, 달디단 왜떡お餅을 '씁다' 곧 '쓰다'의 함경도 제땅말로 쓴 적이 있다. 표준어가 아니라 함경도 제땅말로 썼을 때 어떤 효과가 있을까. '쓰다'가 아니라 '씁다'라고 쓰니 더 토속적이고, 더 간절하지 않은지. 일본을 비유하는 표현이 비교적 적은 윤동주 시에서 묘하게 반일정서가 느껴지는 대목이다.

> 연륜年輪이 자라듯이
> 달이 자라는 고요한 밤에
> 달같이 외로운 사랑이
> 가슴 하나 뻐근히
> 연륜年輪처럼 피여나간다.
>
> – 윤동주, 「달같이」(1939. 9) 전문

연륜年輪은 나무의 나이테를 말한다. 윤동주는 인간이 성장하는 모습을 달에 비유한다. 달은 초승달이었다가 반달이었다가 보름달로 변한다. 달이 성장하는데 곁에서 응원하는 것은 아무것도 없다. "달이 자라는" 곳은 "고요한 밤"이다. 달 주변에는 어둠 외에 아무것도 없다. 진짜 성장은 어둠 속에서, 절망 속에서, 설움 속에서 가능하다. 어둠 없이, 설움 없이, 절망 없이 성장하는 것은 온실 속에서 자란 비싼 화초뿐이다. 성장한다는 것은 "달같이 외로운 사랑"이다. 사랑이야말로 어둠 속에서 외롭게 빛을 반사하는 달처럼 고독한 행위가 아닐까. 어둠 속에서 달은 자신의 나이테를 키운다.

마지막 행에서 연륜年輪처럼 "피여나간다"라고 썼다. 많은 윤동주 시집들이 "피어나간다"라고 썼는데 원문 그대로 "피여나간다"라고 썼으면 어떤 느낌일까. 윤동주가 '피여나다'를 많이 썼기 때문이다.

> 한 갈피 두 갈피, / 피여나는 마음의 그림자 －「거리에서」
>
> 빨－간 꽃이 피여났네 －「태초의 아침」
>
> 꽃처럼 피여나는 피를 －「십자가」
>
> 무덤 위에 파란 잔디가 피여나듯이 －「별 헤는 밤」
>
> 삼동三冬을 참아온 나는 / 풀포기처럼 피여난다 －「봄」

이렇게 '피여나다'라는 함경도 제땅말을 즐겨 썼던 시인의 어감을 살려주면 좋지 않을까. '피여나다'는 현재 북한의 표기법이다. 북한에서는 '이' 모음을 포함한 'ㅐ, ㅔ, ㅟ, ㅢ, ㅣ' 모음 다음에 '어'가 있으면 '여'로 쓴다. '깨어나다'를 '깨여나다', '드디어'를 '드디여', '띄어쓰기'를 '띄여쓰기'로 쓴다. 2009년 6월 중국에서 있었던 '『겨레말큰사전』 남북공동편찬사업회의'의 회의록에 남한과 북한이 서로의 표기법을 존중하여 "'~어'와 '~여' 둘 다 인정한다"

는 구절이 나오지만, 그것과 상관없이 시인이 쓴 단어에 대해 배려해야 한다.

지금 시집에 나와 있는 「거짓부리」라는 시의 제목도 사실은 '거즛뿌리'다. 연희전문에 입학하자마자 썼던 「새로운 길」에서 '민들레'를 뜻하는 '문들레'도 함경도, 평안도, 경상도에서 쓰던 제땅말이다.

「별 헤는 밤」에서 '헤다'는 '세다'의 함북 제땅말이다. 지금 쓰고 있는 '헤아리다'와 어원이 같은 말로, 다른 지역에서는 '헤다'에서 '세다'로 변했지만, 함북에만 원래 발음이 살아 있다. '별 세는 밤'은 돈 세는 듯 차갑게 들리지만, '별 헤는 밤'은 훨씬 살갑고 둥그렇게 들린다.

김영랑의 전라도 제땅말, 박목월의 경상도 제땅말, 백석의 평안도 정주성 제땅말, 이용악의 함경도 제땅말은 살리면서, 왜 윤동주 시는 표준어로 고쳐서 낼까.

1945년 출판할 때 표준어로 내는 바람에 윤동주가 만든 조어造語나 함경도 제땅말이 들꽃처럼 은은하게 드러내는 윤동주다운 아름다움이 사라졌다. 제땅말을 살리는 것은 우리말을 풍성하게 하는 귀한 일이다. 최근 판매되고 있는 시집, 가령 서정시학에서 나온 윤동주 시집도 "부뚜막에서 가릉가릉"으로 고쳐 놓았다.

물론 윤동주가 당시 표준어를 쓰려던 노력도 보인다. 정승철 교수의 「윤동주와 함북 방언」을 보면 윤동주가 일관되게 쓴 "나리다", "애기", "오날, 오늘", "우"는 당시 조선어독본(1923), 조선어학회가 정한 표준말 표기(1936)를 따르고 있는 것을 확인할 수 있다.

정승철 교수는 윤동주가 표준어를 만난 때는 1925년 명동소학교에 입학하면서부터로 본다. 윤동주는 총독부 학무국에서 간행한 『(보통학교용) 조선어독본』(1923-4)을 사용했다. 이와 같은 배경에서, 윤동주는 표준어와 제땅말 사이에서 자기만의 표현을 생산한다. 분명히 윤동주의 문장에는 국가 표준어가 자리잡고 있으면서도, 제땅말을 섞어 썼다.

윤동주는 연희전문학교에 입학하기 전에 최현배 교수의 『우리말본』을 읽고 조선어학회가 권하는 표준말을 공부한다. 그 결과 연희전문학교에 입학한 1938년 이후의 시에서는 '쓥다苦, 칩다寒' 등과 같은 함북 방언의 전형적인 형태(즉 'ㅂ'규칙 활용)가 보이지 않는다거나 앞서 국가 표준어의 예로 언급한 '오날今日' 등이 쓰이지 않는다거나 하는 변화를 보여준다. 경성에서 지내며 함북 제땅말의 시어를 가급적 사용하지 않는 경향을 볼 수 있다.

윤동주 시인이 살아 있다면, 자신이 쓴 함경도 제땅말을 모두 표준어로 고쳤을까. 시인의 뜻을 헤아리지 않고 표준어로 고친 것을 보고 실망하지 않을까. 어떻게 보면 동주의 의도를 살리지 않은 시집들은 정본定本이라 할 수 없다. 안타깝게도 현재 출판된 윤동주 시집들은 제땅말이 무시된 '표준어로 만든 윤동주 시집'들이다.

선바위(사진 김웅교)

선바위
영혼의 부걸라재

명동마을로 가는 입구에 평지에 저항하듯 고개를 내민 돌산이 있다. 가파른 절벽은 마치 늘 죽음을 각오하는 긍지를 뿜어내는 듯하다. 선바위는 용정시에서 동남쪽으로 12킬로미터 떨어진 곳에 있다. 용정시에서 차를 타면 20여 분 정도 걸린다. 그리 높지는 않지만 깎아지른 듯이 하늘을 향해 우뚝 솟아 있다. 눈으로 보면 해발 오십여 미터쯤이나 될까 낮아 보이는데, 놀랍게도 해발 고도는 451미터나 된다. 서울에 있는 남산이 해발 270미터, 인왕산이 338미터인 것을 비교하면 꽤 높은 산이다. 낮게 보이는 이유는 용정시 자체의 해발고도가 높기 때문이다. 고원 위에 우뚝 솟은 절벽이라 할 수 있겠다.

이토 히로부미를 사살한 안중근 의사가 바로 이 선바위에서 사격 연습을 했다고 하지만 사실일까. 그의 약력을 보면 '1907년 29세' 때 선바위에 지낸 기록이 있다고 전해지지만, 문서로 남은 근거는 없다. 다만 안중근 의사가 29세 때 이 지역에 방문한 사실은 『안응칠 역사』에 쓰여 있다.

선바위는 문익환, 문동환, 윤동주, 송몽규가 소풍 갔던 산이다. 숭엄한 영웅의 모습이랄까. 힘겹게 하늘로 몸을 일으키는 거대한 거인의 등허리마냥 치솟아 있다.

> 북간도 지역에서 우리는 '부걸라재'라는 곳에 자리를 잡았다. 부걸라재는 '비둘기 바위'라는 뜻이 있었다. 마을 어귀에 비둘기가 많이 모이는 바위가 있어서 생긴 이름이었다. 그 바위는 흔히 선바위라고 했는데, 용정 가는 쪽 개울가에 우뚝 서 있어 마을 사람들에게는 기개의 상징이었다.
>
> 부걸라재의 또다른 이름은 동가지방董賈地方이었다. 동가董賈라는 사람이 이 일대의 땅을 차지하고 있었기 때문이다. 그러다가 1908년에 명동학교가 세워지면서 명동明洞이라는 이름으로 불리게 된다.
>
> 어른들은 중국인 지주 동한에게서 600만 평에 이르는 땅을 공동으로 구입했다. 땅값은 약 1만 냥쯤이었다고 한다.
>
> – 문재린·김신묵 회고록, 『기린갑이와 고만네의 꿈』, 삼인, 2006, 34면

이 짧은 인용문에는 '선바위'가 '부걸라재'로 불린 연원, 중국인 지주 동한에게서 공동으로 땅을 샀다는 사실, 명동학교를 세우고

그 지역을 명동으로 불렀다는 사실이 쓰여 있다.

유교와 동학, 그리고 기독교사상

1886년에 윤동주의 증조부 윤재옥尹在玉은 두만강을 건너 북간도 자동으로 이주했다. 토지 매매 증서 같은 서류가 현재 남아 있지 않기에 명확한 시기를 규명하기는 쉽지 않다. 이후 1899년 2월 18일에는 문재린의 증조부인 문병규, 문재린의 장인인 김하규의 가솔 등 4가문 25세대 백사십여 명이 북간도 화룡현 '부걸라재鳧鴿砬子'로 이주한다.

왜 이들은 전혀 낯선 간도로 이주를 결심했을까.

함경도에서는 새로운 사회가 불가능했을까. 간도로 갈 수밖에 없었던 이유는 무엇일까. 당시는 일제 식민지가 본격적으로 일어난 시기도 아니었다. 이들은 집시처럼 떠돌아다니는 사람들이 아니라, 재력이 있는 유학자들이었다.

앞서 14면에 썼듯이, 오룡천의 오현은 유배당했고 벼슬길이 막혔지만 실망하지 않았다고 한다. 오룡천 오현의 후계자인 규암 김약연, 성암 문병규, 도천 남종구, 소재 김하규, 김정규 등은 스승의 가르침에 따라 제2의 오룡천을 만들고자 부걸라재로 이주한다.

그렇다 하더라도 왜 하필이면 1899년일까. 1899년 문재린의 증조부인 문병규가 이주를 결심한 까닭은 무엇일까.

1894년 일본군과 관군에 패배한 동학농민군의 일파는 강원도를 지나 함경도까지 도피했다. 동학농민군이 러시아에 출병의 구실을 줄까 우려한 일본군은 그해 10월 17일 일본군 원산수비대

1개 소대를 함경도 함흥 정평 등지로 순찰하러 보낸다(『駐韓日本公使館記錄』 3, 377쪽). 일본군이 강원도에서 동학도를 샅샅이 찾아 학살하고, 함경도 문턱까지 다가오자 더 이상 희망이 없다고 판단하여 간도로 이주를 단행한다. 동학운동에 가담했던 이들 중 몇은 독립운동가 이범윤(1856~1940)이 동포를 보호하려고 조직한 사포대私砲隊에 참여하기도 했다(김재홍 증언, 『북간도 지역 한인 민족운동』, 독립기념관, 2008).

유배된 유학자, 동학도들의 저항정신, 반골정신을 저 선바위는 그대로 상징하는 듯하다. 툭 튀어나온 모습이 저들이 굳게 다문 턱 모양 같기도 하다.

김재준, 문익환, 윤동주의 선바위

선바위에 오르면 시야가 탁 트인다. 막혔던 숨이 트인다. 남쪽을 보면 명동지구가 보인다. 그 명동지구 뒤편으로 분지 안에 마을들과 맞은편으로 오봉산이 보인다. 선바위 아래로 해란강의 지류라 하는 륙도하가 조용히 흐른다. 백리륙도를 줄여 륙도하라고 한다는데, 저 넓은 만주 벌판에는 백리를 흐르는 이름없는 하천이 얼마나 많을까. 오봉산에서 샘솟은 이 하천은 서쪽으로 백리 길을 흘러 지신, 명동, 장재, 선바위 앞을 거쳐 해란강에 흘러든다.

윤동주의 친구인 문익환 목사의 동생 문동환도 어릴 적 이 산에 봄소풍을 갔다. 북간도 용정龍井의 미션 스쿨인 은진중학교 2학년에 다니던 문동환은 평생의 스승 장공 김재준 목사(1901~1987)를 처음 만난다.

김재준 목사는 평양의 숭인상업학교에서 신사참배 문제로 사표를 낸 뒤 막막한 실직 상태에 있었다. 그때 마우리 선교사의 소개와 학교 이사장이었던 나의 아버지 문재린의 강력한 추천으로 은진의 교목이자 성경 교사로 오게 되었다. 아버지는 6살 아래인 그를 같은 함경도(경흥) 출신이기도 해서 유학시절부터 알고 지냈다.

– 문동환, 「'평생 스승' 김재준 목사를 만나다」, 〈한겨레신문〉, 2008년 7월 24일

1937년 5월 14일 은진중학교 봄 소풍 때 북간도 명동촌 입구의 선바위에서 장공 김재준(뒷줄 가운데 양복 차림 두 사람 중 오른쪽) 선

생과 문동환 목사가 찍은 기념사진이 남아 있다.

다만 1937년 사진을 보면 두 개의 큰 봉우리 사이에 가운데 작은 봉우리가 있다. 최근 필자가 찍은 사진에는 작은 봉우리가 없다. 가운데 작은 봉우리는 어디로 갔을까.

> 맨처음 이 지역에 정착한 이주민들은 그 바위를 선바위, 삼형제바위라 불렀다. 키가 다른 세 바위가 나란히 붙어있기 때문이었다. 하지만 지난 세기 60년대에 무분별하게 채석하면서 남포로 폭파하여 봉우리 하나가 사라진 것이다.
>
> – 김혁, 『윤동주 코드』, 연변인민출판사, 2015. 15면

'룡정 윤동주 연구회' 회장이며 소설가인 김혁 선생에 따르면, 가운데 봉우리를 1960년대에 채석하면서 다이너마이트(남포)로 폭파하여 없어지고 말았다고 한다. 안타깝게도 조선인들에게는 성소였던 이 공간을 중국 공산당은 한때 사형집행장으로 썼다는 사연도 있다.

선바위에 올라 명동마을과 중국의 끝없는 대륙을 보았을 소년들을 떠올려 본다. 윤동주 집 앞에서는 불거져 나온 선바위가 코앞처럼 또렷하게 가까워 보인다. 선바위는 명동마을과 용정에서 자란 아이들에게 잊을 수 없는 영혼의 버팀목 같은 곳이었다. 어린 윤동주는 선바위를 보며 무엇을 생각했을까.

북간도에 이주해오는 조선인들, 무장투쟁의 피비린내, 일제의 모진 학살, 흙먼지 일으키며 선바위 앞을 훑으며 지나가는 흑백영

상들을 저 선바위는 모두 보았을 것이다. 어린 윤동주를 보고, 또 죽어 돌아오는 윤동주를 보며 선바위는 무엇을 생각했을까.

백 년의 아이

김응교

백 년 전, 조용한 아기 태어났구나
그날도 밥 짓는 연기 낮게 들녘을 덮고
소학교 때 소풍 와서
선바위 등짝에 올라 노래하던 아이야

멀리 경성에 유학 갔다가
방학 때면 와서 교복 벗고 농사 돕고
시경을 배우던 푸른 웃음아

바다 건너 유학 갔던 너가
뼈가루로 돌아왔을 때
울고 싶어도 입이 없는 나
땅울림으로 얼마나 들썩였는지

산 자의 가슴마다 피여나는
백 년의 노래야
천 년을 살리는 노래야

KBS 특집 다큐멘터리 〈불멸의 청년 윤동주〉 장면(출처 KBS)

명동마을
진리는 변두리에서 나온다

삼 년 만에 고향에 찾아드는

1931년 만주사변과 1937년 중일전쟁으로 파괴된 만주는 서글픈 변두리였다. "돈 벌러 간 아버지 계신 만주땅"(「오줌싸개 지도」)은 떠도는 디아스포라의 유랑지였다. 지린吉林(길림)성 허룽和龍(화룡)현 명동촌, 사방이 산으로 둘러싸인 아늑한 변두리에서 1917년 12월 30일 한 생명이 태어났다. 이 명동촌의 명동학교를 다닌 윤동주가 쓴 시 중 명동마을의 모습을 그린「곡간谷間」, 곧 골짜기라는 소품이 있다.

산들이 두 줄로 줄달음질 치고
여울이 소리쳐 목이 잦았다.

한여름의 햇님이 구름을 타고
이 골짜기를 빠르게도 건너련다.

산山등아리에 송아지 뿔처럼
울뚝불뚝히 어린 바위가 솟고,
얼룩소의 보드라운 털이
산山등서리에 퍼-렇게 자랐다.

삼년三年 만에 고향故鄕에 찾아드는
산골 나그네의 발걸음이
타박타박 땅을 고눈다.
벌거숭이 두루미 다리같이…….

헌 신짝이 지팡이 끝에
목아지를 매달아 늘어지고,
까치가 새끼의 날발을 태우려
푸르륵 저 산山에 날 뿐 고요하다.

갓 쓴 양반 당나귀 타고 모른 척 지나고,
이 땅에 드물던 말 탄 섬나라 사람이
길을 묻고 지남이 이상異常한 일이다
다시 골짝은 고요하다 나그네의 마음보다

– 윤동주, 「곡간谷間」 1936년 여름. 전문.

"산들이 두 줄로 줄달음질 치고"라는 구절이 무슨 풍경을 묘사한 것인지 알고 싶었다. 마침 2017년 윤동주 탄생 100주년 특집 다큐멘터리를 만들던 KBS 취재팀에게, 나는 명동마을에 가면 드론을 띄워 공중에서 마을을 촬영해 달라고 부탁했다. 사진처럼 명동마을은 양쪽에 산들이 두 줄로 감싸는, 엄마 품에 안긴 아이 같은 형세다.

"한여름의 햇님이 구름을 타고/이 골짜기를 빠르게도 건너련다"에서 '건너련다'는 '건너려 한다'를 줄인 말이다. 햇님이 구름을 타고 이 골짜기를 빠르게도 건너려 한다는 이미지는 마치 그림을 보는 듯하다.

"산등아리에 송아지 뿔처럼/울뚝불뚝히 어린 바위가 솟고"에서 송아지 뿔 같은 산등아리나 '어린 바위'라는 표현은 재미있고 따스하다. 윤동주는 명동마을을 "얼룩소의 보드라운 털이/산등서리에 퍼-렇게 자"라는 헤테로토피아로 묘사했다.

"산들이 두 줄로 줄달음질" 치는 "골짜기 谷間(곡간)"에 있는 명동마을에 꽃이 피면 무릉도원 그 자체였다. 집 근처 풍경을 동생 윤일주는 생생하게 남겼다.

명동집은 마을에서도 돋보이는 큰 기와집이었다. 마당에는 자두나무들이 있고, 지붕 얹은 큰 대문을 나서면 텃밭과 타작마당, 북쪽 울 밖에는 30주 가량의 살구와 자두 과원, 동쪽 쪽대문을 나가면 우물이 있었고, 그 옆에 큰 오디나무가 있었다. 우물가에서는 저만치 동북쪽 언덕 중턱에 교회당과 고목나무 위에 올려진 종각이 보였고,

그 건너편 동남쪽에는 이 마을에 어울리지 않도록 커 보이는 학교 건물과 주일학교 건물들이 보였다.

– 윤일주, 「윤동주의 생애」, 1976

3연에서 "삼년 만에 고향에 찾아드는/산골 나그네의 발걸음"이라는 문장을 보면 윤동주가 3년 만에 명동마을을 찾아왔다는 사실을 알 수 있다. 1930년대에 들어 명동마을에는 극단적인 볼셰비키가 들어와 지주들을 테러하는 일이 자주 있었다. 1931년 늦가을 위험을 느낀 윤동주 일가는 3·13 만세운동으로 유명한 용정으로 이사한다. 다음 "고눈다"는 발굽을 세워 땅을 딛는 모습을 말한다. 윤동주 자신인 나그네가 "타박타박 땅을 고눈다."고 했으니 아마 발뒤꿈치를 들고 울타리 안에 누가 사나 들여다보면서 걸었나 보다. 그 모습을 "벌거숭이 두루미 다리같이"라고 비유했다.

오랜만에 와보니 명동마을에는 일본인도 들어와 있었다. 5연에 "갓쓴 양반 당나귀 타고 모른 척 지나고,/이 땅에 드물던 말 탄 섬나라 사람이,/길을 묻고 지남이 이상한 일이다"라는 3행은 낡은 흑백 영화의 짧은 한 장면 같다. 섬나라 사람인 일본 군경이 말 타고 들어오자, 갓 쓴 명동마을의 양반들이 만주의 당나귀 타고 모른 척 지나가는 풍경이다. 조선의 양반은 당나귀를 타고, 일본인은 말을 탔다며 비교한다.

윤동주는 '마을에서 돋보이는 큰 기와집' 아들이었다. 할아버지는 "개척하여 소지주"였고, 아버지는 "장사도 하시고 학교에도 다니"셨다고 윤일주는 회고했다. 명동마을에서 벼농사를 지을 수 있

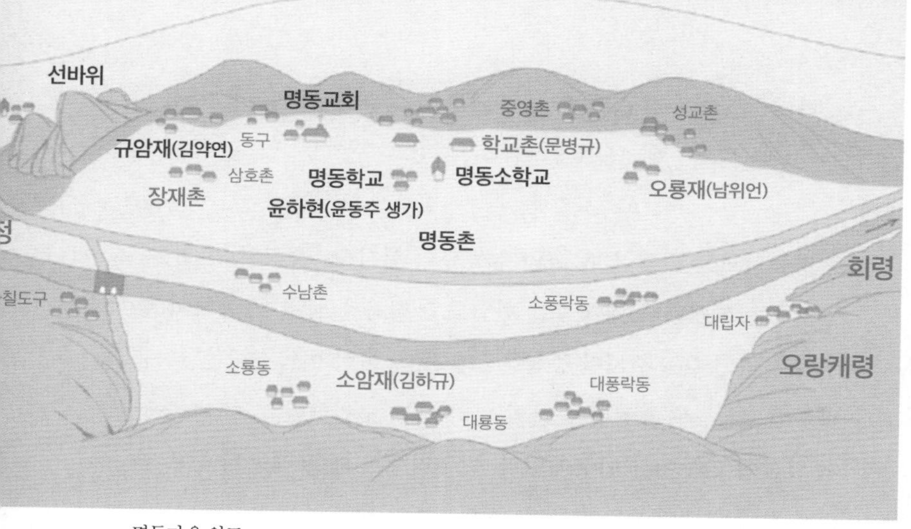

명동마을 약도
왼쪽에 선바위가 있다. 이 그림은 한신대 국사학과에서 제작한 것으로 알려져 있다.

는 "부자 소리 듣는" 소지주의 후손이었던 윤동주는 학비 걱정 없이 맘껏 공부할 수 있었다.

또래 친구들과 오디를 따먹기도 하고, 집 동쪽에 있는 우물물을 길어 입안을 가셔내며 우물 속에 대고 소리쳐 그 울림에 귀기울이기도 했다.

윤동주 아버지가 선생으로 있던 명동학교에서는 변질되지 않은 갓 태어난 한글을 가르쳤다.

"동주랑 같이 학교에서 1학년 때 국어 공부를 한 이야기인데, 당시의 교과서는 『솟는 샘』이란 등사본이었다. '가' 자에 'ㄱ'(기역)하면 '각'하고, '가' 자에 'ㄴ'(니은)하면 '간'하여 천자문을 외듯이 머리를 앞뒤로 저으며 낭랑한 목소리로 암송하던 것이 지금도 기억에 생생하다."

– 김정우, 「윤동주의 소년시절」, 1976

명동학교는 졸업식 때 파인 김동환의 서사시 『국경의 밤』을 나누어주는 학교였다. 윤동주는 한글로만 작품을 남겼다. 중국어 점수가 높았던 윤동주지만 중국을 "패 경 옥 이런 이국소녀들"로 구별했고, 일본을 '육첩방은 남의 나라'라고 구별했다. 그에게 중국어 일본어 만주어는 이국어였다. 변두리에서 배운 때묻지 않은 한글과 투박한 제땅말을 버무려 그는 고소한 시를 썼다.

지금 명동마을 생가 입구에는 '중국 조선족 애국시인 윤동주 생가'라는 표석이 서 있다. 이 문구에서 '애국'의 대상은 조선이 아니라 중국이다. 중국 국적으로 산 적이 없고, 중국어로 작품을 남기지 않았던 윤동주로서는 황당한 일이다.

변두리 만주에 소설가 염상섭·강경애·현경준·김창걸·안수길·박영준·황건, 시인 박팔양·유치환·백석·김조규·서정주·함형수 등이 거쳐 갔다. 그들은 잠시 머물렀지만, 윤동주는 만주에서 태어나 자라고 다시 만주에 묻혔다. "아아, 간도에 시와 애수와 같은 것이 발효醱酵하기 비롯한다면 윤동주와 같은 세대에서부텀이었고나!"(정지용 「서문」)라는 평가처럼, 윤동주는 간도 문학의 첫 페이지를 열기 시작했다.

진리는 변두리에서 나온다

모든 변두리에서 진리가 나오지는 않지만, 많은 진리는 변두리에서 태어난다. 싯다르타의 고향 룸비니와 카필라바스투는 인도 북부의 변두리 성읍 공동체였다. 시장과 공동묘지라는 변두리에서 지냈기에 맹자는 여민동락 사상을 축조할 수 있었다(『열녀전』). 큰 인물이 나올 리 없다는 나사렛에서 자란 예수는 지리멸렬한 갈릴리에서 진리를 말했다. 윤동주, 그는 막막한 시대에 어떻게 살아야 할지 희미하게 밝혀주는 변두리의 작은 별이다.

룸비니 동산에서 태어난 싯다르타는 북인도의 서너 개 강대국 사이의 작은 나라 카필라에서 자란다. 변두리 카필라국에서 싯다르타는 사랑과 죽음과 전쟁이라는 괴이쩍은 진흙탕을 체험하고, 진흙에서 피어나는 연꽃, 묘법연화妙法蓮華의 진리를 제시한다.

환갑을 넘긴 아버지 숙량흘과 무당일 거라는 16세의 어머니 안징재 사이에서 태어난 공자는 불우한 소년 시절을 지낸다. 늦게 글을 익혀 열다섯에 학문을 선택한 공자는 서른 살에 공자 아카데미를 열어, 버림받은 가장자리를 극복한다.

아버지를 일찍 여윈 맹자를 어머니가 묘지와 시장, 마지막에 서당 근처에서 키웠다는 맹모삼천지교 이야기는 『열녀전』에 나온다. 묘지 근처에서 생로병사를 본 맹자는 인仁이 무엇인지 깨닫고, 시장에서 "골라, 골라!" 상인들의 호객 소리를 들으며 욕망이 무엇인지 체득했겠다. 머리로만 공부한 사람들과 달리, 당연히 차원이 다른 말을 할 수 있었겠다.

베들레헴 말먹이통에 누워 있던 갓난아이는 "나사렛 촌구석에서 그런 인물이 나올 리 없다"는 로마군 기지촌에서 목수의 아들로 자란다. 아버지 목수 요셉이 체포된 독립군이 사형당할 십자가

짜는 것을 보며 어린 예수의 코끝은 시큰했겠다. 로마 식민지 통치 아래 천대받은 청년 예수는 제자들과 변두리를 유랑하고 마지막에 중심지 예루살렘으로 입성한다. 부활해서는 가장 가난한 변두리 갈릴리로 향한다.

1824년 경주의 변두리, 몰락한 양반집에서 서자로 태어난 수운 최제우는 보부상으로 전국을 십여 년 떠돌며 밑바닥의 염병과 눈물을 목도한다. 돌아와 생가 맞은편 깊은 산골 용담정에서 『동경대전』을 쓴다. 그의 호소를 기억한 농민들이 일으킨 동학농민혁명이야말로 변두리인의 '다시 개벽'이었다.

싯다르타, 공자, 맹자, 예수, 수운. 이들은 변두리 밑바닥을 처절히 기어가며 비애를 알고, 자신도 모르게 인간의 경계를 넘는 포월匍越을 경험한 인물들이다.

정약전은 까마득히 먼 흑산도에 유배 가서 어부 창대를 만났기에 『자산어보』라는 고전을 쓸 수 있었다. 윤동주는 명동마을이라는 변두리, 정지용은 옥천이라는 변두리에서 자기만의 시를 창조한다. 친부모에게 버림받은 입양아 스티브 잡스는 주차장에서 컴퓨터를 조립하는 변두리를 거쳐 애플 르네상스를 이룬다. 서울 아닌 지역에서 자란 BTS 멤버들은 고독한 연습실에서 '온리 원Only One'을 겨냥하다가 '넘버 원'이 되었다.

물론 변두리란 꼭 지역을 뜻하지는 않는다. 들뢰즈가 주장하는 노마드nomad는 변두리 정신이기도 하다. 고정관념에 묶이지 말고, 탈주하여, 탈영토하여, 다시 재영토화하는 자유로운 노마드가 되라고 들뢰즈는 권한다.

변두리에는 승리자들만 있을까. 아니다. 주변인The marginal들은 지지리도 고독한 설움을 겪어야 한다. 탱크와 흑인 병사가 수시로 지나는 기지촌에서 어린 내 친구들은 양색시 누이들, 때로는 상냥한 미군의 웃음, 반대로 참을 수 없는 야만을 보기도 했다. 사실 변두리에는 빈궁한 구석이나 욕설 섞인 폭력이 질편하다. 많은 폭력도 변두리에서 탄생하니, 변두리는 격렬한 용광로다.

성공한 변두리 출신에게 가려진, 셀 수 없이 많은 실패자의 비애가 변두리에 깔려 있다. 삶에는 성공으로 향하는 과정이 있을 뿐 실패란 없다고 하지만, 좌절과 눈물을 경험하는 곳도 변두리다.

가장자리 이야기를 쓰는 이유는 진달래나 연꽃처럼 유명한 꽃을 기억하자는 뜻이 아니다. 라일락·루핀·작약·알리움·깽깽이풀처럼 주목받는 봄꽃에 앞서, 숫제 꽃으로 대우받지 못하는 이름도 없는 꽃이나 쓰러져 벌레에 먹히는 통나무야말로 숲을 환상의 숲답게 만든다. 국가는 변두리의 꽃들을 기억해야 한다.

윤동주를 생각하면, 그가 태어난 명동마을이라는 변두리를 성찰하자. 지금도 변두리에서 성취를 위해 밤잠 없이 애쓰는 꼴찌나 루저들에게 절망하지 말라며, 저 봄언덕에 이름 없는 꽃들이 저리도 당차고 푸지고 눈 아리게 흐드러진다.

* 이 글은 졸고 「진달래 부활절, 연꽃 석가탄신」(〈중앙일보〉, 2023.3.30)을 수정 보완하여 실었다.

김약연 기념비(사진 김웅교)

김약연 기념비
내 삶이 유언이다

명동마을에 들어가면, 명동교회를 지나 언덕 아래 윤동주의 집이 보인다. 입구에 들어가자마자 오른쪽에 정자 아래 머리 부분이 깨어진 비석이 보인다.

중국에서 보기 힘든 한국식 팔각지붕 아래 머리 부분 한쪽이 깨어진 비석, 그 비석을 받치고 있는 아랫부분은 마치 책을 펼쳐놓은 듯하다. 이 비석은 무엇일까.

바로 김약연 기념비다. 명동마을 정신의 핵심에는 김약연(1868~1942)이 있다. 김약연은 세 가지로 기억해야 할 인물이다. 유학자, 독립운동가, 북간도 기독교 지도자, 이 세 가지는 김약연의 삶을 요약할 수 있는 핵심어다.

첫째, 김약연은 본래 8세부터 유학儒學을 하여 통달한 유학자였다. 1901년 자신의 호를 딴 서당 '규암재'를 명동마을에 세운 김약연은 특히 『맹자』 전문가로 유명했다. 그는 규암재와 다른 작은 서당을 통합하여 서전서숙을 계승한 명동서숙을 세운다. 일제의 억압 때문에 명동서숙은 1907년에 폐교되지만 1년 만에 김약연은 '명동학교'로 이름을 바꾸어 초대 교장으로 부임한다.

둘째, 김약연은 '간도의 모세'라 할 만큼 민족을 일제의 억압에서 탈출시키기 위해 애쓴 독립운동가였다. 독립운동가로서 상하이에 김구, 미주지역에는 이승만이 있다면, 간도 지역의 독립운동 지도자는 김약연이었다. 1919년 3.1운동 무렵 만주 지역은 다른 어떤 지역보다 무장투쟁을 실천하는 지역이었다.

1919년 2월, 만주, 노령 지역의 독립운동가들은 대조선독립단을 조직하고, 39명의 명의로 조소앙이 「대한독립선언서」를 발표했다. 김약연도 참여했던 「대한독립선언서」에서는 '육탄전쟁'에 의한 항일독립 '전쟁'을 주장했다.

1919년 3월 13일 만주 용정에서 '3·13 독립만세 운동'이 있었다. 해란강변 서전대야(들판)에서 조선인 수만명이 태극기를 들고 "대한독립 만세"를 외치던 사진이 남아 있다.

'3·13 봉기'로 불리는 이날 만세 사건은 간도의 민족 지도자 17명이 서울에서 전달받은 독립선언서를 포고문 형식으로 발표한 뒤 용정의 일본영사관을 향해 행진한 시위였다. 당시 일본 무장관헌의 총격에 명동학교 학생들과 수십 명의 조선인이 희생되었다. 일제는 1920년 10월 경신대토벌 때 명동학교와 명동촌을 불령선인 양성의 본거지로 지목해 교사를 불태우는 등 탄압했다.

셋째, 김약연은 기독교 독립운동가였다. 북간도 독립운동의 지도자인 그를 일제가 당연히 가만 놔둘 리 없다. 그는 체포되어 연길 감옥에 갇힌다. 1920년부터 1922년까지 3년간 옥살이를 하면서 김약연은 성경을 읽는다. 일제의 억압은 그의 의지를 꺾지 못했다. 그는 계속 교육운동과 독립운동을 했고, 1928년에는 평양장로회 신학교에 입학하여 1년 만에 졸업하는 특전을 받고 이듬해 목사로 안수 받는다.

윤동주, 문익환, 문동환의 멘토도 김약연이었다. 윤동주 생가를 찾는 방문객들이 별로 신경 쓰지 않고 지나치는 이 비석은 사실 명동마을에서 가장 중요한 상징 중의 하나인 것이다.

1942년 10월 29일에 김약연이 사망할 때 가족과 제자들이 유언을 부탁하자, 김약연은 한 마디를 남겼다고 한다.

"내 삶이 유언이다."

이 기념비는 그해 겨울에 세워졌다. 비석이 깨어진 배경에는 1966년부터 1976년까지 벌어진 친위 쿠데타이자 대규모 파괴운동인 문화대혁명이 있다. 문화대혁명의 목표는 봉건적인 유교문

1919년 3월 13일 북간도 용정의 해란강변에서 수만 명의 조선인들이 독립 만세를 부르고 있다.

화를 파괴하는 반反봉건, 영미로 대표되는 서구문화를 파괴하는 반反제국주의였다. 문화대혁명의 홍위병들은 반봉건의 기치를 들고 공자 사당, 관우 묘 등 수많은 유적을 파괴했다. 10년의 반달리즘(야만주의)이 기세를 올리며 천 년의 문화재가 파괴될 때, 유교학자였던 김약연 기념비도 파괴의 대상이 되었던 것이다.

대한민국 정부는 1977년 그를 기려 건국훈장 독립장을 추서했다. 그를 영원히 잊지 않으려고 현재 명동학교 건물 앞에는 김약연의 흉상이 세워져 있다.

김약연 흉상(사진 김응교)

명동마을 사람들

명동교회

명동교회, 북간도 기독교

변두리에 있는 '언덕 중턱의 교회당'은 북간도 기독교의 상징이었다. 명동마을 모든 집의 막새기와에는 무궁화, 십자가, 태극문양 등이 새겨져 있었다. 천둥 치고 비가 내려 무서워하는 동생들을 윤동주는 "예배당 십자가를 봐"라며 달랬다. 성탄절에 친구들은 교회당에서 가까운 동주네 집에서 새벽송을 준비하기도 했다.

변두리에 살던 저들은 '히브리인'(경계를 넘어선 방랑인)이었다. 외삼촌 김약연은 환갑에 신학교에 들어가 목사가 된다. 문익환의 아버지 문재린은 캐나다 임마누엘 신학교를 졸업한 신학자였다. 김재준은 1937년 3월부터 1년 반 동안 용정 은진중학 교목으로 지냈다. 김약연, 문재린, 문익환, 문동환, 송창근, 김재준, 윤동주, 송몽규, 안병무, 강원룡 등은 예언자와 예수를 혀가 아니라 몸으로 살려고 했다. 윤동주 시를 해석할 때 성경은 종요로운 텍스트다.

1909년 5월 명동학교에 25세의 청년 정재면 선생이 온다. 1884년에 태어난 그는 서울 상동청년학원에서 근대학문을 익힌 지식인이었다. 그는 계약조건으로 학교에서 성경을 가르치고 학생들과 함께 예배 드려야 한다는 조건을 내놓는다. 명동마을 유지들로서는 난감한 일이었다. 기독교는 유교의 제사를 금하는 것으로 유지들은 알고 있었다. 유학과 기독교를 대립관계로만 알고 있었다. 며칠간 몇 번의 회의를 거쳐 마을 유지들은 정재면 선생의 조건을 받아들이기로 한다. 문재린은 이 일을 '오룡천 실학파 학자들의 열린 자세'(문재린 김신묵 회고록, 45면)로 평가했다.

정재면 선생으로 인해 온 마을 주민들이 예수를 믿게 된 일을 윤동주의 동생 윤일주도 증언한다.

> 우리 집안이 만주 북간도의 자동紫洞이란 곳에 이주한 것이 1886년이라 하니, 증조부 43세, 조부 12세 때에 해당한다. 그때부터 개척으로써 가산을 늘려 할아버지가 성가成家했을 때에는 부자 소리를 들을 만큼 소지주였다고 한다. 1900년에는 같은 간도 지방의 명동촌明東村이란 마을에 이주하여 정착하게 되었다. 1910년에는 할아버지께서도 기독교를 믿게 되고, 같은 무렵에 입교한 다른 몇 가문과 더불어 규암 김약연 선생을 도와 과감히 가풍을 고치고 신문화 도입에 적극 힘쓰셨다고 한다. 그리하여 우리 집안은 유교적 구조를 유지하면서도 술 담배를 일체 끊고 재래식 제사도 폐지하였다.
>
> –윤일주, 「다시 동주 형님을 말함」, 『심상』, 1975

1886년에 윤동주의 증조부 윤재옥尹在玉이 간도로 이주하고, 이후 1899년 2월 18일에는 문재린의 증조부인 문병규, 문재린의 장인인 김하규의 가솔 등 4가문 25세대 백사십여 명과 함께 북간도 화룡현 '부걸라재鳧鴿砬子'로 이주했는데 앞쪽 인용문에는 1900년으로 나온다.

윤일주는 마을 사람들이 기독교인이 된 때를 '1910년'이라고 썼는데, 문재린은 정재면 선생을 모신 1909년 "일요일은 5월 23일이었는데 이날부터 학생들은 모두 기독교인이 되니, 이로써 명동학교는 기독교 학교가 되고 동시에 명동교회도 창설되었다"(문재린 김신묵 회고록, 45면)고 정확히 기록했다. 전후 사정을 정확히 기록한 것을 볼 때 문재린 선생이 말한 1909년 5월 23일이 명동마을에 기독교가 일시에 들어오고, 명동교회도 세워진 명확한 날일 것이다.

기독교는 이들의 생활까지도 혁명적으로 바꾸어 놓았다. 명동마을 이주자들은 유교사상을 생활 규범으로 지켜온 사람들이었다. 이주하기 시작했던 1899년부터 이후 1909년 5월경 명동교회가 건립되기까지 10여 년간 이들은 유교 전통에 따라 교육하며 생활했다. 이들이 캐나다 선교사에게 받은 기독교는 자연스럽게 '유교적 기독교'가 되었다. 유교적인 계급의식에 기독교의 평등의식이 스며들기까지 적지 않은 갈등이 있었을 것이다. 한편으로 유교의 군자君子와 기독교인 제자도는 극도의 윤리적 염결성을 목표로 한다는 점에서 비슷했다. 이때 '부모가 담배와 술을 끊어야 학생들을 받겠다'는 신임 교사 정재면에 의해 거의 혁명적인 변화를 겪는다. 가장 현실적인 일상생활의 규범을 중요시하는 유교라는 그릇 안에 담긴 기독교는 처음부터 '현실'을 중요시하지 않을 수 없었다.

3·1운동 이후 봉오동전투와 청산리대첩 등으로 이어지며 무장 독립 투쟁을 하는데, 이때마다 명동마을과 용정의 조선인 기독교인들이 적극적으로 참여했다.

1921년 12월 1일 개최된 간도노회 제1회 보고회에서, 양형식 장로는 「율법의 의義와 신앙의 의義」라는 설교를 한다. "그들은 민족의 독립운동을 신앙의 의義로서 인식하고, 적극적인 참여로써 그들이 처한 정치적 현실을 변혁시키려 한 것이고, 그것은 간도노회 설립을 위해 모인 각 교회의 목사, 장로들의 명단 속에서 확인된다"(송우혜, 「북간도 대한국민회 조직 형태에 관한 연구」, 『한국민족운동사 연구 I』, 지식산업사, 1986. 113~140면)라고 송우혜는 평가했다. '정치적 현실'을 변혁하려던 적극적인 태도가 보인다.

1908년 4월 27일 명동서숙, 곧 명동학교가 세워지고, 다음해 1909년 5월 23일 명동학교가 기독교 학교가 되고, 명동교회가 창설되었다. 이때부터 학교와 교회는 함께 발전했다. 이들은 교회와 학교를 민족을 구원하는 기지로 확신했다. 문재린의 증언에 따르면 북간도에서 '교회와 학교는 이신동체二身同體'로 활동했다. 이듬해 1910년 명동중학교를 증설했을 때의 일이다.

명동교회에서는 부유한 농부였던 윤동주의 할아버지 윤하현尹夏鉉에게 교회 장로가 되기를 청한다. 윤하현은 못 배웠다는 이유로 사양하고 사양하다가 1919년에 장로가 된다. 증조할아버지 윤재옥, 할아버지 윤하현, 명동학교 선생이었던 아버지 윤영석에 이어 윤동주는 이민 사대째 후손이었다. 명동촌은 민족운동과 기독교 민족교육의 본거지가 되어간다. 기독교가 민족의 아픔을 외면하지 않았던 사실을 이들은 알고 있었다. 여기까지가 윤동주가 1917년 태어났던 명동마을, 그 중심에 있었던 명동학교와 명동교회의 탄생 과정이다.

막새기와 십자가

사람들이 모여서 공동체를 이루면 공동체의 상징을 만들곤 한다. 야구팀들은 곰, 독수리, 호랑이 등 팀마다 상징이 있다. 일본인들은 가족을 상징하는 문양을 만들어 문 앞에 걸어둔다. 인디언들은 용사들을 상징하는 독수리 모양을 마을 입구 토템폴에 올려 놓기도 한다. 꿈이 개인의 욕망이라면, 마을의 상징은 공동체의 소망일 것이다. 명동마을에서 지낸 아이들에게는 '기와'에 대한 추억이 남아 있었다. 윤일주는 '큰 기와집'을 기억한다.

3.1 운동 100주년 특집 CBS TV 다큐멘터리 〈북간도의 십자가〉 장면(출처 CBS)

우리 남매는 3남 1녀였다. 내 위로는 누님, 아래로 동생이 있다. 용정에서 난 동생 광주를 제외한 우리 남매들이 태어난 명동집은 마을에서도 돋보이는 큰 기와집이었다.

– 윤일주, 「윤동주의 생애」, 1976

'큰 기와집'이라는 표현에 주목해보자. 자기가 어릴 때 자란 집을 소개할 때, 가장 인상적인 이미지를 전하곤 한다. 윤동주의 시에서 기와를 사람처럼 묘사한 시각이 재미있다.

비오는날 저녁에 기와장내외
잃어버린 외아들 생각나선지
꼬부라진 잔등을 어루만지며
쭈룩쭈룩 구슬피 울음웁니다

대궐지붕 위에서 기와장내외
아름답든 녯날이 그리워선지
주름잡힌 얼굴을 어루만지며
물끄럼이 하늘만 쳐다봅니다.

– 윤동주, 「기와장내외」, 1936.

기왓장이 서로 얹혀 있는 모습을 부부 내외內外로 본 상상력이 재미있다. 1연에서는 평범한 집 기왓장이다. "잃어버린 외아들 생각나선지" 꼬부라진 잔등으로 빗물인지 흘리며 쭈룩쭈룩 운다.

2연은 대궐 지붕 기왓장이다. "아름답든 넷날이 그리워선지" 물끄러미 하늘만 쳐다보는 형국이다. 윤동주도 '기와'를 인상적으로 기억하고 있었다.

100여 년 전 윤씨 형제가 살던 명동마을 기와집 처마에는 특이한 점이 있었다. 지붕 끝을 마감하는 막새기와마다 독특한 문양이 새겨져 있었다. 현재 남아 있는 규암 선생의 가옥 지붕 막새기와에도 그 문양이 명확히 보인다. 거푸집으로 찍어낸 것이 아니라, 명동마을 사람들이 직접 구웠다고 하는 막새기와에는 태극, 무궁화, 십자가 문양이 그려져 있다.

위쪽 양쪽에 십자가가 있고, 중앙에는 천天·지地·인人이 어우러진 삼태극이 있다. 삼태극 둘레에는 태극기에 그려진 '건곤감리'가 아닌, 위 중앙부터 시계방향으로 '리감태진' 4괘가 돌아 보인다. 아래 양쪽에는 민족의 상징인 무궁화 꽃이 새겨져 있다.

과연 이 막새기와의 문양은 무엇을 의미하는 것일까.

양쪽 '십자가' 문양에서 예수정신으로 공동체를 이끌어 가려 했던 그들의 다짐을 본다. '삼태극' 문양에서 음양을 상징하는 태극을 넘어, 사람人도 넣어 생각하는 명동마을 사람들의 마음이 보인다. '리감태진'은 서양 종교를 믿으면서도 주역周易에 나오는 동양사상의 중요성을 잊지 않은 유교적 기독교인들의 유연한 태도가 보인다. '무궁화' 문양에서 조국을 떠났지만 절대로 그 근원을 잊지 않겠다는 다짐을 본다. 그들은 종교적 도그마나 국가주의에 갇혀 있지 않은 자유인들이었다. 이제 저 막새기와의 의미를 찾아 100여 년 전으로 동방의 변두리를 찾아가 본다.

CBS TV 다큐멘터리 〈북간도의 십자가〉 명동학교 기념관 장면(출처 CBS)

명동학교
민족교육의 터전

이 변두리 '명동학교'에서 민족교육이 살아났다. 동학혁명이 실패하자 만주로 가서 학교를 세워 아이들을 교육시킨 의인들이 있었다. 윤동주의 외삼촌 규암 김약연은 맹자와 독립사상을 몸으로 가르쳤다. 1901년에 세운 규암재 이름을 명동서숙으로 바꾼 그는 1909년 다시 명동학교로 개칭한다. 예배당과 학교 건물을 서양식 벽돌집으로 짓고, 서울 기독교 청년학교를 갓 졸업한 실력자 정재면을 모셔 신학문을 가르치게 했다.

명동소학교는 일경이 볼 때 불손한 불령선인不逞鮮人이 우글거리는 소굴이었지만, 윤동주에게는 한없는 자유를 가르쳐 준 꿈터였다. 윤동주는 4학년 때 잡지 『아이생활』을 서울에서 구독해 읽었고, 당찬 송몽규는 『어린이』에 독자편지를 투고해 실리기도 했다. 두 아이가 읽은 잡지를 동네 꼬마들이 돌아가며 읽었다. 5학년 생 몽규와 동주가 찍어낸 등사판 월간지 『새 명동』은 두 아이의 운명을 엿보인 여린 새싹이었다.

북간도에 산다고 모두 지지리도 궁핍하게 살았다고 생각하면 안 된다. 가령, 만주국 수도 신경新京에 사는 조선인 중에는 부자가 많았다. 또 다른 지역에는 1919년 3.1독립운동을 실패로 보고 만주로 건너간 독립군들이 적지 않았다. 그 외에는 정말 먹을 것을 찾아 만주로 건너간 이주민들이 많았다. 북간도는 "돈 벌러 간 아버지 계신 만주땅"(「오줌싸개 지도」)이었다. 명동마을은 유학자들이 건너가 땅을 사서 마을을 만든 곳이다.

이분들은 손꼽힐 만한 거유巨儒들이었다. 그러나 손에 흙을 묻히지 않고 외관만 정제하고 체면만 차리는 보통 선비나 학자들과는 전혀 달랐다.

> 이들은 집에 들어오면 청소년 교육에 전념했고 밖에 나가면 다른 농부들과는 다를 바 없이 일을 했다. 산에 가서 땔나무를 구해 등짐으로 날랐고 머슴과 같이 물을 지게로 길어 왔으며 나무가래로 외양간에서 쇠똥을 쳤다. 뿐만 아니라 해마다 한 번씩 온돌을 고치고 벽 바르는 일을 손수 했다. 농번기에는 따로 농부가 없고 모두 농부들이었다.
>
> -문재린 김신묵 회고록, 문영금 문영미 엮음, 『기린갑이와 고만네의 꿈』, 삼인, 33면

문재린 목사와 김신묵 사모의 회고록 『기린갑이와 고만네의 꿈』을 보면 간도 이주에는 세 가지 목적이 있었다. 첫째는 선조들의 땅에 들어가 땅을 되찾는 것, 둘째는 북간도의 넓은 땅을 활용해 이상촌을 건설하는 것, 셋째는 추락하는 조국의 운명 앞에서 인재를 교육하는 것이었다. 고토회복古土回復, 이상촌 건설, 인재 교육이라는 세 가지 목적 때문에 그들은 두만강을 건넜던 것이다. 이 짧은 인용문에는 중국인 지주 동한에게서 공동으로 땅을 샀다는 사실, 명동학교를 세우고 그 지역을 명동으로 불렀다는 사실이 쓰여 있다. 여기서 '명동서숙'을 세우기 전에 있었던 '서전서숙'을 언급하지 않을 수 없다.

> 1906년에 이상설, 이동녕, 박무림, 황공달, 정순만, 여준, 유기연(유한양행 설립자 유일한의 부친) 같은 지사들이 북간도 용정촌에 와서 학교를 설립하고 서전서숙瑞甸書塾이라고 지었다. 서전이란 용정에 있는 벌판의 이름을 딴 것이다. 이 학교에 동만주 전체에서 끌끌한 청년 100여 명이 모여들었다.(중략)
>
> 그러나 서전서숙은 1년도 못 되어 문을 닫고 말았다. 그 이유는 우선 1907년 3월에 이상설 선생이 이준 열사와 함께 헤이그에서 열린 만국평화회의에 참석하려고 떠났다가 돌아오지 못했던 데 있고, 그 다음으로는 조선총독부 출장소가 용정에 자리 잡으면서 방해와 감시가 심해졌기 때문이다.
>
> –문재린 김신묵 회고록, 문영금 문영미 엮음, 『기린갑이와 고만네의 꿈』, 삼인, 42~43면

북간도 지역에 서전서숙이라는 학교가 생겨 똑똑한 학생들이 모이지만 1년 만에 폐교되는 황당한 일이 생겼다. 학생들은 흩어져 다른 곳으로 유학을 가기도 했지만, 학교를 다시 세우자 해서 "1908년 4월 27일 명동서숙, 곧 명동학교가 세워진" 것이다.

1920년 일제가 만주지역 조선인을 학살한 경신참변 이후에는 자유롭게 한글과 민족교육을 가르칠 수 없었다.

> 조선총독부의 교육령을 준수하고 총독부가 편찬한 교과용 도서를 사용하며, 종교와 교육을 구별해서 종교에 관계없이 학생을 입학시키고 일본어교사의 파견을 수용했던 것이다. 이러한 굴욕적인 조건을 받아들인 뒤에 1921년 2월부터 비로소 명동학교는 교회 예배당에서 학생들을 가르치게 되었다
>
> – 한철호, 「明東學校의 변천과 그 성격」, 『한국근현대사연구』, 2009, 268면.

교육이 중지되었던 명동학교는 1921년 2월부터 명동교회 예배당에서 다시 학생들을 교육하기 시작한다.

볼셰비키의 명동학교 접수

당시 명동마을에서는 교회와 교육과 가정을 민족적 기독교 정신으로 일치시켜 생활하려 노력했던 것으로 보인다. 명동학교는 명동교회의 부속학교 같은 모습이었다. 그러던 노력이 명동마을에 급진적인 볼셰비키의 영향이 들어오면서, 기독교 교육에 대해 찬성 혹은 반대하는 갈등이 생기기 시작했다. 공산주의가 명동마

을에 들어왔을 때 기독교와 어떤 갈등을 겪었는지 중요한 부분만 인용해 본다.

경신년 토벌(1920년 8월부터 일제가 자행한 간도 조선인 학살-인용자) 뒤에 일본의 탄압이 더 심해지자 젊은이들은 교회나 교육운동만으로는 한계를 느끼고 공산당에 합류한 것이다. 또 이동휘 선생 같은 이들이 만주에서 독립군 활동을 할 수 없게 되자 러시아로 들어가 소련과 손을 잡기도 했다. 하지만 러시아가 배신을 해 한국 공산주의자들을 무장 해제시키고 많이 죽였다.(중략)

그때는 김약연 선생이 신학교를 한 학기 다니고 목사가 되어, 명동교회 목회와 명동학교 교장을 같이 맡고 있었다.(중략)

1931년 3월 20일, 명동소학교 졸업식 기념사진이다. 앞줄 맨 왼쪽이 문익환, 두 번째 줄 맨 오른쪽이 윤동주, 윤동주에서 왼쪽 두 번째는 송몽규다.

그때 윤씨네(윤동주 가족)가 교회도 잘 안 나오고 이상했다. 윤영춘이, 윤영섭이, 윤영찬이 같은 똑똑한 젊은이들이 다 공산주의자가 되어서 야단을 했다. 어린 학생들도 나섰는데 한범이(송창희의 아들인 송몽규)가 어른들 앞에서 연설을 하기도 했다. 송창희는 윤하현(윤동주 친할아버지-인용자)의 사위로 타지에서 명동학교 선생으로 왔다. 첫아들 한범이를 낳을 때에는 처갓집에서 살았기 때문에, 한범이는 윤동주와 같은 집에서 몇 달을 먼저 태어난 사촌형이다. 우리 익환(문익환-인용자)이와 동주와 한범이는 절친한 친구였다. 한범이는 독립운동을 하다 일본에 유학 가서 윤동주와 함께 구속되어 며칠 간격으로 옥사했다. 윤동주와 같은 해 같은 집에서 태어나 같은 해 같은 감옥에서 죽었다.

-문재린 김신묵 회고록, 문영금 문영미 엮음, 『기린갑이와 고만녜의 꿈』, 삼인, 2006. 467~468면

송몽규에 대한 증언도 있어 조금 길게 인용해 보았다. 영화 〈동주〉 첫 장면을 보면, 한범(송몽규의 아명)이 사회주의를 찬양하는 장면이 나오고, 창고에서 윤동주와 대화하다가 문익환이 문을 열고 나오는 장면이 나오는데, 바로 "우리 익환이와 동주와 한범이는 절친한 친구"라는 증언을 영상화한 것이다.

송몽규를 비롯한 똑똑한 학생들이 기독교에 반대했던 것은 일제에 의한 경신년 참변 때 교회가 무기력했다고 판단했기 때문이었을 것이다. 강력한 항일 전선을 위해 사회주의 노선을 따라야 한다고 송몽규 등 학생들은 생각했던 것이다. 새롭게 들어온 공산

주의에 영향을 받은 학생들은 교장으로 복귀하여 기독교 교육을 강화하는 김약연 교장의 퇴진을 요구하는 동맹휴학을 하기도 했다.

1908년에 시작된 명동학교 소학교는 1924년 명동교회가 운영하는 미션스쿨에서 일반 학교로 성격이 바뀌었고, 1929년에는 사실상 문을 닫는다. 김약연 선생이 어떻게든 힘을 써보려 했으나 환갑이 넘었고, 함께할 이들이 모두 늙었다. "실력 없는 사람들"인 공산주의자들이 명동학교를 잘 운영하지 못해 이후 중국 관립학교로 변했다가 나중에 사립학교로 변했다고 한다. 1931년 세밑에 볼셰비키를 피해 김약연 목사, 문재린 목사, 윤하현 장로네가 모두 용정으로 이사가면서 명동 공동체는 사라지고 말았다.

윤동주 집터(사진 김응교, 2017)

용정 집터
나는 깨끗한 제물을 보았다

잦은 좌우익의 싸움과 극렬 볼셰비키가 소지주를 린치하고, 혹은 만주사변 이후 무장단이 자주 출몰하여, 신변에 위협을 느낀 윤씨 일가는 명동마을에서 북쪽으로 30리쯤 떨어진 안전한 도회지 용정으로 이사하기로 한다.

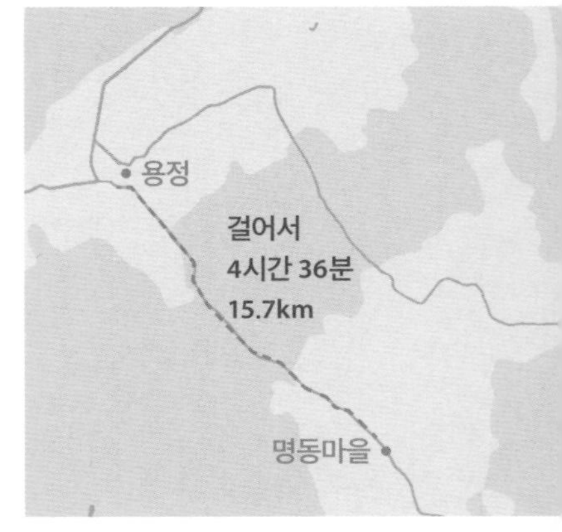

용정으로 지금은 편하게 버스나 택시를 타고 이동할 수 있지만, 당시는 사정이 전혀 달랐다. 달구지나 보행으로 용정과 명동촌을 오가야 했던 시대였다.

현재 지도로 명동마을에서 용정으로 걸어간다고 계산하니 15.7킬로미터에 4시간 36분이 나온다. 달구지로 조금 빨리 간다 해도, 거의 4시간 걸리는 길이다. 당시 황토길은 더욱 불편했을 것이다.

현재는 자동차로 명동촌에서 용정에 가려면 16.3킬로미터에 21분 정도 걸린다. 1994년 필자가 처음 용정에서 명동마을에 갔을 때는 버스로 삼십 분 걸렸던 것이 기억난다.

현재 연길 시내 버스터미널에서 룽징龍井(용정)행 버스를 타면 용정 버스터미널에 도착한다. 용정 버스터미널에서 내려 다시 제1용정중학교 가는 버스를 타야 한다. 제1용정중학교 교문에 들어가면 학교 교실 건물이 보이고, 왼편에 운동장이 있다. 축구 선수였던 윤동주를 체험하려고 용정중학교 운동장에서 축구 시합도 해봤다. 윤동주가 갔을 것 같은, 신발 벗고 들어가는 마루가 깔린 용정교회에 찾아가 예배도 드려봤다.

"모진 바람에도 거세지 않은 네 용정 사투리."

윤동주의 말투를 용정 사투리라고 친구 유영(「창밖에 있거든 두드려라」, 1948)은 회상했다.

1931년 3월 명동소학교를 졸업한 윤동주는 대립자大拉子에 있는 현립제1소학교에 편입하여 1년 더 다니다가 용정으로 이사한다. 윤동주가 1년간 다닌 이 학교가 과거에는 중국 관립학교인 한족학교라고 알려졌지만, 현지에서는 조선족 학교라고 주장한다. 해란강이 풍성하게 흐르는 용정에서 아버지 윤영석은 인쇄소를 운영했지만 이내 실패하고 포목점 등 다른 사업도 변변치 못했다. 1932년 3월 1일 일본의 괴뢰정부인 만주제국이 세워졌다. 그해 4월 용정의 미션스쿨인 은진중학교에 송몽규, 문익환과 함께 입학한다. 동생 윤일주는 용정에서 살던 집을 이렇게 증언한다.

> 우리가 용정에 자리잡은 곳은 용정가 제2구 1동 36호로서 20평 정도의 초가집이었다. 1937년까지 형의 작품의 대부분은 그 집에서 써졌다고 해도 과언이 아니다. 은진중학교 때의 그의 취미는 다방면이었다. 축구 선수로 뛰기도 하고 밤에는 늦게까지 교내 잡지를 내느라고 등사 글씨를 쓰기도 하였다.
>
> – 윤일주, 「윤동주의 생애」, 《나라사랑》 23집, 1976. 153면

용정가街 제2구 1동 36호로서 20평 정도의 초가집에서 살았다고 윤일주는 썼다. 조금 다른 집주소도 있다. 김형태 선생은 『가톨릭소년』 1937년 6월호에서 윤동주의 집 주소를 찾아낸다.

이 작은 집에 살면서 윤동주는 「병아리」, 「빗자루」, 「오줌싸개 지도」, 「무얼 먹고 사나」, 「눈」, 「개」, 「이불」, 「거짓부리」, 8편의 시를 『가톨릭소년』에 투고하여 실리는데, 꽤 인기가 있었던 모양이다.

'하양 송진욱'이라는 독자의 질문에 답하여, 편집부에서 "이 귀여운 소년지에 재밌는 글을 쓰는 전상옥 윤동주 한춘기 제형의 주소를 알고 있습니다"라며 세 사람의 주소를 공개했던 것이다(김형태, 『윤동주 연구』, 역락, 223. 441면)

여기에는 '간도성 용정가 제2구 4동 3통 2호'에 살았다고 쓰여 있다. 이 위치도 은진중학에서 그리 멀지 않은 곳이었다. 오무라 마스오大村益夫 교수는 "은진중학으로부터 걸어서 몇 분 거리 내

(위) 윤동주 장례식 사진(출처 유족 대표 윤인석 교수)
(아래) 85년 윤동주 집터 사진(출처 오무라 마스오)

에 있다. 두 번째 집도 그리 멀지 않은 곳에 있으며 이웃집 초가지붕은 그대로 남아 있고 당시의 정취가 그대로 머물러 있다"(오무라 마스오, 『윤동주와 한국문학』, 소명출판, 2001. 45면)라고 증언했다.

윤동주가 살던 용정 집 모양을 잘 보여주는 사진이 한 장 있다.

바로 1945년 3월 6일에 행한 윤동주의 장례식 사진이다. 윤동주의 영정 사진 왼쪽에 서 있는 이가 장례를 맡은 문재린 목사로, 윤동주의 친구 문익환의 아버지다.

40년 뒤, 사진 오른쪽 아래 쓰여 있는 날짜 1985년 8월 23일에 오무라 마스오 교수가 찍은 사진을 보면, 기와집이 양철지붕으로 바뀌었지만, 지붕의 모양과 굴뚝의 위치가 그대로다.

오무라 교수가 필자에게 집 위치를 그려 주어서 몇 번 가봤지만 정확히 찾지 못했다. 2017년 다롄민족대학에 학술발표하러 갔다가, 재중동포 소설가 김혁 선생을 만나 그 위치를 전해 들었다. 현재 위치는 "은진중학과 몇 분 거리에 있는" 정안구靖安區 제창로济昌路 1-20이다. 김혁은 집터 위치를 상세히 설명한다.

> 윤동주의 자택 옛터는 "간도일본총령사관"(지금의 룡정시정부청사) 동쪽 담장에서 길 하나를 사이에 두고 있었다. 룡정시 문화관의 바로 뒤편에 자리한 그곳은 지금의 안민가 동산사회구역의 룡정시 기계수리공장의 뜨락으로 현재 "룡정 윤동주연구회" 사무실이 바로 그 위치에 오픈돼 있다.
>
> – 김혁, 「더기 위의 시인의 집」, 『윤동주 시인을 기억하며』, 다시올, 2015. 38면

윤동주의 집터는 지체장애인을 위해 민정국 계통에서 차린 기계수리공장이었다. 오무라 교수는 카센터 같은 차고 모양을 하고 있다고 설명했는데, 그 곳이 바로 윤동주의 용정 집터이다.

2017년 윤동주 탄생 100주년을 기념하여 답사여행을 떠난 한겨레신문사 기획팀과 함께 간 나는 윤동주 시인의 집터를 확인할 수 있었다. '룡정 윤동주 연구회'가 있는 건물 바로 뒤뜰이었다. 이 공간을 지키려 '룡정 윤동주연구회'가 사무실을 이 건물에 두어, 윤동주 집터가 있는 뒤뜰에 작은 텃밭을 일구고 있는 것으로 알려져 있다.

어릴 때 생각이 평생을 좌우한다고, 윤동주가 지상에 남긴 시 한 편에는 그의 삶이 모두 들어 있다. 20평 남짓한 작은 초가집 어둔 방에서 윤동주는 시 한 편을 깁는다. 1934년 12월 24일 17세의 은진중학생이 쓴 처녀작을 읽어 보자.

초 한대 –
내 방에 품긴 향내를 맡는다.

광명의 제단이 무너지기 전
나는 깨끗한 제물을 보았다.

염소의 갈비뼈 같은 그의 몸
그의 생명인 심지心志
백옥 같은 눈물과 피를 흘려
불살라 버린다.

그리고도 책상머리에 아롱거리며

중학시절 윤동주(출처 유족 대표 윤인석 교수)

선녀처럼 촛불은 춤을 춘다.

매를 본 꿩이 도망하듯이
암흑暗黑이 창구멍으로 도망한
나의 방에 풂긴
제물의 위대한 향내를 맛보노라.

– 윤동주, 「초 한 대」 전문, 1934.12.24

"내 방"으로 상징할 수 있는 용정은 그에게 판타지의 공간이었다. "내 방"은 1932년 일제에 의해 만주국이 건국되는 어처구니없는 시간, 낯설고 괴이쩍은 공간이었다. 첫 연의 '방에 풂긴 향내'가 어떻게 마지막 연에서 '제물의 위대한 향내'로 승화할까. 그 과정에 판타지가 작용하고 있다.

디즈니랜드 같은 놀이공원은 3단계로 만들어졌다. 입장표를 파는 판타지의 입구인 세속의 공간이 있다. 다음은 미키마우스 등이 나오고 다양한 물건을 파는 쇼핑거리가 있는 동화의 세계가 있다. 마지막으로 신데렐라 공주가 있는 신성한 세계다. 종교시설도 비슷하다. 안내자와 헌금봉투가 있는 세속의 공간이 있고, 이후 서로 교제를 나누는 동화의 세계, 마지막에 불상이며 십자가가 있는 신성한 세계가 있다.

피곤한 일상에서 몇 단계를 거쳐 신성한 공간에 갔다가 돌아오면, 지겨웠던 공간이 전혀 새롭게 느껴지는 일탈逸脫을 체험할 수 있다. 「초 한 대」는 순례자의 길the Pilgrim's Road을 걷는 판타지의 구조를 갖고 있다.

술향에 취하듯 "향내를 맡는" 화자와 독자는 판타지의 세계로 들어선다. 하얀 양초인 "깨끗한 제물"이 광명의 제단을 무너뜨리는 격이니, 광명의 제단은 인간이 세운 거대한 우상일 수도 있겠다. 성스러운 공간에서는 하얀 양초가 "염소의 갈비뼈"로 바뀐다. "심지"는 양초 심지인데, 발음이 같은 한자 "심지心志"라고 썼다. "백옥 같은 눈물과 피"는 양초의 촛농일 것이다. 희망 없이 어두운 그믐밤 시대에 보름달이 자신을 쪼개 반딧불로 세상을 쪼끔 밝힌다는 "그믐밤 반딧불은 / 부서진 달조각"(「반딧불」)도 같은 내용이다. 자신을 녹이면서 "그리고도"라며 판타지를 빠져나와 "책상머리" 현실로 돌아온다. 스스로 육신을 불살라 "선녀처럼 촛불은 춤"추며 어둠을 밝히는 구도자의 춤을 펼쳐 보인다. 평범했던 촛불의 "향내"는 판타지를 통과해야 전혀 다른 "위대한 향내"로 풍긴다.

'광명의 제단', '깨끗한 제물', '백옥 같은 눈물' 같은 표현은 상투적이기는 하다. 너무 쉽게 쓴 비유가 아닐까. "맛보노라"라는 감탄에 시적 절제가 아쉽다. 반면 "매를 본 꿩처럼 / 암흑이 창구멍으로 도망한다"는 독특한 표현은 신선하다. 암흑이 푸드득 도망가도 희망은 금방 다가오지 않는다. "살랑살랑 찬바람"(「창구멍」) 날아들듯이, 희망이란 늘 희미하게 지리멸렬하다.

그의 거의 모든 시에는 창작일자가 쓰여 있어 일기를 엿보는 기분이다. 말미에 쓰여 있는 1934년 12월 24일이라는 날짜를 보고 독자는 촛불을 바로 예수의 희생으로 잇는다. 성탄절 전날 썼기에 예수를 상상할 수 있으나, 자신을 태우는 희생적인 상징, 끊임없이 상승하는 불꽃 정신은 윤동주 자신이었다. '촛불=깨끗한 제물=염소의 갈비뼈(예수)'를 겹쳐 떠올리며, 스스로 녹아 헌신하겠다는 마음의 채비를 했던 젊은 영혼.

평생 낯선 판타지 공간으로 향했던 디아스포라, 그는 대략 19년을 만주에서, 7개월쯤 평양에서, 4년을 경성에서, 4년을 일본에서 지냈다. 그에게 낯선 세계는 만주와 평양과 경성과 일본이었다. 어디 있든 그는 "오늘도 내일도 새로운 길"을 생각하는 초 한 대였다.

"나는 깨끗한 제물을 보았다."

그는 자신의 삶을 미리 한 줄로 요약했다. 깊고 고요한 신화는 이 한 줄에서 시작한다. 지금은 허름한 건물 뒤뜰에 덩그러니 판잣집만 남아 있는 이 공간에서 윤동주는 눈에 보이지 않는, 희미하지만 거대한 희망을 꿈꾸었던 것이다.

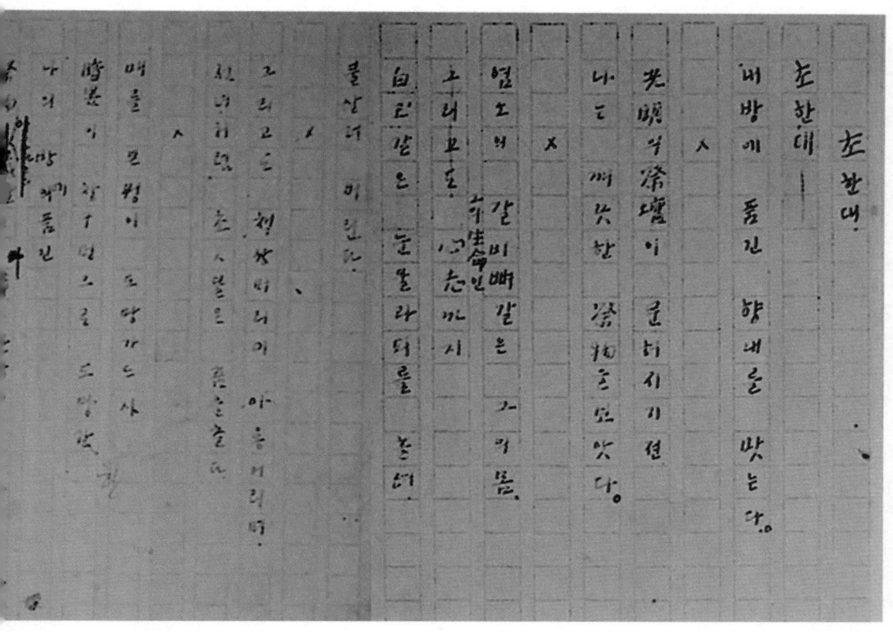

윤동주 「초 한 대」 육필원고(출처 유족 대표 윤인석 교수)

02

YUN DONG-JU

평양

1933년 평양 시내와 대동강(출처 『National Geographic』 1933년 10월호)

평양 숭실중학교
살랑살랑 찬바람 날아듭니다

"이제 북한에서도 윤동주를 언급하기 시작했어요."

1992년 겨울, 고려대 교환교수로 오신 오무라 마스오 교수님(와세다대학)께서 복사물 몇 장을 주셨다. 어떤 일에도 흥분하지 않는 분의 약간 달뜬 표정이 낯설었다. 윤동주를 과잉평가된 작가로 폄훼하고 있었던 미물이 스승의 깊은 뜻을 알 리 없었다. 종이 몇 장을 대수롭지 않은 듯 가방에 쑤셔 넣고 나왔다. 다음해 1994년 평양에서 출판된 『문예상식』에 3면에 걸쳐 윤동주 시 「서시」, 「슬픈 족속」, 「쉽게 쓰여진 시」에 대한 분석이 실렸다. 북한에서 윤동주를 평가하기 시작한 것이 뭐가 그리 중요할까, 라는 질문을 할 정도로 나는 윤동주에 관심이 없었다.

국외에서 성장한 윤동주가 국내 상급학교에 진학하려면 총독부에서 지정한 고등보통학교에 진학해야 했다. 총독부 지정학교로 인정받은 숭실중학교 4학년에 입학하려 했던 18세의 윤동주는 4학년 편입에 실패하고 3학년에 편입한다. 최초의 큰 좌절이었다. 9월에 입학한 그는 10월에 숭실중학교 YMCA문예부에서 낸 『숭실 활천』에 「공상」을 발표하면서 처음으로 자신의 글이 활자로 변하는 체험을 한다. 1935년 12월에는 최초의 동시 「조개껍질」을 쓴다. 이 시 끝에는 현재 평양의 봉수동 "봉수리에서" 썼다고 쓰여 있다.

이윽고 편입 실패보다 더 큰 좌절이 그에게 다가온다. 1925년 조선신궁을 세운 뒤 잠잠했는데, 1935년 4월 19일 조선 도지사 회의에서 이마이다 기요노리今井田清德 정무총감은 신사참배를 강조한다. 1935년 9월 애써서 입학한 숭실중학교는 신사참배를 거부했다. 평남도지사는 1936년 1월 18일자로 신사참배에 참여하지 않는 숭실학교 교장 맥큔의 교장 인가를 취소했고, 3월 20일 총독부가 교장을 파면한다. 곧바로 학생들은 동맹휴학을 시작하고, 3월에 윤동주는 문익환 등과 함께 숭실중학교를 떠난다. 이 무렵 3월 24일에 시 한 편을 쓴다.

앙당한 소나무 가지에
훈훈한 바람의 날개가 스치고,
얼음 섞인 대동강 물에,
한나절 햇발이 미끄러지다.

허물어진 성터에서

철모르는 여아들이

저도 모를 이국 말로

재질대며 뜀을 뛰고.

난데없는 자동차가 밉다.

– 윤동주, 「모란봉에서」, 1936.3.24

모란봉과 대동강이라는 지명이 나오니 분명 평양에서 쓴 글이다. 대동강변의 모란봉은 높이 96m 정상에 최승대가 있고 경관이 뛰어나기로 유명하다. 대동강이 갈라지면서 길고 평평한 능라도를 만들고, 모란봉 밑에는 광개토대왕 2년에 세워진 영명사가 뚜렷하게 보인다. 모란봉 동쪽은 대동강 물결에 깎여 벼랑을 이루었는데 청류벽이라 부른다. 작게 움츠린 "앙당한" 솔나무는 윤동주

모란봉 성터(출처 『National Geographic』 1933년 10월호)

나 친구들 모습일까. "얼음 섞인 대동강 물에 / 한나절 햇발이 미끄러지다"라는 표현도 신선하지만, 2연을 더욱 주목할 수밖에 없다. 허물어진 모란봉 성터에서 "철모르는 여아들이 / 저도 모를" 이국말(일본말)로 노래 부르며 "재질대며" 뜀 뛰며 일본 놀이를 하고 있다. 명동마을에서 이렇게 놀면 야단맞을 괴이쩍은 풍경이다. "난데없는 자동차가 밉다"는 단순한 푸념이 아니다. 문명이라는 이름으로 침략해오는 일제가 밉다는 뜻이다. "밉다"라는 부정동사가 마지막에 새겨 있는 이 시는 이상화의 「빼앗긴 들에도 봄은 오는가」(1926)나, 이태준 단편소설 「패강랭」(1938)을 떠올리게 한다. 성터와 함께 허물어지는 한 나라의 언어와 생활을 천천히 응시하게 하면서도, 윤동주는 희망을 잃지 않았다.

동시 「창구멍」은 1936년 초에 창작된 시로 추정된다.

바람 부는 새벽에 장터 가시는
우리 아빠 뒷자취 보구 싶어서
침을 발라 뚫어 논 작은 창구멍
아롱아롱 아침해 비치웁니다

눈 내리는 저녁에 나무 팔러 간
우리 아빠 오시나 기다리다가
혀끝으로 뚫어 논 작은 창구멍
살랑살랑 찬바람 날아듭니다

– 윤동주, 「창구멍」, 1936년 초.

구절구절 아빠 사랑이 간절하다. "눈 내리는 저녁에 나무 팔러 간/우리 아빠 오시나 기다리다가" 침 발라 작은 창구멍을 뚫는다. 얼마나 궁하면 나무가 젖을 수밖에 없는 눈 내리는 날 나무 팔러 나갈까. 새벽도 아니고 저녁에 말이다. 새벽부터 밤늦게 고단하게 일하는 아빠를 기다리는 아이 마음, 소담한 비애가 독특한 리듬으로 반복된다.

숭실에서 머문 7개월 동안 시 10편, 동시 5편을 썼다. 15편의 시를 쓰며 창구멍으로라도 들어오는 희망을 꿈꾸지 않았을까. 그러나 희망은 싸구려가 아니다. 희망은 "살랑살랑 찬바람"으로 날아든다. 마치 발터 벤야민이 나치 정권에서 잔혹한 낙관주의로 희망을 얘기했듯이, 희망은 냉혹하다.

윤동주는 연희전문 시절에도 평양에 가서, 서양 고전음악을 감상할 수 있는 다방 '세르팡'에 들르곤 했다. 원로 화가 김병기 선생은 중요한 순간을 회고했다.

> 그 시절 평양 시내에도 7군데의 다방이 있었고, 그 가운데 서양 고전음악을 감상하는 '세르팡'이 유명했다. 다방은 소설가 이효석의 표현대로 '사각모패'(학생)의 차지였다. 세르팡에 가면 으레 열띤 토론이 뜨거웠다.
>
> 한번은 초현실주의 등 현대예술 관련 토론이 벌어졌다. 옆 테이블에서 조용히 듣고 있던 청년이 불만스럽다는 듯 자리를 박차고 나갔다. '초현실주의 같은 사조는 인정할 수 없다'는 표정이었다. 시인 윤동주, 바로 그였다. 북간도 명동촌 출신인 윤동주는 한때 평양

숭실학교를 다니기도 했지만, 1940년대 초 연희전문 시절에도 곧잘 평양 나들이를 했다. 숭실학교 동기이자 훗날 만주로 간 시인 김조규와 가까운 사이였다. 시인으로서 윤동주라는 존재는 아직 세상에 드러나지 않을 때였다. 그는 일제 말 일본 감옥에서 비명횡사했고, 사후에야 그의 시집 〈하늘과 바람과 별과 시〉(1948)가 출판되었기 때문이다.

– 김병기 화백의 증언, 「문예동인 '단층파'는 유항림네 헌책방에서 탄생했다」, 『한겨레신문』, 2017.4.27.

김병기는 윤동주의 유고 시집 『하늘과 바람과 별과 시』(1948년)의 제목이 1930년대 일본에서 인기 있던 프랑스 작가 앙드레 샹송의 『산과 바람과 태양과 샘』(1931년)에서 영향을 받았을 것으로 추측한다.

앙드레 샹송アンドレ·シャンソン의 일어판 『산과 바람과 태양과 샘山と風と太陽と泉』의 표지

'하늘과 바람과 별과 시'라는 단어 나열식 제목은 그 시절 익숙한 표현법의 하나였다. 도쿄에서 발행된 『세르팡』(제일서방 발행) 같은 문예지에 자주 소개한 프랑스 문학의 영향이었다. 김병기는 프랑스 작가 앙드레 샹송의 『산과 바람과 태양과 샘-청춘의 4요소』(『山と風と太陽と泉 - 四つの要素』, 堀口大學訳, 第一書房, 1936)란 작품을 읽은 기억도 있다

평양 시내, 1933년(출처 『National Geographic』 1933년 10월호)

고 회고한다. "어쩌면 윤동주의 '하늘과 바람…' 같은 제목은 프랑스의 '산과 바람…'의 영향이었을 가능성도 있다.

고전음악을 듣던 평양은 또한 윤동주에게 편입시험 실패라는 좌절을 안긴 곳이다. 자신의 작품이 활자로 변하는 기쁨을 체험하기도 하고, '조선=식민지'라는 환멸을 몸으로 체험한다. 부도덕에 대항할 수 없을 때 느끼는 모멸감은 부끄러움으로 치환되며 그의 마음 한 구석에서 거름으로 썩었을 터이다.

중국에서 태어나 평양 숭실중학교, 남한의 연희전문에서 공부하고, 일본에 가서 절명했던 그의 이력은 '중국-북한-한국-일본'을 연결하는 아시아평화공동체에 대한 작은 창구멍이다. 중국과 일본에서 윤동주 강연을 할 때, 중국과 일본에 세워진 윤동주 시비를 볼 때마다, 나는 윤동주가 내놓은 작은 창구멍이 떠오른다.

이제 북한에서 윤동주가 연구된 것을 반가워하던 오무라 교수님의 살가운 표정을 조금은 알 것 같다. 북한에서는 "비운에 찬 조국의 운명을 걱정하면서 참된 삶을 갈망하고 그 길에서 투지를 가다듬은 애국적 시인"(『조선대백과사전』2001)으로 윤동주를 설명하고 있다. 한때 남북공동 문학교과서를 만든다면 어떤 작가를 넣어야 할지 고민한 적이 있다. 북한혁명시인을 연구해서 졸저 『이찬과 한국근대문학』을 낸 까닭도 통일교과서를 생각했기 때문이다. 북한에서도 높이 평가받는 김소월, 이육사 등과 함께 윤동주는 통일문학을 위한 창구멍 역할을 할 수 있다. 아시아 문학교과서를 만든다면 윤동주가 작은 역할을 하지 않을까. 식민지 당시 윤동주와 아시아인에게 희망이란 요원한 것이었다. 아롱아롱 아침해, 살랑살랑 찬바람으로 희미하게 다가온 아침이 이제는 눈에 보이는 현실로 조금씩 다가오고 있다.

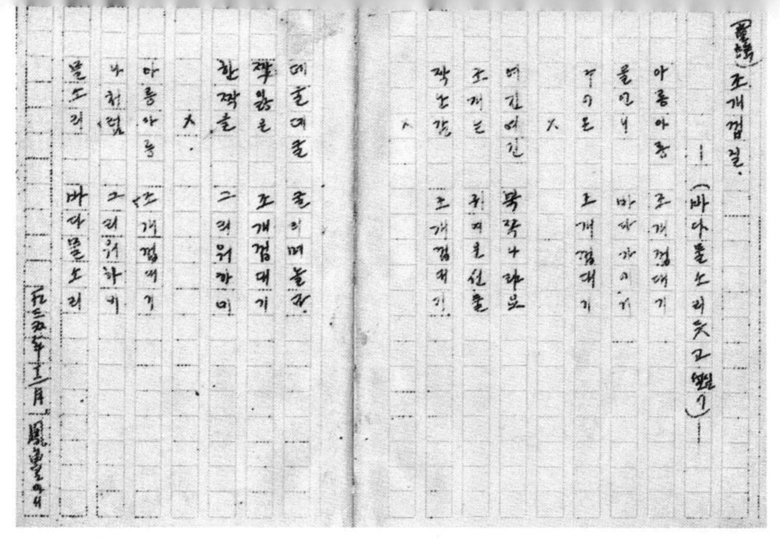
조개껍질.
—(바다물 소리 듯고 싶어)—

아롱아롱 조개껍대기
울언니 바다가에서
주어온 조개껍대기

여긴여긴 북쪽나라요
조개는 귀여운선물
작난감 조개껍대기.

데굴데굴 굴이며놀자
짝잃은 조개껍대기
한짝을 그리워하며

아롱아롱 조개껍대기
나처럼 그리워하네
물소리 바다물소리

一九三五年十二月

윤동주 「조개껍질」 육필원고(출처 유족 대표 윤인석 교수)

대동강 봉수리
문익환과 윤동주의 「조개껍질」

윤동주 하면 「서시」, 「십자가」, 「별 헤는 밤」, 「쉽게 쓰여진 시」 등을 거론하곤 하는데, 이 시들은 모두 1938년 연희전문에 입학하고, 4학년 이후에 썼던 작품들이다. 그런데 이러한 시들 이전에 어떤 시가 있었는지 잘 알려져 있지 않다. 놀랍게도 윤동주가 대학 입학 이전에 썼던 시들은 대부분 동시였다. 이제 윤동주가 썼던 동시 「조개껍질」을 만나보자.

윤동주가 쓴 첫 시는 「초 한 대」, 「삶과 죽음」, 「내일은 없다」(1934. 12.24)이다. 이어서 쓴 「거리에서」(1935. 1. 18) 외 세 편의 시도 동시라기보다 일반적인 서정시다.

현재 날짜가 쓰여 있는 윤동주의 첫 동시는 1935년 12월, 그러러니까 열여덟 살에 쓴 「조개껍질」이다. 앞서 보았던 「내일은 없다」를 최초의 동시로 볼 수도 있겠지만 "무리여! / 내일은 없나니"라는 표현은 좀 어른스럽지 않은지. 그리고 같은 날 쓰인 「초 한 대」 「삶과 죽음」 역시 동시로 보기는 어딘가 어색하다. 원고 사진을 보면, 맨 오른쪽에 '조개껍질'이라는 제목 위에 '동요童謠'라고 쓰여 있다. 윤동주가 아이들 노래로 지었던 작품인 것이다.

아롱아롱 조개껍데기
울 언니 바닷가에서
주워온 조개껍데기

여긴 여긴 북쪽 나라요
조개는 귀여운 선물
장난감 조개껍데기.

데굴데굴 굴리며 놀다,
짝 잃은 조개껍데기
한 짝을 그리워하네

아롱아롱 조개껍데기
나처럼 그리워하네
물소리 바닷물 소리

– 윤동주, 「조개껍질–바닷물 소리 듣고 싶어」(1935.12) 전문

모든 연의 첫 행을 4·5조로 맞추고 있다. 1연 "아롱아롱", 2연 "여긴 여긴", 3연 "데굴데굴", 4연 "아롱아롱"으로, 규칙적인 리듬으로 노래한다. 1연과 4연의 첫 행은 "아롱아롱 조개껍데기"로 같다. "아롱아롱", "울 언니", "귀여운" 등 온화하고 다정다감한 단어에서 다정한 어조가 느껴진다. 4·5, 3·5, 3·5조의 규칙적인 리듬과 의성어, 의태어가 잘 어울리고, 자연스러운 일상의 풍경을 아름답게 그려낸 동시다.

이 시를 썼던 때 윤동주의 고향의식은 남쪽으로 향해 있다. "짝 잃은 조개껍데기 / 한 짝을 그리워하네", "나처럼 그리워하네"라는 표현은 윤동주의 부서진 자아의식을 보여준다. 자기가 사는 이곳은 북쪽 나라이기 때문에 고향이 될 수 없고, 물소리, 바닷물 소리가 나는 남쪽 고향을 그리워하는 것이다. "짝 잃은 조개껍데기 / 한 짝을 그리워하네", "나처럼 그리워하네"라는 표현은 고향을 그리워하는 디아스포라의 뿌리 뽑힌uprooted 무의식을 그대로 표출한 구절이다.

이 시에서 가장 중요한 상징은 '조개껍데기'이다. 여긴 여긴, 데굴데굴, 아롱아롱 등 울림소리와 반복어로 분위기는 밝은데 왠지 쓸쓸하게 느껴지는 까닭은 '조개껍질'이 살아 있는 생명체가 아닌 빈 껍데기라는 사실 때문이다. 바닷물을 떠난 조개껍데기는 자기가 자란 바닷가 물소리를 그리워한다. 죽어 껍데기만 남았지만 고향을 그리워하는 조개껍데기의 결핍은 고향과 떨어져 사는 디아스포라 윤동주 자신의 상처일 것이다.

윤동주가 다녔던 1930년대 평양 숭실중학교 조회 모습(출처 『숭실100년사』, 숭실고등학교, 1997)

봉수리, 문익환의 평양 봉수교회

「조개껍질」이 첫 동시인가 하는 질문에 정확히 그렇다고 하기는 쉽지 않다. 윤동주는 은진중학 시절에도 친구들과 함께 교내 문예지를 발간하는 등 문학 활동에 열심이었다. 특히 일, 이학년 때에는 윤석중의 동요와 동시에 깊이 빠져 있었다는 증언으로 보아 이 동시가 첫 동시가 아닐 수도 있다. 다만 창작 일자가 적힌 작품으로는 첫 동시가 맞다.

그렇다면 이 시는 어디에서 썼을까.

먼저 윤동주가 이 시를 썼던 1935년 상황을 생각해보자. 1935년 1월 1일에 형 송몽규의 문단 등단으로 윤동주는 이때부터 시 끝에 창작 날짜를 쓰기 시작하고, 작가로 등단한 송몽규는 4월경 가출하여 난징의 독립운동 단체에 들어간다.

9월 1일 은진중학교 4학년 1학기를 마친 윤동주는 평양 숭실중학교 3학년 2학기에 편입한다. 이때 만주 학제와의 차이로 일 년이 늦어진다. 숭실학교 4학년에는 한 학기 전에 옮겨간 문익환이 있었다.

숭실중학교 3학년에 편입한 윤동주는 동시 5편을 쓰는데, 이 무렵에는 정지용의 시에 심취해 쉬운 말로 표현한 시를 발표한다.

10월 숭실학교 YMCA 문예부에서 내던 『숭실활천』 제15호에 「공상」이 최초로 인쇄된다. 이 무렵 수학여행으로 동룡굴을 구경하기도 한다. 이러한 과정에서 12월에 「조개껍질」이 탄생한다. 우리는 이 시가 창작된 배경에 조금은 접근할 수 있다. 단서는 시 맨 뒤에 기록되어 있는 메모에 있다.

"1935년 12월 봉수리鳳峀里에서."

연구자들은 이 메모에 그리 신경쓰지 않았다. 봉수리는 평양 대동강 북쪽 선교동船橋洞에 있는 동네다. 한강의 마포나루처럼, 대동강에서 배를 타는 다리가 있었기에 선교동일까. 현재는 선교구역船橋區域이라고 한다. 선교구역 조금 아래 한강의 여의도 같은 양각도가 있고, 그 사이 섬에 양각도국제호텔이 있다. 선교구역 바로 위 동대원구역에 유명한 주체사상탑이 세워져 있다.

구마키 쓰토무熊木勉 교수(후쿠오카 대학)는 이 부분에 대해 "봉수리에는 당시 숭실 YMCA 종교부에서 운영한 주일학교가 있었다"며 이렇게 썼다.

이 봉수리의 주일학교에서 교장을 맡고 있었던 인물은 문익환이었다(『숭실활천』, 1935년 10월, 170면). 윤동주와 문익환의 관계를 생각해 보면 윤동주가 봉수리에서 문익환의 활동을 도왔다고 보는 일은 그리 무리한 일이 아니라고 생각한다. 아마도 교회에서 아동들을 교육하는 과정에서 만들어진 것이 이 「조개껍질」이 아닌가 생각된다.

– 쿠마키 츠토무, 『윤동주 연구』, 숭실대 박사논문, 2003, 170쪽

『숭실활천』(1935년 10월) 170면에 실린 〈교내소식〉에서 '1. 주일학교 경영'을 보면, "봉수리(교장 문익환)"라고 쓰여 있다.

이 정보에 따르면 윤동주가 친구 문익환이 봉사하던 봉수리 교회에서 성경학교를 도우며 아이들과 놀 때 얻었던 '조개껍질'을 갖고 시로 썼을 가능성도 있다. 당시 숭실중학교에서는 교회 출석과 봉사뿐만 아니라 순회 전도 활동을 의무로 하고 있었다.(『숭실

100년사』, 숭실고등학교, 1997, 311~324쪽)

아닌 게 아니라 이 시가 발표되었던 무렵 1937년 신문 기사를 보면 봉수리라는 지명이 명확히 나온다.

재미있는 것은 평양의 봉수리는 한국전쟁 이후 기독교를 금지했던 북한에 최초의 교회가 섰던 곳이라는 사실이다.

(170)

◆宗敎部

一、主日學校經營

鳳凸里(校長文益煥)、西新里(校長李寅煥)、坎北里 (四月二八日創設校長俞斗城)

一、主日學校班[illegible]工夫

> 1988년 11월 6일 첫 예배를 드린 평양시 봉수리에 봉수교회가 세워진 이래 교인들이 새롭게 지하에서 나오는데 현재 드러난 교인만도 북한 전역에 1만여 명이고, 평양시에만 1천 명으로 추정하고 있으나, 실제는 더 많을 것이라고 한다.
>
> – 박완신, 『평양에서 본 북한 교회』, 답게, 2001, 245쪽

1988년 평양 봉수리에 세워진 봉수교회는 해방 이후 북한에서 정부의 승인 아래 세워진 최초의 교회다. 아담한 단층 교회인데, 2008년 남측의 지원으로 새롭게 단장해 헌당식을 했다.

1989년 7월 1일부터 7월 8일까지 일주일 동안 있었던 제13차 세

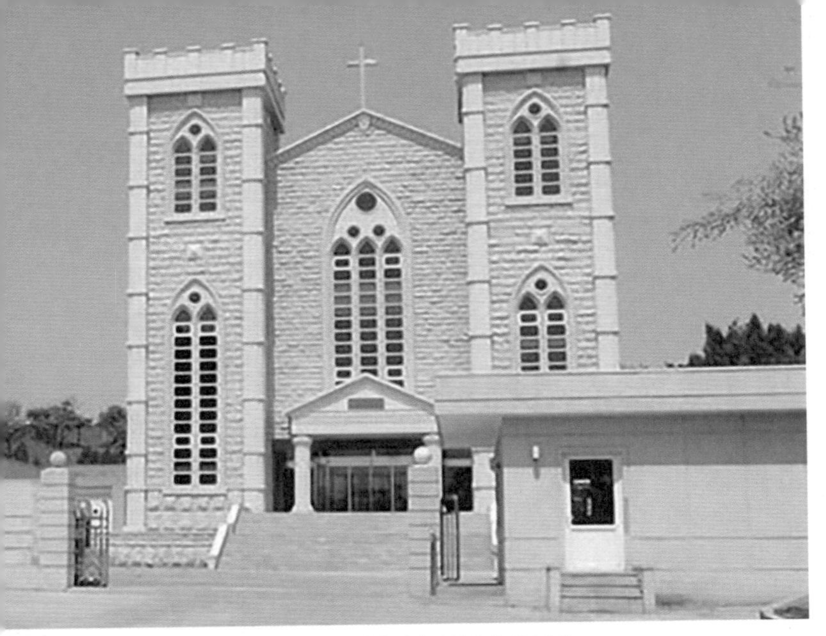

2008년 남측의 도움으로 증축된 평양 봉수교회(출처 나무위키)

계청년학생축전 때 외국인들이 많이 오니 급히 만든 교회라고 평가한다. 일요일에 사전 연락 없이 교회를 방문했다가 문이 닫혀 있었다는 외국인들의 증언도 있다. 여러 영상을 보면, 늘 사오십 대의 남녀 수십 명 정도가 예배를 드리고, 성가대는 실력있는 합창단 수준인 것을 볼 수 있다. 거짓교회이고 위장예배라고 폄하하는 이들도 있다.

비판도 있지만, 윤동주와 문익환이 성경학교를 돕던 봉수리와 같은 '봉수'라는 이름이 들어간 것은 우연한 일치다. 봉수리와 봉수교회, 한자 이름은 같지만, 봉수교회는 봉수리가 있던 선교동이 아닌 만경대 구역 건국동에 세워져 있다. 다만 같은 이름을 가졌다는 우연만으로도 기억할 만한 일이다.

윤동주의 「공상」이 실린 『숭실활천』 표지

윤동주가 다닐 때 있었던 평양 숭실의 이 3층 교사는 1950년에도 남아 있었다.
(출처 『숭실100년사 ①평양숭실』, 숭실중고등학교, 1997)

숭실중·고등학교 현재 전경(출처 나무위키)

03

YUN DONG-JU

다시 만주

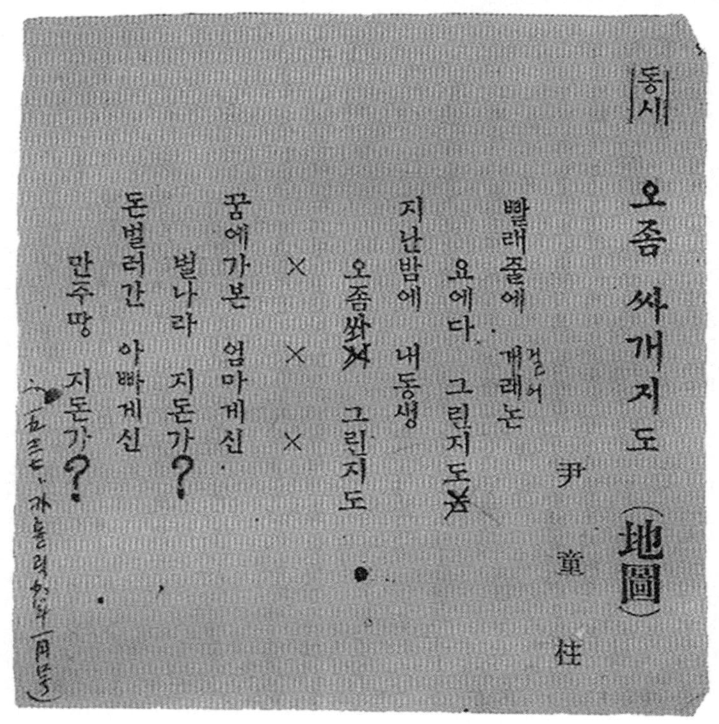
동시

오좀 싸개 지도(地圖)

尹童柱

빨래줄에 개래논
요에다 그린지도
지난밤에 내동생
오좀싸서 그린지도

× × ×

꿈에가본 엄마계신
별나라 지돈가?
돈벌려간 아빠계신
만주땅 지돈가?

윤동주 「오좀싸개지도」(출처 『카톨릭 소년』 1937년 1월호)

다시 용정

난민가족, 오줌 '쏴' 그린 지도

1936년 3월 다시 용정으로 돌아온 윤동주는 4월 6일 5년제 일본 학교인 광명학원 중학부 4학년에 편입한다. 대학에 진학하려면 미션계나 민족계가 아니지만 광명중학교라도 가야 했다. 착잡한 심경을 「이런 날」(1936.6.10)에 "사이좋은 정문의 두 돌기둥 끝에서 / 오색기와 태양기가 춤을 추는 날"로 표현하고 있다. 만주국의 오색기와 일본의 태양기는 윤동주에게 서슴없는 능멸이었다. 모순을 모르고 "머리가 단순"하게 된 아이들을 깨우듯이, 1936년 8월 13일에는 동아일보가 보도사진에서 손기정 선수의 일장기를 지운 사건이 있었다.

윤동주는 여러 시인들의 작품을 스크랩해 두곤 했다. 1935년 10월 27일에 간행된 『정지용시집』을 그는 평양에서 1936년 3월 19일에 구입해서 내지에 서명했다. 시집을 구입하고 정지용 시를 더욱 깊이 읽었던 윤동주는 정지용 시 10여 편을 보며 습작해본다. 정지용은 윤동주뿐만 아니라, 신석정, 박두진 등에게도 시적 아버지poetic father였다. 윤동주는 그냥 시늉만 한 것이 아니라, 정지용에게 단아한 절제를 배웠다.

가톨릭 신자였던 정지용은 『카톨릭 청년』을 편집했는데, 광명 시절 윤동주는 가톨릭 만주 옌지延吉 교구에서 낸 월간 어린이잡지 『카톨릭소년』에 다섯 편의 동시를 발표했다. 시 한 편 완성하는 데 1년 이상 걸리기도 한 동주는 「오줌싸개 지도」를 1936년 『나의 습작기의 시 아닌 시』에 써놓았고, 이후 1937년 1월호 『카톨릭소년』에 발표했다.

빨래줄에 걸어 논
요에다 그린 지도,
지난 밤에 내 동생
오줌 쏴 그린 지도.

꿈에 가 본 엄마 계신

별나라 지돈가?

돈 벌러 간 아빠 계신

만주 땅 지돈가?

– 윤동주, 「오줌싸개 지도」, 『카톨릭 소년』(1937.1)

제목과 1연만 보면 재미있고 귀엽다. 엄마 아빠 모두 떠나고 남은 두 아이의 이야기다. 2연을 보면 엄마는 별나라 갔고, 아빠는 돈 벌러 만주에 갔다. 아이들은 누가 돌볼까. 윤동주가 보관하고 있던 발표본에는 수정한 흔적이 있다. 오줌 '싸서'나 '싸'가 아니라, 오줌 '쏴'라고 고친 흔적이 분명히 있다. 원고지에도 "쏴"라고 썼는데, 투고했을 때 편집부에서 '싸서'로 고쳤다. 그것을 동주는 다시 왜 "쏴"라고 고쳤을까. 2행에 "요에다"라는 3음절을 맞추기 위해서 "오줌쏴"로 고친 것으로도 보인다. 그 이유도 있지만 '싸서'보다 "쏴"라고 쓴 까닭은, 부모 없는 아이가 밤이 무서워 참다 참다 쏴버리는 오줌을 강조하고 싶었기 때문이 아닐까.

아버지는 고향을 떠나 만주로 돈 벌러 다니는 난민이다. 당시 신경 등 북간도 주요 도시에는 조선인 중 부자들이 가기도 했지만, 일제의 착취가 극심해지자 "돈 벌러간 만주 땅 지돈가?"라는 구절처럼 만주 등 해외로 많은 사람이 떠났다.

"모든 죽어가는 것을 사랑해야지"(「서시」)라는 구절은 관념으로 갑자기 나온 그럴듯한 문구가 아니다. 이미 십대 때 쓴 동시를 보면, 그가 자주 인용하던 『맹자』의 환과고독鰥寡孤獨, 홀아비 난민 고아 등 '죽어가는' 존재들이 등장한다.

'이불'이 나오는 또 한 편의 시가 있다.

지난 밤에
눈이 소-복이 왔네
지붕이랑
길이랑 밭이랑
추워한다고
덮어주는 이불인가 봐

그러기에
추운 겨울에만 내리지

– 윤동주, 「눈」(1936.12) 전문

만주의 12월 "지난 밤"은 누군가 죽지 않았을까 염려스러운 을씨년스런 밤이다. 그런 밤에 내리는 눈은 모든 사물을 얼려버리고, 생명을 죽여 버린다. 반면 윤동주는 악한으로 상징될 눈을 "소복이 왔네"라고 표현한다. 싸늘한 "지난밤"에 추워하는 "지붕이랑 길이랑 밭"을 이불 같은 눈이 덮는다.

왜 이 시에도 '이불'이 나올까. 낮에 온돌방은 군불을 때니 훈훈하다. 뜨거운 아랫목의 화끈한 기운을 종일 이불로 덮어둔다. 전기밥솥이 없던 시대에 이불은 공기밥을 따스하게 보온하는 역할도 했다. 밤에 온돌방의 난방기구는 이불 외에 따로 없다. 그 이불 속에 들어가 몸을 훈훈히 덥히며 자면 머리 위로는 코 시린 웃풍

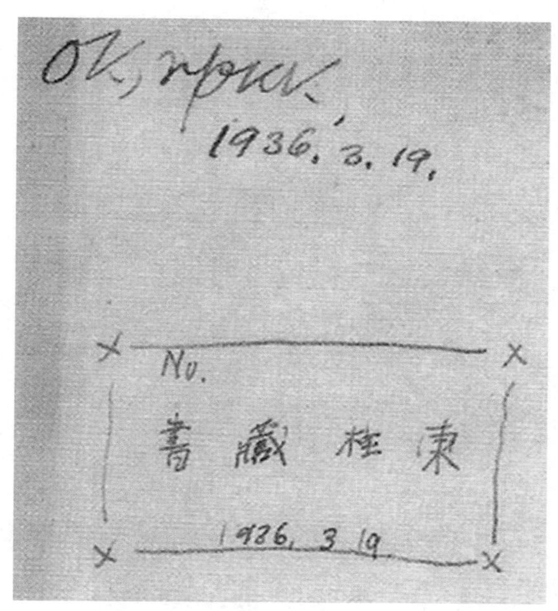

윤동주는 구입한 『정지용 시집』에 '동주장서'라고 써놓았다.

이 지나곤 했다. 이 시에서 핵심적인 단어인 '이불'을 제목으로 두면 시의 의도가 너무 빤히 드러나 암시暗示 효과가 일어나지 않는다. 원고지를 보면 제목을 '이불'이라고 썼다가 '눈'으로 바꾼 흔적이 보인다. 본래 제목이 '이불'이었는데 지우고 '눈'으로 바꾼 것은 썩 괜찮다.

2연은 "그러기에"로 시작한다. 이 단어는 "추워한다"고 하는 사물에 대해 "눈"이 어떤 역할을 하는지 원인과 결과를 이어주고 있다. 서정주는 "한 송이 국화꽃을 피우기 위해 봄부터 소쩍새는 그렇게 울었나 보다"(「국화 앞에서」)라고 썼다. 윤동주는 어떤가. 지붕이랑 길이랑 밭을 덮어주기 위해 "그러기에" 눈은 추운 겨울에만 내린다는 것이다. 약자를 생각하는 따스한 마음이 간절하다.

겸재 정선의 작품 금강산 비로봉(출처 한국국학진흥원이 2018년 공개)

금강산 비로봉
새가 나비가 된다

광명학교 5학년이 되던 1937년 9월, 윤동주는 금강산과 원산 송도원 등지로 수학여행을 다녀온다. 그때 쓴 작품이 「비로봉毘盧峯」이다.

금강산은 이미 조선시대 양반들에게 최고의 여행지였다. 일제 강압기에 금강산은 일본인들에 의해 세계 제일의 절승지絶勝地로 알려졌다. 일본인의 편의를 위해 유럽식 모던한 건물이 역사驛舍로 지어지기도 했다.

광명학교 학생들은 용정에서 기차를 타고 회령, 라남, 성진, 함흥을 거쳐 금강산으로 갔을 것이다.

금강산 기행의 절정은 비로봉 등반이었다. 비로봉은 금강산의 최고봉으로 높이가 1,638미터에 달한다. 빼어난 산악미와 함께 정상은 약간 평지를 이루며, 외면은 깎아 세운 듯한 절벽으로, 금강 1만 2천 봉을 굽어보는 장관이 압권이다.

이 무렵 윤동주는 『정지용 시집』을 읽고 시 창작에 매진했는데, 정지용의 시 중에 마침 「비로봉」이라는 시가 있었다. 윤동주는 정지용의 시를 좋아했고, 하나의 오마주로 같은 제목의 시를 쓴다. 시의 형태는 무섭게 하늘로 치솟은 귀면암이나 삼선암을 연상하게 한다.

만상萬象을

굽어보기란—

무릎이

오들오들 떨린다.

백화白樺

어려서 늙었다.

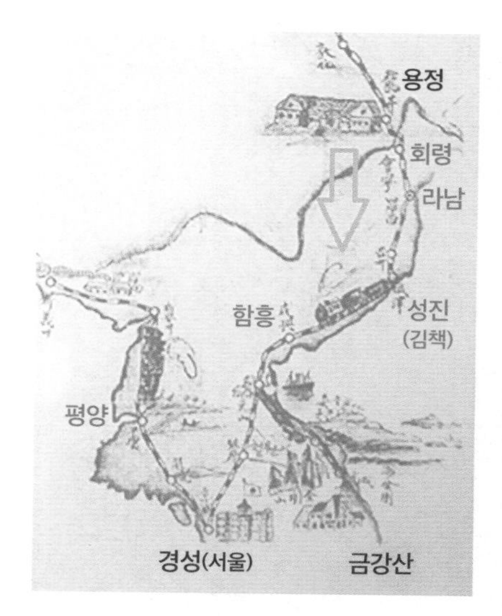

새가

나비가 된다

정말 구름이

비가 된다.

옷자락이

칩다.

– 윤동주, 「비로봉」, 1937년 9월

1,638미터 비로봉에 올라 "만상萬象을 굽어보"니 당연히 "무릎이 / 오들오들 떨"릴 수밖에 없다. "백화白樺"는 희디흰 자작나무다. 윤동주가 좋아하던 또 한 사람의 시인 백석의 시 중에 "산골집은 대들보도 기둥도 문살도 자작나무다"로 시작하는 「백화」라는 시가 있다. 흰 자작나무가 새하얀 눈에 덮여 흰수염 흰머리 늙은

'백화白樺'는 희디흰 자작나무

이처럼 보인다는 말이다. 커다란 새도 작게 보이고, 가벼이 춤추며 떠서 날아가는 모습이 마치 나비 같아, "새가 나비가 된다"고 간결하게 썼다. 자작나무는 어린데 희게 늙었고, 새가 나비가 되고, 구름이 비가 되는 신선의 세계, 비로봉 정상에서는 옷자락까지 춥다. "칩다"는 '춥다'의 강원도 함경도 제땅말이다. 어딘가 쓸쓸한 단독자의 모습도 떠오른다.

짜임새가 있고 간결하고 군더더기 없는 풍경 묘사가 일품이다. 시의 형식은 하늘를 찌를 듯이 솟아 있는 기묘한 절경을 보는 듯하다. 언어를 절제하는 실력이나 정교한 묘사도 돋보인다. 다만 정지용 시 「비로봉」을 읽어 보면 윤동주 시가 갖고 있는 참신함은 사라지고 만다.

비로봉은 금강산에만 있는 것이 아니라, 백두산, 묘향산, 속리산, 오대산에도 '비로'라는 이름의 봉우리가 있다. '비로毘盧'란 연화장 세계에 살며 큰 광명을 내비치어 중생을 제도하는 '비로자나불'을 뜻한다. 비로는 진리의 상징으로 우주만물을 비추고 지켜보는 법신法身 부처다. 거대한 암석이 서 있는 풍경을 정지용은 부처가 당당히 서 있는 모양의 시 형식으로 쓴다.

담장이
물 들고,

다람쥐 꼬리
숱이 짙다.

산맥 우의

가을 길-

이마바르히

해도 향그롭어

지팽이

자진 마짐

흰들이

우놋다.

백화白樺 홀홀

허울 벗고,

꽃 옆에 자고

이는 구름,

금강산 삼선암의 기암절벽을 보면 시 「비로봉」은 절벽의 모습을 시 형태로 표현한 듯 하다.(출처 노동신문)

바람에

아시우다.

– 정지용, 「비로봉毘盧峯·2」

이 시는 가을날 금강산의 비로봉에 지팡이 짚고 걸어오르면서 본 풍경을 쓴 작품이다. 정지용의 눈에는 담쟁이잎, 다람쥐, 햇살, 구름, 바람 등이 보인다. 담쟁이(담장이)도 물이 들고, 산맥 위의 산등성이 길을 건다 보이는 다람쥐 꼬리도 숱이 짙다. 이마 쪽으로(이마바르히) 해도 향기롭고, 자주 짚는 지팡이(지팽이)에 흰 돌이 우는구나(우놋다. '~놋다'는 감탄형 어미). 흰 자작나무는 훌훌 껍질(허울)을 벗고, 꽃 옆에서 자고 이던 구름을 바람에 빼앗기는구나. "아시우다"는 '앗다'의 피동사다. 바람이 빼앗아가듯 구름을 날려 보내는 모습까지 거의 판타지다.

정지용 시 「비로봉」 1, 2편을 읽어 보면, 윤동주가 두 시의 영향을 받은 것이 확실하다. 윤동주의 「비로봉」은 단어의 쓰임을 보면 "백화白樺"라는 한자를 똑같이 쓴 것, 기암 절벽 모양의 시 형태 또한 정지용의 「비로봉」에서 모티프를 얻은 듯싶다. 발표년도를 보면 정지용의 「비로봉」은 『카톨릭청년』 창간호 1933년 6월에 실렸고, 윤동주의 「비로봉」은 4년 뒤인 1937년 9월 7일에 쓰였다. 윤동주 시가 정지용 시를 모작模作했다고 윤동주 시를 폄하하려는 것은 아니다. 윤동주가 저 시를 썼을 때는 지금 나이로 고등학교 3학년 때이다. 기성시인의 작품을 필사筆寫하며 배워야 할 습작시기다. 윤동주가 시인이 되기 위해 습작하는 과정에서 정지용을 모방

했다고 봐야 한다. 빈센트 반 고흐가 밀레 그림을 모방하며 그림 공부를 했듯이, 습작기의 연습과정으로 보아야 할 것이다.

이런 경우는 표절이나 패러디가 아니라, 오마주다. 프랑스어 오마주hommage는 '존경, 존중, 감사'를 뜻한다. 영화 감독이 존경하는 감독이 만든 영화의 한 장면을 흉내내어 구성하는 방식도 오마주라고 한다. 윤동주가 정지용의 「비로봉」을 모방한 것은 그만치 정지용의 시를 경외했다는 뜻일 것이다.

윤동주의 「비로봉」은 누가 보아도 정지용 「비로봉」의 오마주다. 연습이었고 누가 보아도 알 수 있기에 불안해할 필요가 없다. 『하늘과 바람과 별과 시』에 「비로봉」이 실려 있지 않은 것을 볼 때, 윤동주 자신도 「비로봉」을 습작시로 알았지, 분명히 자신의 창작시로 생각하지 않았을 것이다.

윤동주의 「비로봉」이 모방적 단계를 보여준다면, 「슬픈 족속」은 정지용의 영향에서 벗어나 고유한 목소리를 내는 시편으로 봐야 할 것이다. 이외에 여러 편을 비교할 수 있는데, 아울러 윤동주의 「별 헤는 밤」(1941)은 백석 시 「흰 바람벽이 있어」에서 영향을 받았다고 볼 수 있고, 정지용 시의 영향이 있다고 보는 논자도 있다.

윤동주 시에 끼친 정지용 시에 관한 분석 이전에, '비로봉'에 가서 보고 그 울림을 시로 쓴 두 시인이 부럽다. 군사분계선에 막혀 가지 못하는 우리에게 통일의 꿈이 멀어지는 정도가 아니라 사라지고 있는 이 해괴한 시대다. 시인 정지용과 윤동주가 보았던 비로봉까지 자유롭게 남녘 사람 북녘 사람이 함께 오르는 시대를 앞

당겨야 하지 않겠는가.

금강산 비로봉 지도

1930년대 원산 송도원 해수욕장 풍경

원산 송도원
바다는 벙글, 하늘은 잠잠

원산은 평양에서 200킬로미터쯤 떨어진 도시다. 원산 해변은 서북쪽으로 호도반도와 남쪽으로는 갈마반도가 바다를 빗장문처럼 잠근 안쪽이다. 그 안은 쓰나미 같은 격한 파도가 걸러져 들어오는 물결 잔잔한 곳이다. 두 개의 작은 반도에 잠겨 있는 이 공간에는 길이 2.7킬로미터의 모래 해변과 그 뒤로 울창한 소나무 숲이 펼쳐진 해수욕장이 있다. 바로 북한 지역 최고의 피서지로 손꼽히는 송도원 해수욕장이다. 광명학교 5학년이던 1937년 9월 금강산에 수학여행 갔던 윤동주는 다음 행선지로 원산 송도원에 간다.

윤동주 시에 바다가 나오는 시는 「조개껍질」, 「황혼이 바다가 되어」, 「바다」, 「둘 다」가 있다. 특히 1937년 '바다'에 관해 두 편의 시 「바다」와 「둘 다」를 쓴다.

실어다 뿌리는
바람조차 씨원타.

솔나무 가지마다 새춤히
고개를 돌리어 뻐들어지고

밀치고
밀치운다.

이랑을 넘는 물결은
폭포처럼 피어오른다.

해변에 아이들이 모인다
찰찰 손을 씻고 구부로

바다는 자꾸 섧어진다
갈매기의 노래에…

도려다보고 도려다보고

돌아가는 오늘의 바다여!

– 윤동주, 「바다」(1937년 9월, 원산 송도원에서)

'원산 송도원에서'라고 말미에 쓰여 있는 이 시의 1행은 뜻이 모호하다. 차가운 바닷물을 "실어다 뿌리는" 바람을 "조차"라고 했는데, '조차'는 무슨 뜻일까. '조차'의 원형인 '좇다'는 좋은 목표나 이상이나 꿈을 따라가는 것을 의미한다. 바닷물을 실어다 뿌리는 바람을 따라가니 시원하다는 뜻이다.

송도松濤는 소나무의 물결이라는 뜻이다. 물결치듯이 많은 소나무 숲의 가지들을 "새춤히 고개를 돌리어 삐들어지고"라고 쓴 표현이 인상 깊다. '새춤히(새촘히)'는 깜찍하고 고집 부리는 귀여운 모습이다. 솔나무 가지들이 앙증맞게 고개를 돌리고 뭔가 귀찮다는 듯 삐들어졌다는 표현이 무척 재미있다.

밀치고 밀치우면서 폭포처럼 물결이 이랑을 넘고, 모래성이나 두꺼비집을 만들며 놀던 아이들은 손을 씻으며 해변이 구부러진 곳(구부로)에 모인다. 갈매기의 구슬픈 노래에 바다는 자꾸 서러워진다. 바다를 돌아다보고 다시 돌아다본다.

도려다보고 도려다보고
돌아가는 오늘의 바다여!

마지막 연은 두 가지로 생각할 수 있겠다. 첫째, '나'에 밀려오는 바다를 돌아다보고 돌아다보아도, 결국은 큰 바다로 돌아간다는 풍경으로 읽을 수 있다. 밀물처럼 모래사장에 파도가 밀려오고 밀려와도, 결국은 큰 바다로 돌아가는 법이다.

둘째, '오늘의 바다'를 '내'가 살아가야 할 일상으로 보는 방식이다. 눈 앞에 보이는 것은 자연의 바다지만, 삶을 들여다보면 '나'는 일상의 바다에 떠 있는 작은 배가 아닌가.

윤동주가 많이 읽은 성경에 나오는 주인공들은 '바다'에서 삶을 배운다. 요나는 풍랑치는 바다에 던져졌다가 고래 뱃속으로 들어가 자신의 삶을 성찰한다. 예수는 바다라고 불릴 만치 큰 갈릴래아 호수에서 제자들을 스카웃하고, 사람을 낚는 어부가 되라고 한다. 풍랑치는 갈릴래아 호수에서 물 위를 걷기도 한다. 윤동주는 이 이야기로 「이적」이라는 시를 썼다.

모든 서양 문학의 원형이라는 『오딧세이아』에서도 주인공 오딧세우스는 바다에서 온갖 모험을 이겨내고 결국 가족이 있는 이타카 섬으로 돌아간다. 바다는 오딧세우스를 시험하는 운명의 공간이었다.

실존주의 문학에서 '바다'는 인간이 피할 수 없는 운명의 상징이다. 어네스트 헤밍웨이의 『노인과 바다』에서 노인은 자신의 운명을 걸고 바다와 투쟁하다 다시 자신의 자리로 돌아온다. 결말이 아니라, 인생의 과정이 얼마나 소중한지, 헤밍웨이는 바다 이야기를 독자에게 건넨다. 인간이 살아가는 현실을 바다로, 그 현실에서 살아가는 인간을 노인으로 비유한다. 윤동주 시에서도 비슷한 장면이 나온다.

황혼이 바다가 되어

오늘도 수많은 배가

나와 함께 이 물결에 잠겼을 게요.

– 윤동주, 「황혼이 바다가 되어」(1937년 1월)

이 시에서 윤동주는 황혼으로 변한 바다를 마주한다. 수많은 배들, 수많은 존재들처럼 '나'도 함께 물결에 잠긴다고 표현한다.

윤동주는 원산 송도원 앞바다를 "도려다보고 도려다보고" 돌려다보기를 반복한다. 결국 자연의 바다보다 '나'의 내면에서 풍랑치는 그곳, "오늘의 바다여!"로 돌아가야 할 것을 깨닫는 시가 아닐까.

「바다」가 송도원에서 본 풍경을 디지털 사진 찍듯 그대로 쓴 일종의 즉물시卽物詩라면, 「둘 다」는 시간이 지나 풍경과 거리를 두고 성찰한 후에 쓴 시라고 할 수 있겠다. "돌아가는 오늘의 바다"에 관한 시가 다음 시 「둘 다」가 아닐까.

송도원 지도

바다는 벙글, 하늘은 잠잠

'하늘'이란 공간이 왜 중요할까. 그가 남긴 시집 『하늘과 바람과 별과 시』의 첫 단어가 '하늘'이다. 윤동주의 마음이 거하고 싶었던 유토피아의 다른 공간인 헤테로토피아, 시로 표현된 공간은 '하늘'이기 때문이다.

바다도 푸르고,
하늘도 푸르고,

바다도 끝없고,
하늘도 끝없고,

바다에 돌 던지고
하늘에 침 뱉고

바다는 벙글
하늘은 잠잠

둘 다 크기도 하오.

– 윤동주, 「둘 다」(1937년 추정) 전문.

그의 시에는 하늘, 별, 구름, 달 등 천상(天上)의 상징들이 많다. 특히 너무도 짧은 시 「둘 다」에 등장하는 하늘에는 단독자의 모습이 잘 보인다. 쉬운 시라고 우습게 볼 수 없는 큰 마음을 우리에게 전한다.

첫째, 하늘은 인간에게 절망하지 말라고 한다. 위 시의 첫 연은 "바다도 푸르고, / 하늘도 푸르고,"이다. '푸른'이란 단순히 색깔만 뜻하는 것이 아니라, 영원하고 끝없는 힘의 의지를 상징한다. 윤동주 시에는 푸른 힘이 있다. 이전 책에서 몇 번 썼듯이 나는 이 정신을 '잔혹한 낙관주의Cruel Optimism'라고 표현한다. 낙관할 수 없는 잔혹한 상황에서도 희미한 희망을 포기하지 않는 태도를 뜻한다. 그가 영원한 하늘을 잊지 않고 있기 때문일 것이다.

둘째, 하늘과 바다는 비교하지 않는다. 하늘과 바다는 모두 홀로 푸르고 끝없을 뿐이다. 하늘과 바다는 승리니 패배니 하는 쓸데없는 경쟁을 하지 않는다. 키르케고르가 새와 백합이 행복한 첫째 이유는 '비교하지 않기 때문'(쇠얀 키르케고르, 『새와 백합에게 배우라』, 카리스아카데미, 2022)이라고 했는데, 위 시에는 비교가 없다. "하늘 다리 놓였다. / 알롱달롱 무지개 / 노래하자, 즐겁게"(「햇비」, 1936. 9. 9)라고 윤동주는 썼다. '하늘 다리'는 비교가 아니라 기쁨을 연결시키는 다리다.

셋째, 하늘은 복수하지 않는다. 자기만의 유익을 위하여 남을 해하고자 하는 마음이 한 점도 없다. "바다에 돌 던지고 / 하늘에 침 뱉고"라고 동시처럼 표현했지만, 사실 돌 맞고 침 맞는 것은 아프고 더러운 시련이 아닐 수 없다. 아예 반박도 할 수 없는, 가령 예기하지 못한 사고, 재해, 건강 문제일 수도 있다. 어떻게 하면 초연하게 이 환란을 극복할 수 있을까. 자신에게 돌 던지고 침 뱉는 상대를 향해 복수하겠다는 반발도 없다. 혹시 고난받은 메시야를 상상한 것은 아닐까.

"그가 찔림은 우리의 허물을 인함이요 그가 상함은 우리의 죄악을 인함이라 그가 징계를 받음으로 우리가 평화를 누리고 그가 채찍에 맞음으로 우리가 나음을 입었도다"(이사야서 53장 5절)

시인은 "바다는 벙글 / 하늘은 잠잠"을 '선택'한다. "사람에게 선택이 허락되었다는 것, 이로 인하여 올바르게 선택한 사람에게 얼마나 복된 행복이 약속되어 있는지"(키르케고르, 위의 책, 225면) 이 시는 보여준다. 돌을 맞았는데도 벙글, 침이 튀었는데도 잠잠, 상처 많은 시대에 윤동주는 어떤 시련을 당해도 벙글, 잠잠하며 견디어낸다고 썼다. 시인은 그저 "둘 다 크기도 하오"라며 바다와 하늘이 되고 싶은 마음만 기록한다.

넷째, 바다와 하늘은 크기만 하다. 하늘은 위대한 정신을 낳는 곳이다. 모든 진리는 변두리에서 나오는데, 그 변두리도 하늘이 될 수 있다. 그가 태어나 맨 처음 원고지에 남긴 시를 보면 "하늘 복판에 아로새기듯이 / 이 노래를 부른 자者가 누구냐."고 묻는다. 그는 "죽고 뼈만 남은, / 죽음의 승리자勝利者 위인偉人들!"(윤동주, 「삶과 죽음」)이다. 1934년 12월 24일, 성탄절 전날에 쓴 이 시를 볼 때 죽음의 승리자는 예수나 그를 닮은 승리자를 그린 듯 보인다. 그에게 '하늘'은 승리자들의 노래가 아로새겨진 공간이다.

안타깝게도 그 역시 "어디에 내 한 몸 둘 하늘이 있어 / 나를 부르는 것이오."(「무서운 시간」, 1941.2.7.)라며 불안해하기도 한다. 그에게는 그 큰 하늘에서 자유롭게 머물 여유와 행복보다는 시대적인 불안이 있었다.

다섯째, 윤동주는 평안한 하늘이 되어, 하늘의 마음으로 살고 싶었다. 윤동주가 가장 그리워하는 본향의 공간이 '하늘' 아닐까. 시 몇 편을 보아도, 스스로 하늘 되기를 몽상하는 윤동주를 만날 수 있다. 하늘은 슬픔을 위로해주는 공간이다. 그래서 아름답던 옛날을 그리워하며 기왓장 내외가 "주름 잡힌 얼굴을 어루만지며 / 물끄러미 하늘만 쳐다봅니다."(「기왓장 내외」)라고 했다.

> 여기저기서 단풍잎 같은 슬픈 가을이 뚝뚝 떨어진다. 단풍잎 떨어져 나온 자리마다 봄을 마련해놓고 나뭇가지 위에 하늘이 펼쳐 있다. 가만히 하늘을 들여다보려면 눈썹에 파란 물감이 든다. 두 손으로 따뜻한 볼을 씻어보면 손바닥에도 파란 물감이 묻어난다.
>
> – 윤동주, 「소년」(1939)에서

윤동주가 만나는 현실은 "단풍잎 같은 슬픈 가을"이다. 그 슬픔 속에서 연희전문 2학년생 윤동주는 "단풍잎 떨어져 나온 자리마다 봄을 마련해놓고 나뭇가지 위에 하늘이 펼쳐 있다."고 한다. 단풍잎이 떨어져 나온 생채기에 겨울이 있어야 당연한데, 윤동주는 겨울을 넘어 봄을 꿈꾼다. 봄이 오는 자리에 함께하는 것은 '하늘'이다. 이어서 "가만히 하늘을 들여다보려면 눈썹에 파란 물감이 든다."고 한다. 스스로 하늘이 되는 순간이다. 하늘을 보는 순간 하늘과 하나가 되듯 눈썹에 파란 물감이 든다.

여섯째, 윤동주에게 '하늘'은 그의 모든 걸음걸이를 보아주는 공간이다. 행복한 예수 그리스도에게 "처럼" 십자가가 허락된다면, 목도 아닌 모가지를 드리우고, 꽃처럼 피어나는 피를 "어두워 가는 하늘 밑에"(「십자가」, 1941. 5. 31) 조용히 흘리겠다고 썼다. 이때 하늘은 순교적 결단을 받아주는 제단이나 절대자의 상징이다. '하늘'은 윤동주의 죽음을 끝까지 지켜주는 공간이다. "슬퍼하는 자는 복이 있나니"(「팔복」)라고 여덟 번 강조했던 패러디의 원전인 성경에는 "너희에게 복이 있나니 기뻐하고 즐거워하라 하늘에서 너희의 상이 큼이라"(마태복음 5장 11절)라고 쓰여 있다.

"죽는 날까지 하늘을 우러러 / 한 점 부끄럼이 없기를"(「서시」) 바라며, 시인은 '하늘'과 동행한다. 그저 벙글, 잠잠하며 힘없이 참겠다는 뜻이 아니다. 윤동주는 참으면서도 "모든 죽어가는 것을 사랑해야지"(「서시」)라고 다짐한다. 끔찍하게도 그가 거하던 땅은 사실 하늘과 다른 세계였다. 차별과 전쟁이 끊임없는 부조리한 땅이었다.

04

YUN DONG-JU

조선

윤동주 재학시절의 연희전문학교, 1930년(출처 연세대학교)

연희전문학교 교실
금지된 언어를 지킨 스승과 제자

1938년 윤동주는 드디어 연희전문에 입학한다. 최현배, 손진태, 이양하 등 당시 최고의 스승들에게 역사며 우리말을 배울 수 있었으니 얼마나 뿌듯했을까. 연희전문에서 윤동주가 최고의 스승으로 꼽은 이는 외솔 최현배(1894~1970)였다.

언어의 역사는 얼마나 장구한가. 원시인들은 어떻게 소통했을까. 중세 언어인 라틴어나 한문은 권력의 상징이었다. 근대에 들어 민족어가 탄생하면서 개인은 비로소 단독자로서 자유를 얻는다. 1446년 세종대왕이 한글을 반포한 후, 한글은 조선인에게 긍지와 자유를 주었다.

윤동주가 연희전문학교에 재학하던 시기는 사실 그리 기분 좋은 시기는 아니었다. 입학하기 전 해, 1937년 12월에는 난징학살이라는 끔찍한 사건이 있었다. 입학하기 전 달인 1938년 3월 3일 총독부는 개정된 3차 조선교육령을 내리며, "일본인과 조선인 공학共學의 일원적 통제를 실현"한다면서 조선어를 수의隨意과목 곧 선택과목으로 만들었다. 조선어를 폐지하는 단계에 들어선 것이다. 국어(일본어)를 쓰는 학생과 안 쓰는 학생을 구별하여 상벌을 주라는 훈시가 내렸다.

"조선어로 동시 쓰면 누가 읽겠어"라며 염려하는 친구 윤석중의 말에 "땅에 묻지"라고 박목월이 경주에서 말했던 1938년이었다. 재일在日시인 김시종은 제주도의 학교에서 조선어로 말했다가 선생님께 뺨을 맞았다. 이듬해 국민학교에 조선어 수업이 숫제 없어져 시인 고은은 아잇적 머슴 대길이에게 가갸거겨를 배웠다(고은, 「머슴 대길이」). 이때부터 일본어로 쓴 친일시가 활발하게 발표되기 시작했다.

윤동주가 한글로 글을 쓰면 손해라는 사실을 몰랐을까. 윤동주는 최현배 교수의 두툼한 『우리말본』(1937)을 밑줄 치면서 읽었다. 좋아하던 최현배 교수의 금지된 조선어 수업을 수강했고, 입학하고 한 달 후인 5월 10일 검박한 언어로 「새로운 길」을 썼다.

내를 건너서 숲으로
고개를 넘어서 마을로

어제도 가고 오늘도 갈
나의 길 새로운 길

민들레가 피고 까치가 날고
아가씨가 지나고 바람이 일고

나의 길은 언제나 새로운 길
오늘도…… 내일도……

내를 건너서 숲으로
고개를 넘어서 마을로

– 윤동주, 「새로운 길」(1938.5.10) 전문

연세대 문과대 건물 앞 최현배 흉상(사진 김응교)

교과서에도 실려 있고, 광화문에 현판으로도 걸렸고, 서대문구청에서 연북중학교 뒷면으로 이어진 '안산 자락길' 산책로 왼편에 시비도 있어 친숙한 작품이다. 내를 건너고 숲을 지나 고개를 넘어 마을로 가는 길은 험난한 길일 수 있다. 똑같은 길을 반복해 걷는 것은 얼마나 지루한가. 1연과 5연이 같은 수미상관이다. 2연과 4연은 묘하게 비틀린 대칭을 이룬다.

반복되는 지루한 길을 견딜 수 있는 까닭은 가운데 3연에 나오듯, 민들레가 피고, 까치가 날고, 아가씨가 지나고, 바람이 일기 때문이다. 원하던 학교에 입학한 달뜬 기대를 표현한 시로 이 시를 읽을 수 있다.

조선어 사용과 교육이 금지되기 시작한 배경을 생각하면, 한글로만 쓴 시에서 조금 고집스러운 오기가 짚인다. 희망 없는 반복이 지겹더라도, 이 길을 포기하지 않고 계속 걷겠다는 풍성한 반복의지가 엿보인다.

윤동주는 힘들 때, 성찰할 때 산책을 즐겼다. 기타하라 하쿠슈의 동시 「이 길この道」을 동생들에게 자주 불러줬던 그는 "연희 숲을 누비고 서강 들을 꿰뚫는 두어 시간 산책을 즐기고야 돌아오곤 했다"(정병욱 「잊지 못할 윤동주」). "그리고 나한테 주어진 길을 걸어가야겠다"(「서시」)는 구절도 그의 일상이었을 것이다.

그의 길은 어떤 길이었을까. 윤동주를 저항시인이니 민족시인이니 특정 브랜드로 정하는 것은 부분을 전체로 규정하는 침소봉대의 우를 범할 수 있다. 그의 시에 저항과 민족이라는 요소가 있지만, 그 범주로 윤동주를 한정할 수는 없다. 그의 저항과 실천은 미묘하게 숨어 있다. 수수하게만 보이는 「새로운 길」에도 연초록 저항의 단초가 숨어 있다.

역사를 지키는 투쟁은 기관총에 의해서만 할 수 있는 것이 아니다. 망각에 저항하는 기억이야말로 지루한 투쟁이다. 지옥 같은 세상에서도 살 만한 세상을 꿈꾸는 판타지를 유지하는 것은 지루하기 짝이 없는 잔혹한 낙관주의cruel optimism다. 대학교 초년생의 한낱 달뜬 마음을 담은 소박한 소품일지 모르나, 여기에는 죽지 않는 저항의 씨앗이 담겨 있지 않은가.

「새로운 길」을 시발로 하여 금지된 언어로 계속 시를 쓰며 그는 금지된 시대에 균열을 일으켰다. 그에게 "새로운 길"을 가자는 의지는 『아Q정전』(루쉰)에 나오는 비겁한 정신승리법이 아니다. 윤동주는 인간답게 사는 세상을 향해 끊임없이, 건너고, 지나고, 넘어서는, 구체적인 실천을 강구한다.

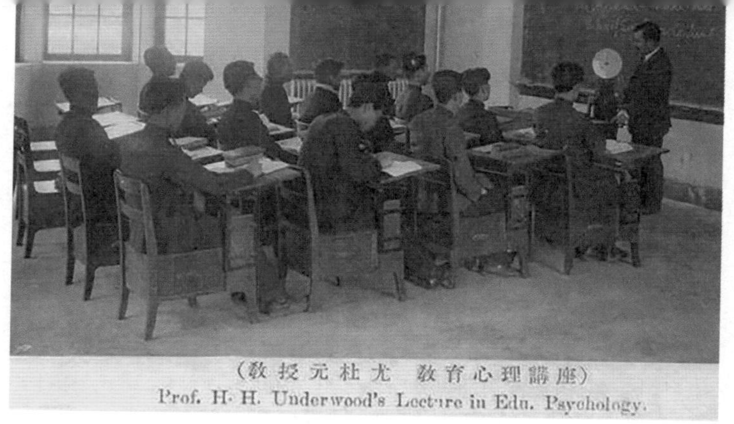

연희전문 심리교육 강좌 수업(출처 1920년대 연희전문학교 졸업앨범)

그 실천 중에 하나는 금지된 언어로 시집을 내는 것이다. 그는 19편의 시를 깁고 다듬어 시집을 내려 했다. 이것이야말로 "죽어가는" 한글을 사랑하는 실천이었고, 망각을 강요하는 권력에 대항하는 저항이었다. '새로운 길'을 꿈꾸며 견디려 했던 그는 4학년에 오르면 급기야 "모가지를 드리우고 피를 흘리겠다"는 위험한 다짐까지 써 놓는다.

스승 한 명이 어떤 역할을 했는지, 그 결과는 제자에게서 나타난다.

스승 최현배와 제자 윤동주는 1940년대에 지역은 다르지만 함께 감옥에 갇혔고 한글을 잊지 않았다. 해방후 스승과 제자들은 큰 일을 한다.

윤동주는 1938년 1학기에 최현배 교수의 마지막 수업을 들었다. 그해 2학기가 시작되던 9월 흥업구락부 사건으로 해직된 최현배는 1941년 5월 연희전문학교의 도서관 직원으로 복직되었으나, 그해 10월 조선어학회 사건으로 해임되고 체포되어 1945년 광복까지 4년간 옥고를 치른다. 해방이 되자마자 최현배는 1945년 9월 8일 경성역(서울역) 화물창고에서 재판 증빙 자료로 일제에 의해 압수됐던 '말모이' 원고를 되찾는다. 1947년 한글날인 10월 9일 『조선말 큰사전』 1권을, 1949년 5월에 2권을 출판해낸다.

최현배는 제자 윤동주의 시집 『하늘과 바람과 별과 시』를 자신의 큰아들이 대표로 있는 정음사에서, 1948년 1월 31일 시 31편을 모아 한글 가로쓰기로 낸다. 당시 책들은 죄다 일본식으로 세로쓰기였는데, 윤동주 시집은 가로쓰기로 낸다.

최현배 교수의 금지된 조선어 수업을 함께 수강했던, 윤동주의 2년 선배 박창해는 해방 후 "바둑아 바둑아 이리 오너라"로 유명한 국어교과서 『바둑이와 철수』를 만든다. 윤동주 시집이 출판된 1948년 초등학교 1학년 1학기 교재로 출판하여, 국어교과서에서도 일본어교과서로부터 독립을 이룬다.

무한한 성찰과 저항을 거쳐 조선어는 버티고 살아 존재해 왔다. 기관총 대신 한글을 지켜서 일본에 저항한 스승 최현배, 제자 박창해와 윤동주는 거대한 일을 해냈다. 보이지 않고 하찮아 보이는 저항들이 모여, 거대한 언어의 역사와 조선인 단독자들의 숨결을 지켜낸 것이다.

핀슨홀 전경(출처 연세대 윤동주 기념관)

연희전문학교 핀슨홀
제땅말 천국, 소라의 집

1938년 2월에 광명중학교를 졸업한 윤동주는 4월 9일 연희전문학교 문과에 진학한다. 입학하자마자 핀슨홀 기숙사에 들어간다.

현재 연세대학교 신촌 캠퍼스의 중심에는 언더우드관, 스팀슨관, 아펜젤러관이라는 세 채의 옛 건물이 보존돼 있다.

필자는 연세대 학부에서 신학을 공부할 때 본관을 마주하여 오른쪽에 있는 아펜젤러관에서 공부했다. 아펜젤러관이나 핀슨홀 건물은 벽이나 창틀이 낡았지만 등록문화재로 지정되어 함부로 개축할 수 없는 건물들이다. 본관 왼쪽 언덕에 한경관이 있고, 그 옆에 있는 건물이 영국 주택양식으로 지어진 핀슨홀이라는 기숙사다.

1917년 신촌에 연희전문 캠퍼스 터를 잡을 때, 기부금 조성에

윤동주 시인과 문과생, 1941(앞줄 오른쪽에서 두 번째)(출처 유족 대표 윤인석 교수)

혼신의 힘을 기울였던 이가 미국 남감리교 총무 핀슨Dr.W.W.Pinson 박사였다. 그를 기념하여 1922년 '핀슨홀Pinson Hall'이 준공되었다. 핀슨홀의 외벽은 연희전문의 뒷산으로 이어지는 안산에서 채취한 암갈색 운모편암 석재로 마감됐다. 1970년대부터 한동안 연세대 신문인 〈연세춘추〉 건물로 쓰이다가 현재는 '연세대 윤동주 기념관'으로 쓰이고 있다.

핀슨홀 3층 '천장 낮은 다락방'에서 고종사촌 송몽규, 브나로드 운동을 열심히 했던 강처중과 한 방을 쓴다. 윤동주는 "갈대로 화살을 삼아 무사의 마음을 먹고 달을 쏘다."라는 마지막 문장이 백미인 산문 「달을 쏘다」를 바로 여기 핀슨홀 "나의 누추한 방"에서 썼을 것이다. 이 산문에 대해서는 졸저 『나무가 있다-윤동주 산문의 숲』(아르테, 2019)에 소개하고 분석했으니 참조해주시기 바란다. 여기에서는 중요한 몇 부분만 수정하여 인용하기로 한다.

윤동주는 핀슨홀 3층 방과 2층 방을 사용한 것으로 추정되어, 예전엔 2층 공간에 전시실이 마련돼 있었다. 특히 핀슨홀 3층 다락방을 꼭 찾아주시기 바란다. 3층 계단을 다 오르면 오른쪽 끝에, 윤동주 시인이 머물렀던 다락방이 그대로 복원돼 있다. 옛 아우라가 그대로 살아 있는 이 공간에서 「달을 쏘다」의 환상적인 앞부분을 읽어보자.

> 창窓역(옆-인용자)의 침대에 드러누우니 이때까지 박은 휘황한 달밤이었던 것을 감각치 못하였댔다.(…중략…)
>
> 나의 누추한 방이 달빛에 잠겨 아름다운 그림이 된다는 것보담도 오히려 슬픈 선창이 되는 것이다. 아이처럼 황황해지는 가슴에 눈을 치떠서 박글(밖을-인용자) 내다보니 가을하늘은 역시 맑고 우거진 송림은 한 폭의 묵화다. 달빛은 솔가지에 솔가지에 쏟아져 바람인 양 솨-소리가 날 듯하다. 들리는 것은 시계소리와 숨소리와 귀또리 울음뿐. 벅쩍고던 기숙사도 절깐보다 더 한층 고요한 것이 아니냐?
>
> — 윤동주 산문 「달을 쏘다」(1938년 10월)

윤동주가 창 옆 침대에 드러누우니 휘황한 달밤이 보였다는 것은 창문의 구조 때문이다. 윤동주가 있던 3층 창은, 지붕의 경사면 위로 튀어나온 도머domer창이었다. 같은 함경도 출신인 강처중과

한 방을 쓰는 윤동주의 핀슨홀 생활은 즐거웠을 것이다.

> 일찍이 서산대사가 살았을 듯한 우거진 송림 속, 게다가 덩그러니 살림집은 외따로 한 채뿐
>
> – 윤동주 산문, 「종시」

핀슨홀은 전국 팔도에서 온 50여 명의 사내들이 쓰는 제땅말(사투리)로 저녁마다 왁자하게 시끄러웠다. 당시 핀슨관 1층은 좁은 복도를 따라 2인 1실의 방이 양쪽에 있었고, 남쪽 끝에는 휴게공간이 있었다고 한다. 북적거렸던 핀슨홀도 밤이 오면 숲의 정적과 함께 절간이나 수도원마냥 더 한층 고요한 곳이었다.

윤동주 시인이 1학년 때 지냈던, 도머창이 보이는 핀슨홀 3층 다락방(출처 연세대학교)

「달을 쏘다」를 읽으면 동주가 어떻게 시 한 편을 완성했는지 짐작할 수 있다. 정인섭 선생이 「달을 쏘다」라는 제목을 주고 글을 써오라는 숙제를 주었는데, 윤동주는 단순한 숙제가 아니라 하나의 에세이로 완성시켰다. 이후 윤동주는 이 글을 1938년 10월 『조선일보』에 투고했다.

> 가을 하늘은 역시 맑고 우거진 송림松林은 한 폭의 묵화墨畵다. 달빛은 솔가지에 솔가지에 쏟아져 바람인 양 솨—소리가 날 듯하다.
>
> – 윤동주 산문, 「달을 쏘다」

그는 정원으로 나가서 연못을 본다. "못 속에도 역시 가을이 있고 삼경三更이 있고 나무가 있고, 달이 있다. 그 찰나 가을이 원망怨望스럽고 달이 미워진다." 「달을 쏘다」에 나오는 위의 구절은 1년 뒤 시 「자화상」을 완성하는 기본 구상이 된다.

> 우물속에는 달이 밝고 구름이 흐르고 하늘이 펼치고
> 파아란 바람이 불고 가을이 있고 추억처럼 사나이가 있습니다.

윤동주는 산문 「화원에 꽃이 핀다」에서 문장 한 행을 쓰는 데 1년 이상 걸린다고 고백하고 있다. 1년 동안 온몸과 세포를 거쳐 익히고 익은 문장을 썼다는 것이다.

딴은 얼마의 단어를 모아 이 졸문을 지적거리는 데도 내 머리는 그렇게 명석한 것이 못 됩니다. 한 해 동안을 내 두뇌로써가 아니라 몸으로써 일일이 헤아려 세포 사이마다 간직해두어서야 겨우 몇 줄의 글이 이루어집니다. 그리하여 나에게 있어 글을 쓴다는 것이 그리 즐거운 일일수는 없습니다. 봄바람의 고민에 짜들고 녹음의 권태에 시들고, 가을 하늘 감상에 울고, 노변爐邊(난로 변-인용자)의 사색에 졸다가 이 몇 줄의 글과 나의 화원과 함께 나의 1년은 이루어집니다.

– 윤동주, 「화원에서 꽃이 핀다」

봄에는 고민에 짜들고, 여름의 녹음에는 권태에 시들고, 가을 하늘 감상에 울고, 겨울의 난로곁爐邊에서는 사색에 졸다가 이제야 글 몇 줄을 얻는다. 결국 몇 줄 얻으려면 1년이란 기간이 걸린다.

진짜 글쟁이에게 글쓰기는 목숨이다. 글 쓰려면 "피로 써라"라고 했던 니체, "온몸으로" 시를 쓴다던 김수영, 심비心碑에 새겨진 글을 열망했던 바울처럼, 한 해 동안을 두뇌가 아니라 몸으로 헤아려 겨우 몇 줄의 글을 가까스로 얻었던 윤동주에게도 글쓰기는 생명이었다. 오랜 침묵을 마치고 그가 조선어로 가까스로 남긴 몇 줄의 시는 「병원」이었다.

「달을 쏘다」에서 "달이 있다", "달이 미워진다"고 썼다. 왜 달이 미울까. 윤동주는 달을 어떻게 생각했을까. 그의 시에서 달이란 무엇일까. 달은 식민지 시대의 어두운 심상, 희망 없는 조선인의 우울을 상징하고 있다. 「달을 쏘다」와 「자화상」에 나오는 달도 이러한 달이라면, "달을 쏘다"라는 행위는 저 어둠과 우울을 깨부수겠다는 표현으로 읽을 수 있겠다. 「참회록」에서도 그러하듯 윤동주는 자신을 비출 대상(물, 연못, 거울)을 보고, 자신을 반성하고 성찰하는 반구저기反求諸己를 한다.

1922년에 건립된, 60명을 수용하는 기숙사 핀슨홀. 1928년 전경(출처 연세대학교)

이 글을 겉으로만 보면 대단히 감상적인 글로 읽힌다. 핀슨홀에서 지내는 상황과 내면이 상세하게 표현되어 있고, 친구와 이별하는 상황도 상세하게 나온다. 주목해야 할 것은 이러한 표면적 묘사 속에 숨어 있는 그의 성숙하고 강력한 내면이다. 우울한 내면의 달과 헛것으로 빛나고 있는 외부의 달을 깨부수겠다는 마지막 문장은 백미다.

뒷부분에서 글은 점점 강한 분위기를 보인다. "죽어라고 팔매질", "통쾌", "꼿꼿한", "띠를 째서", "탄탄한 갈대"는 이 산문의 앞부분에서 볼 수 없었던 강한 역동성逆動性을 보인다. 이 표현들이 갖고 있는 역동성은 "무사의 마음"이라는 단어에 모인다. "무사의 마음"이라는 마지막 표현에서 글은 갑자기 도약한다. 비관과 절망에서 느닷없이 "달을 쏘다"라고 마무리한다. 이 말이 외부의 헛것에 대한 공격이라 생각할 때, 가령 식민지가 만든 거짓 희망에 대한 공격이라고 생각하면 얼마나 허망한 짓처럼 느껴질까. 도대체 이십대 초반의 젊은이가 달(헛것)을 쏜다 한들 무슨 의미가 있을까.

어처구니없지만 끝까지 공격하고, 무지막지하게 끝까지 희망을 걸어보려는 태도라도 가져야, 암담한 식민지 상황을 견딜 수 있었던 약자의 저항이 아니었을까. 이 참혹한 기다림, 이 참혹한 절규야말로 일말의 희망이 없는, 거짓만 빛나는 세상에서도 살 만한 세상을 꿈꾸는 의지였다. 가령 일찍 친일의 길에 들어선 친일 문인들은 눈에 보이는 현실권력을 따르며, 눈에 보이지 않는 잔혹한 낙관주의를 포기했던 인물들이겠다.

갈대로 화살을 삼아 무사의 마음을 먹고 달을 쏘다.

"달을 쏘"는 허망할 것 같은 다짐은 그래서 끝까지 포기하지 않는 희망의 다짐이다. 숲 속에서 그는 허망하게 보일지 모르지만, '바람을 움직이는 나무'(「나무」)를 꿈꾸는 그가 쓴 마지막 구절이야말로 당찬 실존을 응축한 다짐이다.

연세대 문우의 공간

2017년 윤동주 시인 탄생 100년을 맞이하여 핀슨홀 전체를 윤동주를 기념하는 공간으로 만들자는 회의가 몇 번에 걸쳐 열렸다. 필자도 분에 겨운 회의 자리에 두 번 참여하여 의견을 냈다.

연희전문 교정 서쪽 언덕에 놓인 핀슨홀 현관을 나와 그가 거닐었을 만한 공간에 1968년 윤동주 시비가 세워졌다.

이 공간에 대해 여러 의견이 있었다. 국내 방문객은 물론 외국인이 올 것을 대비해서 단체 버스가 설 수 있도록, 큰 주차장을 옆에 만들어야 하지 않을까 생각하는 이가 있을지 모르나 그 정도로 많이 찾아오는 곳은 아니다.

언젠가 핀슨홀에 대해 농담 같은 이야기를 들은 적이 있다. 어떤 건축인이 제안한 적이 있다고 한다. 핀슨홀 건물 뒷부분을 현대식으로 바꾸어 엘리베이터를 놓는다든지, 현재 윤동주 시비가 있는 곳까지 터널처럼 뚫어 그 아래서 엘리베이터로 오르게 하는 환상적 공간을 만들면 좋겠다는 아이디어도 나왔다고 들었다.

윤동주를 아끼는 마음은 이해하지만, 그렇게 손대는 순간 핀슨홀의 아우라는 송두리째 사라질 것이다. 가장 중요한 일이라면 핀슨홀을 그대로 지키고, 숲으로 둘러싸인 당시 아우라를 살리기 위해 핀슨홀 주변에 나무를 더 심는 일이 필요할 뿐이지 않은가. 현재 윤동주 시비 주변 공간은 연세대 출신 작가들을 기념하는 문학비들이 세워져 있는데, 더불어 더 많은 나무들이 가꾸어지면 좋겠다.

핀슨홀 3층 다락방을 있는 그대로 살린 것은 잘한 일이다. 시뮬레이션이나 가짜 사진이나 초상화로 가득 채운 전시관이나 기념관보다, 건물 자체를 음미하고 느낄 수 있도록 보존해야 한다. 옛 벽돌, 벗겨진 페인트 자국, 말끔하지 않은 벽과 천장, 저 낡은 외벽들을 그대로 살려낸 현재의 핀슨홀은 백 년 전의 향취를 매혹적으로 뿜어낸다.

특히 3층 다락방에 가서는 오래오래 앉아 있다 와야 한다. 눈을 감고 앉아 있으면 팔도에서 온 조선 사내들의 왁자지껄 제땅말이 들려올지도 모를 일이다.

1930년대의 연희전문학교 풍경(출처 연세대학교)

청송대
나무가 춤을 추면 바람이 불고

윤동주는 숲에서 글을 구상했다. 기숙사 핀슨홀 앞뒤로 주변은 온통 숲이었다. 숲과 화원은 그의 상상력을 잉태하는 종요로운 공간이었다.

> 나는 이 귀한 시간을 슬그머니 동무들을 떠나서 단 혼자 화원을 거닐 수 있습니다. 단 혼자 꽃들과 풀들과 이야기할 수 있다는 것이 얼마나 다행한 일이겠습니까.
>
> – 윤동주, 「화원에서 꽃이 피다」에서

꽃과 풀과 대화했던 그에게는 나무도 귀한 대화 상대였다. 연희전문에 입학하기 전의 글에도 나무가 등장한다. "나무 가지 위에 하늘이 펼쳐 있다"(「소년」), "눈 내리는 저녁에 나무 팔러간/우리 아빠 오시나 기다리다가"(「창구멍」) 등에서 나무는 늘 그의 곁에 있다.

나무가 춤을 추면
　바람이 불고,
나무가 잠잠하면
　바람도 자오
– 윤동주, 「나무」(1937.3)

이상하지 않은가. 사실 바람이 불면 나무가 춤을 추고, 바람이 자면 나무가 잠잠해야 하지 않는가. 동주는 거꾸로 생각한다. 원인과 결과가 바뀌어 있다. 바람이 아니라 나무가 세상의 중심이며 주인이란다. 내가 세상을 바꿀 수 있다. 내가 정신 없으면 만사가 난리고, 내가 태연하면 만사가 잘 된다는 식으로 볼 수도 있겠다. 어찌하든 내 태도가 중요하다는 뜻이다. 관점을 바꾸면 세상은 다르게 보인다.

관점의 전환은 다른 시에서도 보인다. 우리 집에는 닭도 없는데, "다만 애기가 젖 달라 울어서 새벽이 된다", 우리 집에는 시계도 없는데 "다만 애기가 젖 달라 보채어 새벽이 된다"(「애기의 새벽」)고 한다. 닭이나 시계 대신 새벽을 끌어오는 이 애기야말로 바람을 춤추게 하고 잠잠케 하는 나무, 곧 강력한 단독자 아닌가.

동주가 좋아했던 『맹자』에 나오는 대장부大丈夫도 나무와 비슷하다. 세상에서 큰 도를 행하며行天下之大道, 가난하거나 천해도 마음을 바꾸지 않는貧賤不能移 대장부야말로 나무와 비슷하다. 열등감과 모멸감과 대인공포, 우울증으로 절망하는 3포 시대에 '대장부'라는 단어는 사막의 오아시스 같은 자신감을 준다. 광명중학교 시절 습작노트『나의 습작기의 시 아닌 시』뒤표지 안쪽에 적힌 메모, 3·4·5조가 반복되는 빈틈없는「나무」는 이토록 많은 생각을 이끈다.

나무가 있다

지금도 연세대에는 청송대聽松臺라는 작은 숲이 있다. 연세대 언더우드관과 아펜젤러관 사잇길로 걸어가면 갑자기 숲길이 나온다. 청송대는 그 이름처럼 '소나무松의 소리를 듣는다聽'는 뜻이다. 연세대학교 학생은 물론 근처에 사는 이들에게도 산소를 만끽하게 하는 큰 쉼터다.

청송대(출처 연세대학교)

나무가 있다.

그는 나의 오랜 이웃이요 벗이다.

나는 처음 그를 퍽 불행한 존재로 가소롭게 여겼다. 그의 앞에 설 때 슬퍼지고 측은한 마음이 앞을 가리곤 하였다. 마는 돌이켜 생각컨대 나무처럼 행복한 생물은 다시 없을 듯하다. 굳음에는 이루 비길 데 없는 바위에도 그리 탐탁치는 못할망정 자양분이 있다 하거늘 어디로 간들 생生의 뿌리를 박지 못하며 어디로 간들 생활의 불평이 있을소냐. 칙칙하면 솔솔 솔바람이 불어오고, 심심하면 새가 와서 노래를 부르다 가고, 촐촐하면 한줄기 비가 오고, 밤이면 수많은 별들과 오손도손 이야기 할 수 있고

– 윤동주 산문, 「별똥 떨어진 데」, 1939

윤동주에게 나무는 오랜 이웃이고 벗이다. 그보다 먼저 그는 자신을 나무에 비유하고 있다. "퍽 불행한 존재로 가소롭게 여겼"던 것은 그 자신일 수도 있겠다. 자신을 측은하게 여기다가 나무를 보고 행복의 의미를 깨닫는다.

"칙칙하면 솔솔 솔바람이 불어오고, 심심하면 새가 와서 노래를 부르다 가고, 촐촐하면 한줄기 비가 오고, 밤이면 수많은 별들과 오손도손 이야기"하는 나무의 일상은 행복 자체다. 나무는 세상과 대립하는 명령자가 아니다. 세상과 더불어 움직이는 존재다. "나무가 잠잠하면 / 바람도 자오"라는 구절처럼 내 마음이 태연하면 세상도 평안하다. 나무가 행복한 이유는 인용문 아래 이어 나온다.

보다 나무는 행동의 방향이란 거추장스런 과제에 봉착하지 않고 인위적으로든 우연으로서든 탄생시켜 준 자리를 지켜 무진무궁無盡無窮한 영양소를 흡취吸取하고 영롱한 햇빛을 받아들여 손쉽게 생활을 영위營爲하고 오로지 하늘만 바라고 뻗어질 수 있는것이 무엇보다 행복幸福스럽지 않느냐.

– 윤동주 산문, 「별똥 떨어진 데」, 1939

어찌 태어났든 나무는 태어난 자리에서 "영롱한 햇빛을 받아들여" 오로지 하늘로 향한다. 나무의 행복은 향일성向日性에 있다. 태양만 바라보는 향일성이란 무엇이기에 행복할까. 윤동주가 좋아하던 키르케고르는 『새와 백합에게 배우라』 1부에서 백합이 행복한 까닭은 비교하지 않기 때문이라고 썼다. 인간은 끊임없이 타자와 비교한다. 풀과 꽃은 그저 태양만 보고 자신을 키울 뿐이다. 윤동주는 "하늘만 바라고 뻗어질 수 있는것이 무엇보다 행복幸福스럽지 않느냐"라고 썼다.

향일성은 인간이 가야 할 길道를 포기하지 않는 삶이다. 그 향일성이 얼마나 중요한지 "태양을 사랑하는 아이들아 / 별을 사랑하는 아이들"(「눈감고 간다」, 1941.5.31.)에게 다른 유혹에 흔들리지 말고 눈 감고 가라며 저돌적인 향일성을 강조했다.

"세상 같은 건 더러워서 버리는 것이다"(「나와 나타샤와 흰 당나귀」)라고 했던 백석 시인이 "굳고 정한 갈매나무"(「남신의주 유동 박시봉 방」)에게서 위로를 얻었듯이, 동주도 오로지 하늘만 바라는 나무에서 무진무궁 영양소를 취하면서, 행복을 누리려 한다.

흔히 윤동주를 나약하고 감성적인 청년으로 생각하지만, 그의 시를 대여섯 번 읽으면 영혼의 힘줄에 이상한 탄력이 부푼다. 그 마음이 열매의 씨처럼 단단하다는 것을 친구 유영(전 연세대 교수)이 잘 증언했다.

> "누구도 어찌 못할 굳고 강한 것이었다. 문학에 지닌 뜻과 포부를 밖으로 내비치지 않으면서 안으로 차근차근 붓을 드는 버릇이 있었다. 동주는 말이 없다가도 이따금 한 마디씩 하면 뜻밖의 소리로 좌중을 놀라게 했다."

윤동주가 연세대 청송대에서 찍은 사진은 졸업앨범에 실린 사진 두 장이 남아 있다. 문과대 동기들과 둘러앉아 찍은 사진이다. 왼쪽에서 두 번째 뒷짐 지고 서 있는 이가 윤동주다. 윤동주는 앉아서 찍으면 키가 작아 보이는데, 서서 찍으면 커보인다. 윤동주와 기숙사에서 함께 지낸 적이 있는 고故 유동식(1922~2022) 연세대 교수는 키가 자신과 비슷해서 농구 시합을 하면 센터를 맡았다고 말했다. 유동식 교수의 키는 180센티미터였다.

저 졸업사진을 보면 한 명 한 명이 나무로 보인다. 윤동주는 저 친구들을 보면서 나무를 상상하지 않았을까. 저들이야말로 행복하고 가능성을 보여주는 존재가 아닌가.

변두리 출신, 식민지 백성이라는 굴레를 쓰고 윤동주는 세상을 춤추고 잠들게 하는 나무에 주목한다. 모자란 미물도 세상을 변화시킬 수 있다. "나무틈으로 반짝이는 별만이 / 새 세기의 희망으로 나를 이끈다"(「산림」, 1936)는 구절처럼, 한 획 낭비 없이 단아하고 찰진 시는 우리 몸 어딘가를 툭 건드리며 이끈다.

윤동주 졸업앨범에 실린 윤동주와 연희전문 친구들, 서 있는 학생 중 왼쪽에서 두 번째가 윤동주(출처 연세대학교)

잔다리길 현재 풍경(출처 동아일보)

홍대역 잔다리 세교정
참말이적이외다

예수가 물 위를 걸었다는 이야기는 널리 알려져 있는데, 그 전에 보리떡 다섯 개와 생선 두 마리로 오천 명을 먹인 '오병이어五餠二魚의 이적'이 있었다. 오병이어의 기적을 행한 뒤 예수는 무리를 흩어지게 한다.

> "예수께서 그들이 와서 자기를 억지로 붙들어 임금으로 삼으려는 줄 아시고 다시 혼자 산으로 떠나가시니라"
>
> – 요한복음 6:15

예수는 이적을 행한 뒤 끝까지 지도자로 주목받기를 거부한다. 이른바 스타가 되기를 거부한다. 오병이어의 이적 후 무리를 보내고 제자들을 먼저 배에 태워 건너편으로 보낸 뒤 혼자 산에 들어간다. 황혼이 완전히 사라진 “밤 사경”에 풍랑이 인다.

> 저물매 거기 혼자 계시더니 배가 이미 육지에서 수리나 떠나서 바람이 거스르므로 물결로 말미암아 고난을 당하더라. 밤사경에 예수께서 바다 위로 걸어서 제자들에게 오시니 제자들이 그가 바다 위로 걸어오심을 보고 놀라 유령이라 하며 무서워하여 소리 지르거늘 예수께서 즉시 이르시되 안심하라. 나니 두려워하지 말라. 베드로가 대답하여 이르되 주여 만일 주님이시거든 나를 명하사 물 위로 오라하소서 하니 오라 하시니 베드로가 배에서 내려 물 위로 걸어서 예수께로 가되 바람을 보고 무서워 빠져 가는지라. 소리 질러 이르되 주여 나를 구원하소서 하니 예수께서 즉시 손을 내밀어 그를 붙잡으시며 이르시되 믿음이 작은 자여 왜 의심하였느냐 하시고.
>
> – 마태복음 14:22~32

험한 풍랑 위로 걸어오시는 예수를 보고 제자들은 “놀라 유령이라 하며 무서워하”고 당황했다. 갈릴리 호수에서 고기를 잡으며 평생 살아온 어부 베드로도 물 위로 걷는 이상한 존재가 다가오니 무서웠던 모양이다. 두려워하는 베드로를 보고 예수는 성경 전체를 꿰뚫는 말, “안심하라. 나니 두려워하지 말라.”라는 말을 한다. 성경 전체에 흐르는 임마누엘의 일관성이라 할 수 있겠다.

그때 베드로는 “주여, 만일 주님이시거든 나를 명하사 나를 명하사 물 위로 오라 하소서”라고 한다. 베드로는 바로 전날 낮에 오병이어라는 큰 이적을 보았기에 예수처럼 바다 위를 걸을 수 있다고 믿었을지도 모른다. 바로 이 사건을 윤동주는 「이적」으로 완성시킨다.(이 장은 김응교, 『손모아』, 비아토르, 2021. 54~56면을 수정하여 인용한다.)

발에 터분한 것을 다 빼여 바리고
황혼黃昏이 호수湖水우로 걸어오듯이
나도 삽분 걸어 보리 잇가?

내사 이 호수湖水가로
부르는 이 없이
불리워 온것은
참말이적異蹟이외다.

오늘따라
연정戀情, 자홀自惚, 시기猜忌,이것들이
작고 金메달처럼 만저 지는구려

하나, 내 모든것을 여념餘念없이
물결에 써서 보내려니
당신은 호면湖面으로 나를 불려내소서.

– 윤동주, 「이적異蹟」 1938.6.19. 전문

갈릴리Galilee 호수는 남북으로 21킬로미터, 동서로 약 12킬로미터 정도로 기다랗고, 제일 깊은 곳은 약 43미터로 바다처럼 보일 만치 거대한 호수다. 호수를 따라 평균 높이 천 미터에 가까운 감람산 등이 줄지어 솟아 있다. 갈릴리 호수 북동쪽에는 사시사철 만년설에 덮여 있는, 2,769미터에 이르는 헐몬산이 있다.

팔레스타인을 남북으로 잘라 단면을 보면 높은 헐몬산과 낮은 갈릴리 호수를 한 눈에 볼 수 있다. 낮에는 따스한 갈릴리 호숫가에서 차가운 헐몬산 쪽으로 바람이 분다. 따뜻한 공기가 차가운 쪽으로 이동하는 것을 이용하여 예수는 낮은 바다 쪽에서 산 쪽에 앉은 군중에게 말씀을 전했다. 자연의 음향시설을 이용한 것이다. 밤에 호수의 뜨거운 공기는 차가운 헐몬산으로 오른다. 반대로 차가운 시베리아 바람이 따뜻한 한반도 남쪽으로 불어 내려오듯이, 헐몬산에서 차가운 공기가 비탈을 타고 세차게 내려가면서, 호수 표면의 뜨거운 공기와 부닥쳐 일대 돌풍을 일으킨다.

「새로운 길」(1938.5.8.)을 쓰며 연희전문에서 공부했지만 윤동주에게 현실은 쉽지 않았다. 해바라기 얼굴을 한 누나들이 "해가 금방 뜨면 공장에"(「해바라기 얼굴」, 1938 추정) 가야 하는 피곤한 현실을 동주는 목도한다. 어려운 현실 앞에서 윤동주는 「이적」을 쓴다.

갈릴리 호숫가에 가기 전에 그는 "발에 터분한 것을 다 빼여(빼어) 바리고(버리고)" 왔다고 한다. 마치 모세가 호렙산에서 십계를 받을 때 신발을 벗었듯이 윤동주는 터분한 것, 그러니까 더럽고 지저분한 것, 개운치 않고 답답하고 따분한 것을 버리고 호숫가 앞에 섰다.

1연 끝의 "~보리이까", 그리고 마지막 행의 "나를 불러내소서"라는 구절에서 보듯 전체적으로 기도의 형식으로 쓰여 있다. 1연의 "황혼黃昏이 호수湖水 위로 걸어오듯이 / 나도 사뿐사뿐 걸어 보리이까"라는 구절은 당연히 파도치는 갈릴리 호수 위를 걸어오는 예수를 보고 자신도 걸어 보려 했던 베드로의 이야기를 연상하게 한다. 물 위를 걷는 것은 큰 이적이다. 놀랍게도 윤동주는 2연에서 그런 이적을 말하지 않는다. "부르는 이 없이 / 불리어 온 것은 / 참말 이적異蹟이외다."

렘브란트 그림 〈갈릴리 바다의 폭풍〉(1633)

이 시에서 놀라운 것은 윤동주가 마태복음에 나타나는 사건을 두려움으로 과장하지 않았다는 사실이다. 비교컨대 화가 렘브란트는 〈갈릴리 바다의 폭풍〉(1633)이라는 제목으로 이 사건을 그림으로 그렸다.

베드로는 물 위를 걷는 이적을 원했다. 물 위를 걸었다면 이후 간증으로 그 기적을 찬양했겠다. 그런데 윤동주가 보는 기적은 전혀 다르다. 윤동주는 그저 호숫가에 불리어 온 것이 "참말 이적"이라고 한다.

"내사"는 나야, 나아가 나와 같은 것이라는 겸손의 표현이겠다.

"내사"라는 의미는 나처럼 부족한 존재가 부르는 이도 없는데 이 호숫가로 불리어 온 것이 "참말 이적"이라는 것이다. 가령 상상치도 못했던 순간을 경험하는 특별 계시special revelation와 햇살이나 공기 속에서 살아가는 일반 계시general revelation를 구분한다면, 일상 속에서 느끼는 일반 계시를 윤동주는 '참말 이적'이라고 한다.

윤동주는 이 시에서 여성에 대한 연정戀情, 자기도취自惚, 남에 대한 시기猜忌 따위의 고민을 열거한다. 본래 원고를 보면 자긍自矜, 시기猜忌, 분노憤怒라고 쓰여 있는데, 분노를 지우고 맨 앞에 '연정'을 써넣었다. 분노보다 윤동주에게 심각했던 유혹은 연정이었던 모양이다.

자홀自惚이란 자기도취다. 황금의 지식을 탐하는 욕망, 그것이 그에게 자기도취였을까. 그가 억제할 수 없는 지식욕을 갖고 있었다는 것, 그 일에 도취되어 있었다는 것을 확인할 수 있다.

이런 것들이 오늘따라 "금金메달처럼 만져"진다고 한다. 그런데 바로 그 금메달 같은 욕망들을 "내 모든 것을 여념餘念 없이 / 물결에 써서 보내"겠다고 한다. 마음속의 욕망을 씻어 버릴 수 있을 '참말 이적'을 경험한다는 생각이다. 그는 이미 이적을 체험한 상태이다.

「이적」을 썼던 원고지의 구석에는 "모욕을 참아라"라는 메모가 있다. 이 메모가 바로 옆자리에 이어 쓴 「아우의 인상화」와 관련되어 있다고 보기는 어렵다. 따라서 「이적」과 연관하여 고난을 마주하겠다는 능동적 다짐으로 읽힌다. 기독교의 핵심은 고난을 벗어나는 것이 아니라, 고난을 마주하며 이겨내는 것(쇠얀 키르케고

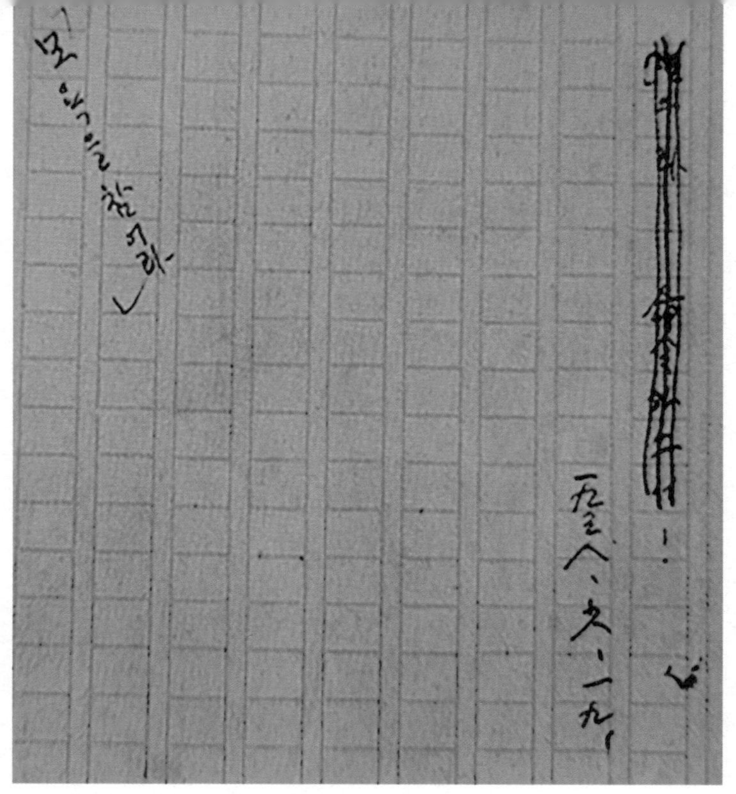

윤동주 「이적」의 마지막 페이지(출처 유족 대표 윤인석 교수)

르)이다.

결국 "당신은 호면으로 나를 불러 내소서"라는 표현은 수동과 능동 모두로 해석할 수 있겠다. 그리고 수동이든 능동이든 "내게 준험한 산맥이 있다"(「이적」)는 깨달음과 비슷한 다짐의 표현이다.

스물한 살, 이제 대학에 입학하고 두 달 보름이 지난 어느 날, 윤동주는 문득 호숫가에 서 있는 자신을 발견한다. 물론 관념의 호숫가이겠지만, 영문학자 이상섭 교수의 글을 보면 실제로 지금의 홍익대 근처에 큰 연못이 있었다고 말한다. 그 물가에서 동주가 「이적」을 썼을 가능성이 있다고 한다.

> 당시 연희의 숲은 무척 우거져서 여우, 족제비 등 산짐승이 많았고, 신촌은 초가집이 즐비한 서울(경성) 변두리 어디서나 볼 수 있던 시골 마을이었고, 사이사이에 채마밭이 널려 있었고, 지금의 서교동 일대(1960년대까지 '잔다리'라고 했다)에는 넓은 논이 펼쳐 있었다. 지금의 홍대 앞 신촌 전화국 근처에 아주 큰 연못이 있었는데 1950년대에도 거기서 낚시질 하는 사람들이 많았다. (…) 윤동주가 묵던 기숙사에서 잔다리의 연못까지는 약 30분 거리, 거기서 10여 분 더 걸으면 강가(서강)에 도달했다.
>
> 아마도 1938년 초여름 어느 황혼녘에 그는 잔다리의 그 연못가로 산보를 나왔다가 순간적으로 놀라운 경험을 한 것 같다.
>
> – 이상섭, 「윤동주가 경험한 '이적'」, 『윤동주 자세히 읽기』, 한국문화사, 2007, 124면

옛날 연희동 골짜기에서 흘러내렸던 개울이 지금의 서교동 일대에 여러 갈래로 흘러내렸고, 거기에는 작은 다리가 여러 개 놓여 마을 이름이 '잔다리 마을'로 불려 왔다. 조선시대에는 한성부 북부 의통방 세교리계, 현재 마포구 동교동의 창천에 있던 작은 다리 '잔다리', 한자로 고친 것이 세교細橋다. 이후 동쪽 잔다리는 '동세교', 서쪽 잔다리는 '서세교'로 부르다가, 동교동 서교동이라는 행정지명으로 바뀌었다.

윤동주에게 이적은 연정, 자홀, 시기 등을 버릴 때 가능하다. 그 순간이 윤동주가 느꼈던 '현현epiphany'의 순간이었던 것이다. 자신의 연정과 자기도취와 시기심을 버리는 순간이 기적을 체험하는 순간이 아닐까. 시련을 당하겠다는 의미의 표출이며 능동적인 다짐으로도 볼 수 있다. 이러한 능동성은 이후 "행복한 예수 그리스도에게 / 처럼 / 십자가가 허락된다면"(「십자가」) 모가지를 드리우고 피 흘리겠다는 순교자적인 결단에 다가간다.

홍대역이나 합정역 언저리 어디에 그의 자취가 있을까. 젊은 영혼들이 반갑게 만나고 헤어지는 번화한 거리는 1938년 너른 들녘이었다. 이 들녘에 연희전문에 입학하고 두 달 보름 지난, 스물한 살 윤동주의 얼굴이 스쳐 지나간다.

(위) 1941년 연희전문과 이화여전 성경연구반과 함께(뒷줄 오른쪽 첫번째)
(아래) 현재 이화여자대학교 대학원 건물(출처 이화여대)

이화여자전문학교 협성교회
윤동주의 침묵기

「투르게네프의 언덕」, 「소년」, 「산골물」을 쓴 1939년 9월부터 「위로」, 「병원」, 「팔복」을 쓴 1940년 12월까지, 윤동주는 어떠한 작품도 남기지 않았다. 윤동주의 내면에 과연 어떤 일이 있었기에, 일 년 이삼 개월이라는 짧지 않은 시간 동안 작품을 남기지 않았을까. 그 기간에 일제의 압박은 그를 알 수 없는 질병에 걸리게 했을 것이다. 1939년 7월에 '국민징용령'이 제정되어, 군사상 필요하면 청년들을 강제로 징용할 수 있는 식민체제에 들어선다. 윤동주를 가장 괴롭힌 것은 창씨개명에 대한 강압이었을 것이다. 1939년 11월에 조선총독부는 「조선민사령 중 개정의 건」을 발표하여 조선 민족 고유의 성명 제도를 폐지하고, 일본식의 '씨氏' 명으로 바꾸도록 강요한다. 이 법령은 1940년 2월 11일 시행되어 8월 10일까지 성씨를 결정하여 제출하도록 했다. 퇴계 이황의 후손으로 일찍이 의병 항쟁에 참여한 이현구는 일제가 창씨개명을 강요하자 곡기를 끊고, 단식한 지 36일 되던 1940년 8월 6일에 순국했다.

이런 지리멸렬한 야만의 시대에 저항할 수도 어쩔 수도 없었던 윤동주는 무기력에 빠질 수밖에 없었을 것이다. 침묵기에 윤동주가 영어 성경공부반에서 성경을 읽으며, 모멸의 시간을 견디려 했다는 사실은 명확하다.

협성교회

이화여자대학교에서 윤동주와 송몽규 등이 찍은 두 장의 사진이 있다. 고딕 양식의 건물 앞에서 영어 성경공부반 친우들과 찍은 사진들이다. 사진 중앙에 미국인 여자 선교사와 여학생 두세 명이 있다. 영화 〈동주〉에서 가상의 인물로 나오는 '여진'이라는 여학생이 저 여학생 중 한 명이겠다.

(위) 1941년 이화여대 협성교회 영어 성경공부 모임.
(아래) 이화여대 중강당, 현재 대학원 건물(출처 이화여대)

한 장의 사진에는 '1938년 11월 27일'이라고 쓰여 있고, 다른 한 장에는 '1941년'이라고 쓰여 있다. 1938년 11월 27일 연희전문 1학년 때부터 1941년까지, 윤동주가 연희전문 시절 당시 이화여자전문학교에서 있었던 성경공부 모임에 다녔던 확실한 증거를 사진으로 볼 수 있다.

다만 저 건물이 어디인지 찾아봐야 했다. 사진이 흐릿하여 찾는 데 시간이 걸렸으나 모두 현재 이화여자대학교 중강당이라는 사실을 알 수 있었다. 같은 각도로 사진을 찍어도 똑같은 결과를 볼 수 있다. 현재는 대학원관으로 쓰이고 있다.

보리스 건축사무소가 설계하여, 1935년 5월에 완공된 이 건물은 원래 지하 1층 지상 3층의 석조건물이다. 이화여대 캠퍼스에 많은 고딕 로마네스크 석조건물을 설계한 미국인 윌리엄 보리스(1880~1964)는 일본에서 활동한 개신교 평신도 선교사이자 건축가였다. 보리스 건축사무소가 세운 건물은 우리나라에 100여 개가 넘는다.

옛 사진과 현재 사진을 비교해보았다. 외벽이나 창틀의 모양새가 같은데 현재 건물에는 한 층이 더 있어서 다른 건물인가 했는데, 그 까닭은 1948년에 한 층 더 위로 증축했기 때문이다. 선교사인 보리스가 지은 이화여대 건물들은 가장 높은 곳에 십자가를 새긴 것이 특징이다.

이화여자대학교 케이스홀

이 건물은 미국 남감리회 부인 선교부 총무 사라 에스터 케이스 여사의 업적을 기념하여 '케이스홀'이라고 불렀다. 처음부터 음악 공연과 교육에 활용할 수 있도록 설계된 이 건물에는 현재도 500명을 수용할 수 있는 강당이 있다. 그때나 지금이나 중강당이라고 부르는 이 공간에서는, 대강당이 지어지기 전까지 매일 채플이 열렸고, 음악회, 졸업식, 문학의 밤 등 다양한 행사가 열렸다.

위 사진을 보면 사진 아래 영문으로 'The members of Bible Class'라고 쓰여 있다. 성경 공부 모임이라는 뜻이다. 사진 찍은 장소를 알았으니, 저 단체 사진은 어떤 모임의 사진인지 알아볼 차례다. 이 모임에 대해서는 정병욱이 기록을 남겼다.

> 나는 동주의 꽁무니를 따라 주일날이면 영문 모르고 교회당엘 드나들었다. (중략) 우리가 다니던 교회는 연희전문학교와 이화여자전문학교 학생들로 이루어진 협성교회로서 이화여전 음악관에 있는 소강당을 교회당으로 쓰고 있었다. 거기서 예배가 끝나면 곧 이어서 케이블 목사 부인이 지도하는 영어 성서반에도 참석하곤 했었다.
>
> – 정병욱, 「잊지 못할 윤동주 형」, 『바람을 부비고 서있는 말들』, 집문당, 1980. 14면

이 글에 "연희전문학교와 이화여자전문학교 학생들로 이루어진 협성교회"라는 공동체가 나온다. 문학을 이해하고 민족을 사랑하고 인생의 참된 뜻을 아는 어떤 면이 있다고 한다면 그것은 오

로지 동주가 심어준 씨앗 때문이라고, 정병욱은 고백한다. 현재 이화여대 대학교회 장윤재 목사는 협성교회를 이렇게 설명한다.

> 이화의 대학교회는 처음에 연합교회로 출발했습니다. 이화여전과 연희전문의 대표들이 모여 두 학교가 하나 되어 예배를 드리는 것이 좋겠다는 합의에 따라 세워졌습니다. 그래서 대학교회의 본래 이름은 '힘을 모아 일을 이루다'라는 뜻의 협성교회協成敎會, Union Church입니다. 1935년 9월 29일, 새로 건축된 이대 에머슨 홀(지금의 중강당)에서 양 대학의 교장, 교수, 직원, 학생, 가족, 그리고 기타 인사들 수백 명이 모여 대학 연합교회 예배를 드렸습니다. 그래서 윤동주 시인이 대학교회의 교인이었다는 사실을 아는 사람은 많지 않습니다. 나라를 빼앗긴 민족의 아픔을 가장 아름다운 우리말로 형상화한 윤동주 시인은 그의 사촌이자 독립운동가인 송몽규와 함께 연희전문에 입학한 해인 1938년부터 협성교회를 다녔습니다.
>
> – 장윤재, 「거룩한 백성」, 『베리스타』, 2022. 9. 26

바로 이 교회에서 윤동주와 정병욱은 예배를 드리고, 예배가 끝나면 "케이블 목사 부인이 지도하는 영어 성서반"에 참여하고, 두 장의 사진은 바로 그 영어 성경공부반 친구들과 찍은 단체사진인 것이다. 인용문에 '에머슨 홀'이라고 쓰여 있는 것은 '케이스 홀'이라는 건물 안에 있는 중강당을 뜻한다.

순이

영화 〈동주〉에 나오는 가상의 여학생 '여진'은 바로 이 협성교회 혹은 영어 성경공부 모임에서 만난 이화여전 학생으로 설정된 캐릭터다. 윤동주 시 중에 애틋한 짝사랑을 쓴 두 편의 시가 있다.

순順아 너는 내 전殿에 언제 들어왔든 것이냐?"
내사 언제 네 전殿에 들어갔든 것이냐?

우리들의 전당殿堂은
고풍古風 한 풍습이 어린 사랑의 전당殿堂

순順아 암사슴처럼 수정눈을 나려감어라.
난 사자처럼 엉크린 머리를 고루련다.

우리들의 사랑은 한낱 벙어리였다.

청춘!
성스런 촛대에 열熱한 불이 꺼지기 전
순아 너는 앞문으로 내달려라.

어둠과 바람이 우리 창에 부닥치기 전
나는 영원한 사랑을 안은 채
뒷문으로 멀리 사라지련다.

이제
네게는 삼림 속의 아늑한 호수가 있고,
내게는 험준한 산맥이 있다.

– 윤동주, 「사랑의 전당殿堂」, 1938.6.19.

"순順아"라는 호명으로 시작하는 이 시의 순이는 실제 인물의 이름일까. 한국인 이름 중에 가장 흔했던 '순이順伊'라는 이름이 윤동주 시 「소년」, 「눈 오는 지도」, 그리고 「사랑의 전당」에 세 번 나온다. 시를 쓴 시기를 보면, 사진 아래 쓰여진 이화여전 성경공부 모임의 시기와 맞는다.

'순이'라는 이름은 윤동주가 그리는 이성의 총체라고 보아야 할 것이다. 혹시 윤동주는 책에서 '순이'라는 이름을 만났을까.

1931년 3월 30일 명동학교를 다니던 졸업생 14명은 졸업 선물로 김동환의 서사시집 『국경의 밤』(1925)을 받는다. 이 시집에 등장하는 '순이'가 윤동주가 만난 첫 번째 순이일 것이다.

순이란 함경도의 변경에 뿌리운 재가승의 따님.
불쌍하게 피어난 운명의 꽃,
놀아도 집중과 시집가도 집중이라는 정칙받은 자!

–『국경의 밤』, 35장

이 서사시에서 '순이'는 33회 등장한다. 일제 치하 함경북도 두만강변의 S촌을 배경으로 '순이'와 남편인 밀수꾼 병남, 그리고 지난날 '순이'의 애인이었던 청년 사이의 사랑의 삼각 관계 이야기다. 밀수출 갔던 남편이 죽어 시체로 돌아오는 이 이야기는 식민지 시절 세 사람의 갈등을 통해 국경에 사는 변두리 사람들의 애절한 사랑과 어두운 현실을 노래한다. 겉으로 읽으면 국경에 사는 '순이'에 얽힌 사랑과 비련 이야기 같지만, 속으로 읽으면 식민지의 국경 지대를 통해 나라 잃은 사람들의 슬픔을 드러내는 명작이다.

신문을 읽다가 좋은 글은 스크랩했던 윤동주의 스크랩북을 보면 임화의 시가 여러 번 나온다. 윤동주가 임화의 시와 평론에 주목하고 있다는 사실을 확인할 수 있다. 임화의 시 「네 거리의 순이」(1929)에도 '순이'가 나온다.

> 네가 지금 간다면, 어디를 간단 말이냐?
> 그러면, 내 사랑하는 젊은 동무,
> 너, 내 사랑하는 오직 하나뿐인 누이동생 순이,
> 너의 사랑하는 그 귀중한 사내,
> 근로하는 모든 여자의 연인……
> 그 청년인 용감한 사내가 어디서 온단 말이냐?

종로 네거리에서 방황하는 누이동생 순이를 보고 지식인 오빠의 시각에서 쓴 작품이다. 누이동생의 "귀중한 사내"는 공장에서 노동운동을 한 죄목으로 체포되었다. 여동생의 청년 노동자 애인을 응원하며 노동운동에 연대하는 인텔리를 그린 작품이다. 단편

서사시라는 이야기 시 형태를 알린 임화의 수작이다.

결국 윤동주 시에 등장하는 '순이'는 실제 이름이라기보다, 당시 여성을 상징하는 기표라고 해야 할 것이다.

전당

시 제목 '사랑의 전당'에서 '전당殿堂'은 바로 이화여자대학교 중강당일 수 있다. 함께 성경공부를 했던 이 중강당이 "내 전殿"이며 동시에 "네 전殿"이기도 했던 것이다. 이 시에 나오는 앞문과 뒷문은 바로 이 중강당을 내면의 공간에 전이시킨 표현인 것이다.

윤동주와 '순이'는 서로 말을 못하여 "우리들의 사랑은 한낱 벙어리"였지만, 이들에게는 "성스런 촛대"를 영어성경을 통해 공부했던 시간이 있었다. 윤동주가 지상에 남긴 첫 번째 시「초 한 대」에서 그 양초는 예수 그리스도를 비유한 것이다. 윤동주가 짝사랑하던 순이가 바라본 것은 '성스런 촛대'(예수)였다. 시를 써놓으면 그 말이 씨가 된다고 윤동주가 "나는 영원한 사랑를 안은 채 / 뒷문으로 멀리 사라지련다"라고 썼는데, 실제로 순이가 이 공부 모임을 떠났을지도 모르겠다.

> 순이順伊가 떠난다는 아츰에 말 못할 마음으로 함박눈이 나려, 슬픈 것처럼 창窓밖에 아득히 깔린 지도地圖 위에 덮인다.
>
> – 윤동주,「눈이 오는 지도地圖」, 1941.3.12.

저 중강당 건물에서 어두운 식민지 시대에 영어성경으로 모세의 출애굽을 읽었던, 혹은 로마 노예제의 압제 하에서 서로 사랑하라는 메시지를 온몸으로 전했던 젊은 예수의 이야기를 읽으며, 젊은 영혼들이 서로 격려했었다.

저 건물은 차가운 정신으로 식민지 시대를 극복하려 했던 젊은 영혼들과, 윤동주와 '순이'의 사랑을 떠올릴 수 있는 "영원한 사랑"의 포토존이 될 것이다.

성경을 읽으며 침묵기를 견뎌낸 윤동주는 1940년 12월「팔복」「위로」「병원」세 편의 시를 내놓으며 다시 미래의 독자 곁에 다가간다.

이화여대 중강당(출처 이대학보)

영화 〈동주〉에서 윤동주가 정지용 집을 찾아간 장면(출처 영화 〈동주〉)

아현동 정지용 생가
별똥 떨어진 곳

충청북도 옥천에서 태어난 정지용(1902~1950)은 1918년 휘문고등보통학교에 입학하던 16세까지는 옥천에서 살았다. 1923년 일본 도시샤대학에 유학 가서 교토에서 지내다가 1929년 귀국하여 효자동에서 살면서 모교인 휘문고보에서 학생들을 가르친다. 이후 1936년에 북아현동으로 이사 간다.

영화 〈동주〉를 보면 윤동주가 가상의 여자 친구 여진과 바로 이 북아현동 집을 찾아가는 장면이 나온다. 사실 1939년 연희전문 2학년 윤동주와 함께 정지용 집에 찾아간 이는 용정의 은진중학교 1년 선배인 라사행羅士行(1914~) 목사였다.

동주가 연전에 입학하여 기숙사에 있을 때, 일요일이면 내가 연전

기숙사에 놀러가기도 하고 동주가 우리 감신 기숙사로 놀러오기도 해서 자주 만났어요. 그런데 1939년에는 동주가 기숙사를 나와서 북아현동에서 하숙을 했었어요. 그래서 그리로도 놀러갔었지요. 그 때의 일인데, 역시 북아현동에 살고 있던 시인 정지용 씨 댁에 동주가 가는데 같이 동행해서 갔던 일도 있습니다. 정지용 시인과 시에 관한 이야기를 주고받은 것으로 기억합니다.

– 송우혜, 『윤동주 평전』, 푸른역사, 2004. 255~256면

윤동주가 이미 그 집을 알고 있어 라사행 목사가 따라갔는지, 아니면 라사행 목사를 따라갔는지 확실하지는 않다.

라사행 목사는 기억해야 할 중요한 인물이다.

1914년 평안남도 개천에서 태어난 라사행은, 1935년 4월 은진중학교 4학년 졸업반이던 때 명희조 선생에게 낙양에 군관학교가 생겼다는 말을 듣는다. 독립운동에 참가하겠다며 용정을 떠나 낙양으로 갔다가 거기서 송몽규를 만난다.

용정 은진중학교 1년 선배인 라사행을 만난 송몽규는 함께 낙양군관학교 한인반 2기생으로 입학한다. 그곳에서 라사행은 송몽규와 함께 훈련받다가 검거되어 고초를 겪는다. 다행히 중국 지역에서는 일본 국내법인 치안유

지법으로 실형을 언도할 수 없어, 일단 석방된 뒤 '요시찰 인물'로 감시 대상이 된다.

귀국한 라사행은 감리교신학교에 입학한다. 윤동주가 연희전문 입학시험을 치르러 아는 이 없는 경성에 가려고 할 때, 미리 편지를 보내 도움을 청한 이가 바로 감리교신학교 2학년에 재학 중인 라사행이었다(송우혜, 『윤동주 평전』, 서정시학, 221면).

여러 번 기차를 갈아타고 경성역에 도착한 윤동주와 송몽규를 라사행이 마중 나온 장면부터 안소영 소설 『시인, 동주』는 시작한다. 실제로 라사행은 경성역에서 두 사람을 냉천동 감리교신학교 기숙사로 데려간다. 윤동주와 송몽규는 라사행의 기숙사 방에서 열흘 남짓 신세를 지다가 연희전문 입시를 치른다.

이후 감리교신학교에서 공부한 라사행은 1941년 3월 6일 강원도 횡성교회에 전도사로 파송받는다. 해방후 기독교 내의 친일 잔당 세력이 남아 있자, 라사행 목사는 감리회를 중심으로 조선 기독교의 재건운동을 하기도 했다. 바로 이 라사행이 윤동주와 함께 정지용의 기와집을 찾아간 것이다.

서울시 서대문구 북아현동 1940년대 풍경

현재 '서울시 서대문구 북아현동 1-64번지'에 정지용의 '북아현동 기와집'이 있다. 이 집에서 직장인 이화여자전문학교까지 정지용은 30분쯤 걸어갔을 것이다.

이 집에 가려면 추계예술대학 정면, 불규칙하게 휘거나 꺾이는 주택가 언덕길을 걸어가야 한다. 세월의 풍파를 견뎌온 한옥이 가까스로 모양새로 흉내만 내고 있고, 사이사이에 일본식 적산가옥, 제법 큰 저택도 있고, 페인트가 벗겨진 채 블록으로 쌓아 지은 블록집이 마구 섞여 있다. 잘 사는 곳도 있지만, 영화 〈기생충〉에서 다닥다닥 붙은 연립주택들이 빽빽한 스틸컷은 아현동에서 찍은 장면이다. 전깃줄이 거미줄처럼 얽혀 있고 늘어져 있는 연립주택촌이다.

정지용이 살던 집터에는 현재 비교적 깨끗한 연립주택이 서 있고 가까운 곳에 '지용 소공원'이 있다. 이 집은 1936년부터 정지용이 살았던 곳이다.

당시 이곳이 지금의 모습과 같다고 생각하면 큰 착각이다. 당시 북아현동 사진을 보면 들판에서 서서히 비탈진 야트막한 언덕 위에 초가집들이 펼쳐져 있다. 아현동을 '애오개'라고도 하는데 '아이고개'라는 이름을 한자로 음역한 단어다. 저 언덕 기슭에 아이의 무덤이 많았다는 말도 있다. 실제로 추계예술대 자리에 사도세자 큰아들의 묘 '의령원懿寧園'이 있었다. 속칭 '애기능'이라 하는데 1948년 서삼릉으로 옮기고 지금은 추계예대 앞에 현판만 남아 있다. 더 그럴싸한 것은 "아이고" 하며 올라야 하는 언덕이라 해서 아이고개라고 불렀다는 이야기다. 아닌 게 아니라 여름철에는 땀

깨나 흘려야 하는 언덕길이고, 겨울철에는 쉴 데도 없이 걸어 올라야 하는, 발가락이 시린 빙판길이다.

위 사진 아래 '행화교杏花橋 근교'라고 쓰여 있는데, 아현동 일대에 살구꽃杏이 많다고 하여 행화동이라도 불렀다. 살구나무 살구꽃이 많았다는 이 언덕마을을 정지용은 "서울에서도 꾀꼬리 소리를 들을 수 있는 곳"이라고 상찬했다.

> 물오른 봄버들가지를 꺾어 들고 들어가도 문안 사람들은 부러워하는데 나는 서울서 꾀꼬리 소리를 들으며 살게 되었다.
>
> 새문 밖 감영 앞에서 전차를 나려 한 십 분쯤 걷는 터에 꾀꼬리가 우는 동네가 있다니깐 별로 놀라워하지 않을 뿐 외라 치하하는 이도 적다.
>
> 바로 이 동네 인사人士들도 매간每間에 시세가 얼마며 한 평에 얼마 오르고 나린 것이 큰 관심거리지 나의 꾀꼬리 이야기에 어울리는 이가 적다.
>
> 이삿짐 옮겨다 놓고 한밤 자고 난 바로 이튿날, 햇살 바른 아츰, 자리에서도 일기도 전에 기왓골이 옥玉인 듯 짜르르 짜르르 울리는 신기한 소리에 놀랐다.
>
> 꾀꼬리가 바로 앞 나무에서 우는 것이었다.
>
> – 정지용, 「꾀꼬리와 국화」, 『삼천리문학』, 1938.1.

정지용은 이 애오개 마을에서 "내가 이제로 황국을 보고 취하리로다."라며 글을 마무리한다. 1935년에 찍은 '아현리阿峴里' 사진은 윤동주와 정지용이 살던 북아현동 분위기를 잘 보여준다. 서대문에서 신촌으로 넘어가는 도로는 지금처럼 넓었던 것으로 보이나, 아현동 언덕은 시골 같은 분위기였다.

영화 〈동주〉에서, 정지용 선생님 댁에 인사드리러 함께 가자는 여진과 함께 나무가 우거진 밤길을 걷는 그 씬, 거의 비슷한 풍경이 아닐까. 〈동주〉에서 여진은 윤동주에게 말한다(36분 45초).

"정지용 선생님한테 인사드리러 갈 건데 같이 갈래?"

조심스럽게 묻는 말에 동주는 조금 당황하며 말한다.

"어, 어, 나는 등단 작가도 아니고. 정지용 선생님은 문인들하고 다 연락을 끊었다고 하던데."

말이 끝나자마자 여진이 동주를 바라보며 말한다.

"학생들은 만나주셔."

이 대화는 꽤 근거가 있는 말이다. 당시 정지용의 집에는 많은 방문객이 찾아갔다. 정지용 시인에게는 큰아들 정구관, 둘째 아들 정구인, 딸 정구원이 있었다. 큰아들 정구관 씨(1928~2004)는 "아버지의 친구들, 학생들, 문학 지망생들, 그런 손님들이 끊일 새 없었다"고 증언한다.(송우혜, 위의 책. 256면) 정지용이 나중에 윤동주 유고 시집 『하늘과 바람과 별과 시』 서문에 윤동주를 전혀 모르는 듯 쓴 것은 많은 사람이 찾아왔기에 윤동주를 기억하지 못했을 수도 있다.

이후 1948년부터 1950년까지 당시는 녹번리였고, 현재는 서울시 은평구 녹번동 126-10에서 살던 정지용은 한국전쟁 때 납북된다.

윤동주에게 정지용 시인은 '시의 아버지poetic father'였다. 정지용의 「말」이 좋다며 동생들에게 여러 번 말했다. 정지용 시 「비로봉」 등 많은 시를 모방해서 써보기도 했다. 윤동주의 「슬픈 족속」은 정지용의 「띄」라는 시와 유사하다. 110여 편의 윤동주 작품 중 14편 정도는 정지용 시를 모방하며 습작한 작품이다.

윤동주가 정지용 시에서 배운 것, 이후 두 시인의 관계 등을 쓰려면 논문 한두 편으로 부족하여 단행본으로 내야 한다. 이 글에서 윤동주가 정지용에게서 얻은 것들을 쓰기에는 적당하지 않다. 다만 몇 가지 예만 적어두려 한다. 정지용의 동시 「별똥」에 대해 윤동주가 산문 「별똥 떨어진 데」로 화답하는 이야기다.

별똥 떨어진 곳,

마음에 두었다

다음 날 가 보려

벼르다 벼르다

이젠 다 자랐소.

– 정지용, 「별똥」 전문

아이는 떨어진 별똥을 줍고 싶다. 주우러 가보고 싶어 가겠다 가겠다, 벼르고 벼르다 보니 어느새 어른이 되었다는 독특한 동시다. "이젠 다 자랐소"라며 마지막 행에 어른 화자가 등장한다.

정지용은 1930년에 「별똥」을 쓰고 1935년에 낸 『정지용 시집』에 싣는다. 정지용을 좋아했던 윤동주는 이 시집을 1936년 3월

19일에 구입한다. 시문학사에서 출간된 『정지용 시집』은 당시는 물론 현대한국문학사에 빼놓을 수 없는 중요한 시집이다.

윤동주는 1939년경에 「별똥 떨어진 데」라는 제목으로 산문을 쓴다. 산문의 제목 자체가 정지용의 동시 「별똥」의 첫 행과 닮아 있다. 정지용의 동시 「별똥」과 윤동주의 산문 「별똥 떨어진 데」에 얽힌 관계는 졸저 『나무가 있다-윤동주 산문의 숲에서』(아르테, 2019. 139~176면)를 참조해주시기 바란다.

정지용의 「유리창·1」이나 윤동주의 「별 헤는 밤」은 '별'이 화자에게 과거의 회상을 불러일으킨다는 점에서 유사하다. 다만 슬픔과 회한을 불러일으키는 기능, 단순히 과거를 회감케 한다는 기능은 차이가 있다.

특별히 식민지 시대라서가 아니라, '별'은 문학 작품에 영원한 희망의 상징으로 등장해 왔다. 정지용 시에는 '별'이 많이 등장한다. 1931년 경성교구 천주교회 연합청년회에서 발행한 천주교 월간지 『별』도 한글 제호로 돋보인다. 특히 제 19호는 '조선성교교구 설정 100주년 기념' 기사가 실려 있는데, 여기에 정지용이 번역한 시 「주여」가 실려 있다. 「별.1」 「별.2」뿐만 아니라, 「유리창」, 「향수」 등에서도 별은 계속 등장한다. 정지용의 「별」을 읽어보자.

누워서 보는 별 하나는
진정 멀-고나.

어스름 다치랴는 눈초리와

금金실로 이은 듯 가깝기도 하고,

잠 살포시 깨인 한밤엔
창유리에 붙어서 엿보노나.

불현듯, 솟아날 듯,
불리울 듯, 맞아드릴 듯,
문득, 령혼 안에 외로운 불이
바람처럼 이는 회한悔恨에 피어오른다.

흰 자리옷 채로 일어나
가슴 위에 손을 념이다.

– 정지용, 「별」 전문(『카톨릭청년』, 1933)

방 안에 누워 멀리 떨어진 별을 보는 화자의 모습으로 시는 시작한다. 밤하늘에 빛나는 별을 보는데 졸음에 겨워 어슴푸레 닫히려는 화자의 눈초리와 금실로 이은 듯 가깝게 다가온다. 한밤중에는 창유리에 붙어서 방 안을 엿보는 듯도 하다. "불현듯, 솟아날 듯, / 불리울 듯, 맞아드릴 듯" 여러 가지 형상을 던져 주는 이 별을 발견하자 문득 촉발된 회한이 영혼 안에 외로운 불을 피어오르게 한다.

윤동주도 별을 보며 성찰한다. 그 성찰은 그를 폐쇄적으로 만들지 않고 오히려 더 옹골차게 한다. 그는 늘 글 끝에 "무사의 마음으로 달을 쏘다"(「달을 쏘다」)나 "별똥 떨어진 데가 내가 갈 곳인가 보다"(「별똥 떨어진 데」)라며 다짐으로 맺는다. 이제 산문 「별똥 떨어진 데」의 마지막 부분을 읽어보자.

> 어디로 가야 하느냐 동이 어디냐 서가 어디냐 남이 어디냐 북이 어디냐. 아차! 저 별이 번쩍 흐른다. 별똥 떨어진 데가 내가 갈 곳인가 보다. 하면 별똥아! 꼭 떨어져야 할 곳에 떨어져야 한다.
>
> -윤동주, 「별똥 떨어진 데」 부분

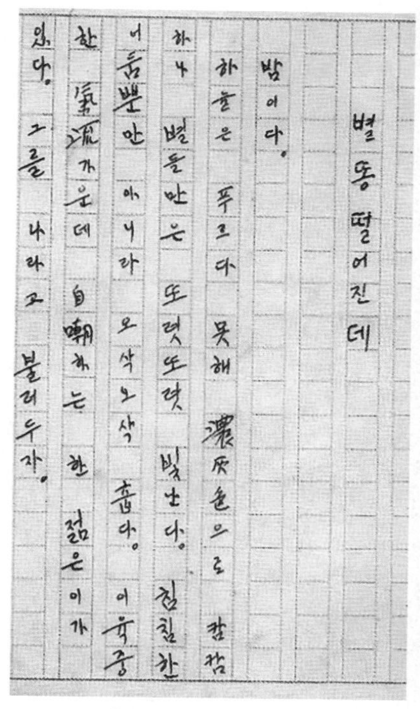

별똥 떨어진 데

밤이다.
하늘은 푸르다 못해 濃灰色으로 캄캄
하나 별들만은 또렷또렷 빛난다. 침침한
어둠뿐만 아니라 오삭오삭 춥다. 이 육중
한 氣流 가운데 自嘲하는 한 젊은이가
있다. 그를 나라고 불러두자.

윤동주 산문 「별똥 떨어진 데」는 "밤이다"로 시작한다.

"태양을 사랑하는 아이들아/별을 사랑하는 아이들아"(「눈 감고 간다」)에서 별은 태양과 함께 구원의 상징이다. 가짜 대낮에 진정한 태양을 보고, 칠흑어둠에서 별을 보며 갈 길을 정확히 가려는 자세가 보인다. 가짜 태양이나 가짜 별을 볼 바에야 차라리 눈 감고 가자는 표현이 당차다. "별똥아! 꼭 떨어져야 할 곳에 떨어져야 한다"는 말은 그의 삶을 예감케 한다. 여기서 중요한 단어는 '떨어진다'이다.

"떨어져야 할 곳에 떨어져야 한다"는 말은 키르케고르 이후 실존주의에서 늘 강조했던 삶이다. 엄마 아빠에게 부탁해서 태어난 존재가 아니요, 모든 인간은 자기 의사와 상관없이 이 땅에 던져진 존재다. 남이 이 땅에 던졌으니 '피투彼投, Geworfenheit'라고 한다. 마치 주사위처럼 우리는 이 땅에 던져졌다. 아무 준비도 없이 이 땅에 던져져 태어났으니 인간은 불안할 수밖에 없다. 그 삶을 의미 있게 살려면 기획하며 살아야 한다. 기획하며 자기 몸을 던지는 자세를 '기투企投, Entwurf'라고 한다. 보람 있게 살아가려면 날마다 선택해야 한다. 내 몸을 어디에 던져 기획하며 살아갈 것인지, 기투를 실현하며 살아가야 한다. "떨어져야 할 곳에 떨어져야 한다"는 말은 내가 필요한 곳에 온몸을 던지겠다는 기투의 표현이겠다.

니체는 그 기투를 '몰락沒落, Zerstörung'으로 표현했다. 몰락해야 할 순간에 몰락하리라는 다짐, 기투해야 할 때 기투하겠다는 뜻이다. 니체는 몰락하는 인간을 사랑한다고 썼다.

> 사람에게 위대한 것이 있다면 그것은 그가 목적이 아니라 하나의 교량이라는 것이다. 사람에게 사랑받아 마땅한 것이 있다면, 그것은 그가 하나의 과정이요, 몰락이라는 것이다.
>
> 나는 사랑하노라. 몰락하는 자로서가 아니라면 달리 살 줄을 모르는 사람들을. 그런 자들이야말로 저기 저편으로 건너가고 있는 자들이기 때문이다.
>
> 나는 위대한 경멸자들을 사랑하노라. 왜냐하면 그런 자들이야말

로 위대한 숭배자요 저기 저편의 물가를 향한 동경의 화살이기 때문이다.

–프리드리히 니체, 『차라투스트라는 이렇게 말했다』, 책세상, 2010. 20~23면.

성경에서도 한 알의 밀알이 떨어져 썩어야 열매를 맺는다고 쓰여 있다. 니체가 쓴 위버멘쉬Übermensch는 '너머의 인간'이다. 위버멘쉬는 뛰어넘는Über 인간mensch을 뜻한다. '위버'란 넘어감, 굽이쳐 흐름, 거듭 흐름, 중첩됨이라는 뜻이 있는데 모두 '힘에의 의지'와 결합되어 있다. 위버멘쉬는 생성 과정에서 끊임없이 인간의 한계를 넘어가는 과정, 혹은 거듭 극복하는 '힘에의 의지'를 의미한다. 윤동주야말로 늘 '너머beyond'를 꿈꾸었다. 그의 시에서 "또", "다시"라는 단어를 주의깊게 봐야 한다.

니체나 윤동주에게 몰락이란 그냥 죽겠다는 말이 아니다. 무엇인가를 살리기 위해 자신을 몰락시키는 '살리는 몰락'이다. 윤동주는 숭실학교에 다닐 때 신사참배에 항의하여 자퇴한다. 그것을 나는 '자랑스런 몰락'(졸저, 『처럼–시로 만나는 윤동주』, 95면)이라고 썼다. 그의 죽음은 아무 의미 없는 시신으로 돌아왔지만, 영적인 의미에서 그는 '살리는 죽음'으로 우리에게 기억되고 있다.

별을 죽어간 존재로 보는 상상력은 가톨릭 신자 정지용과 개신교 신자 윤동주, 두 시인이 애송했던 성경에도 나온다. 지혜 있는 자가 죽어 '별'로 다시 태어나는 상징으로 표현된다.

지혜 있는 자는 궁창의 빛과 같이 빛날 것이요 많은 사람을 옳은 데로 돌아오게 한 자는 별과 같이 영원토록 빛나리라.

– 다니엘 12장 3절

만약 이 성경구절을 읽었다면, 아니, 읽지 않았다 하더라도 정지용과 윤동주는 지혜 있는 자로서 많은 사람을 옳은 길로 인도하는 마음을 생각했을 수도 있다. 어쩌면 두 시인은 이 땅에 선물로 떨어진 별똥인지도 모르겠다.

바람이 자면 노오란 보리밭이 후끈하고 송진이 고혀오르고 뻐꾸기가 서로 불렀다.

아츰 이슬을 흩으며 언덕에 오를 때 대수롭지 안히 흔한 달기풀꽃이라도 하나 업수히 녀길 수 없는 것을 보았다. 이렇게 적고 푸르고 이쁜 꽃이었던가 새삼스럽게 놀라웠다.

요렇게 푸를 수가 있는 것일까.

손끝으로 익깨어 보면 아깝게도 곱게 푸른 물이 들지 않던가. 밤에는 반딧불이 불을 켜고 푸른 꽃잎에 오무라붙는 것이었다.

한번은 달기풀꽃을 모아 잉크를 만들어 가지고 친구들한테 편지를 염서艶書같이 써 부치었다.

– 정지용, 「꾀꼬리와 국화」 부분

다시 북아현동 1-64번지, 이 곳은 '누상동 9번지'만치 소중한 곳이다. 이 집터를 정지용은 "새문 밖 감영 앞에서 전차를 내려 한

십 분쯤 걷는 터에 꾀꼬리가 우는 동네"(「꾀꼬리와 국화」)라며 그윽히 행복해했다. 1941년 윤동주는 다시 북아현동으로 이사 와 「서시」, 「별 헤는 밤」을 쓴다. 정지용이 행복해했고, 윤동주가 찾아왔던 그 집터 근처를 주인 찾는 강아지처럼 맴돌아본다. 알고 보니 소설가 박영준, 최인호, 영화감독 이장호도 이 동네 인물들이다.

"닭이풀꽃을 모아 잉크를 만들어가지고 친구들한테 편지를 염서艶書같이" 보내고 싶다는 문장은 얼마나 아름다운가. 달개비꽃 파랑 꽃잎을 짓이겨 짜낸 꽃물을 잉크처럼 찍어서 친구들에게 연애 편지라도 보내고 싶다는 말이다.

"꽃도 조선 황국黃菊은 그것이 꽃 중에는 새 틈에 꾀꼬리와 같은 것이다. 내가 이제로 황국을 보고 취하리로다."라고 했던 꽃마을 꾀꼬리동산이 이제는 아스팔트 깔린 연립주택 단지로 변해버렸다. 오히려 일본의 도시샤대학은 두 시인의 시비를 모셔서 거대한 정신을 기리고 있건만, '지용소공원'이라는 좁은 놀이터 하나로, 노벨문학상 이상의 가치를 지닌 정지용이라는 우주와 윤동주라는 우주가 만난 이 장소를 이렇게 그냥 버려 두어야 쓰겠는가.

북아현동 지용소공원(사진 김응교)

서울역 앞에 있던 세브란스 병원(출처 Daily medi)

세브란스 병원
그가 누웠던 자리에 누워 본다

경성역 앞 세브란스 병원

1880년대부터 이 땅에 선교사들이 들어오기 시작했다. 그들은 성경을 번역 출판하고 교회와 학교와 병원을 세웠다.

전염병이 창궐하여 한 마을이 몰사하는 일이 빈번했던 시기에, 현재 세브란스 병원의 모태가 되는 제중원濟衆院이 설립된다. 본래 1885년 고종 22년 미국인 알렌 선교사가 세운 최초의 서양식 병원이다. 처음엔 왕립광혜원王立廣惠院이라는 이름으로 설립되었으나 이후에 제중원으로 이름을 바꾼다.

간호대학이나 의대에 가면, 윤동주의 「팔복」, 「위로」, 「병원」을 반드시 강연한다. 특히 윤동주 시집 『하늘과 바람과 별과 시』의 본래 제목이 '병원'이었다는 사실도 강조한다. 윤동주는 아픈 자, 병든 자의 고통을 어떻게 보았을까.

윤동주가 간 병원은 동네 병원일 수도 있다. 다만 입원실이 있는 규모로 볼 때 서울역 앞에 있던 세브란스 병원일 가능성이 크다. 1900년 미국인 사업가 세브란스L.H. Severance가 기부한 1만 5천 달러로 남대문 밖 서울역 앞 조동에 병원이 신축된다. 세브란스 병원이 현재 자리로 이동한 것은 한국전쟁이 끝나고 1957년 1월 5일 연희전문과 합치면서, 이후 1962년 신촌캠퍼스에 병원건물을 짓고 지금 자리로 옮긴 것이다. 1960년대까지도 세브란스 병원은 서울역 앞에 있었다. 윤동주가 세브란스 병원에 갔다면, 그 건물은 서울역 앞에 있던 세브란스 건물이다.

이제 「병원」이라는 시가 나오는 배경을 보자. 1939년 9월부터 1940년 12월까지 윤동주가 남긴 글은 없다. 이른바 '윤동주의 침묵기'라고 한다. 연희전문 3학년 윤동주는 오랜 침묵 끝에 새로 시 한 편을 쓴다. 1939년 9월 「자화상」을 쓴 이후 1년 이삼 개월 만이다.

도대체 왜 그 기간 동안 아무 글도 남기지 않았을까. 이 기간 동안 윤동주의 내면과 외면에 어떤 일이 있었기에 글을 쓰지 않았을까. 침묵을 끝낸 1940년 12월 윤동주의 시는 큰 변화를 보인다. 침묵 기간을 끝냈다는 신호탄은 「팔복」, 「위로」, 「병원」이었다.

한 인간의 삶을 한 문장으로 줄일 수 있을까. 길게 살아도 한 인간을 평가하는 글은 한 줄로 요약할 수 있다. 윤동주의 외삼촌 김약연은 "내 삶이 유언이다"라는 짧은 말을 남겼다. 과연 윤동주의 삶을 한 줄로 줄인다면 "그가 누웠던 자리에 누워 본다."가 아닐까.

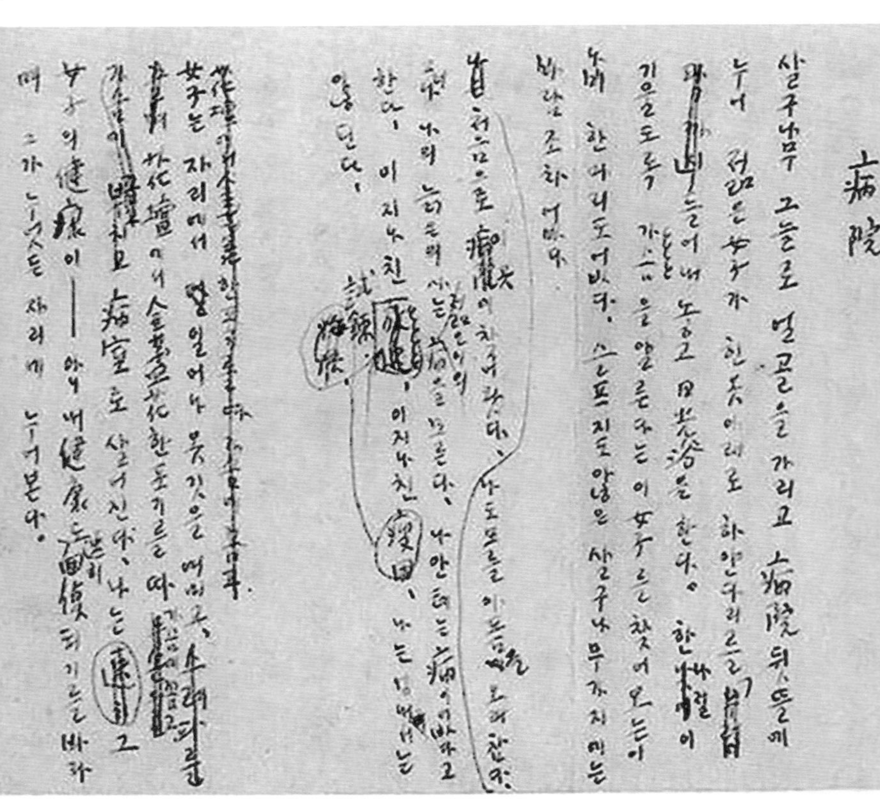
病院

살구나무 그늘로 얼굴을 가리고 病院뒤뜰에 누어 젊은 女子가 흰옷아래로 하얀다리를 드러내놓고 日光浴을 한다. 한나절이 기울도록 가슴을 앓는다는 이 女子를 찾어오는이 나비 한마리도 없다. 슬프지도 않은 살구나무 가지에는 바람조차 없다.

나도 모를 아픔을 오래 참다 처음으로 이곳에 찾어왔다. 그러나 나의 늙은 의사는 젊은이의 病을 모른다. 나한테는 病이 없다고 한다. 이 지나친 試鍊, 이 지나친 疲勞, 나는 성내서는 안된다.

女子는 자리에서 일어나 옷깃을 여미고 花壇에서 金盞花 한포기를 따 가슴에 꼽고 病室안으로 사라진다. 나는 그 女子의 健康이 — 아니 내 健康도 速히 回復되기를 바라며 그가 누었던 자리에 누어본다.

윤동주 「병원」 육필원고(출처 윤동주 유족대표 윤인석 교수)

살구나무 그늘로 얼굴을 가리고, 병원病院 뒤뜰에 누워, 젊은 여자女子가 흰 옷 아래로 하얀 다리를 드러내 놓고 일광욕을 한다. 한나절이 기울도록 가슴을 앓는다는 이 여자女子를 찾아오는 이, 나비 한 마리도 없다. 슬프지도 않은 살구나무 가지에는 바람조차 없다.

나도 모를 아픔을 오래 참다 처음으로 이곳에 찾아왔다. 그러나 나의 늙은 의사는 젊은이의 병病을 모른다. 나한테는 병病이 없다고 한다. 이 지나친 시련試鍊, 이 지나친 피로疲勞, 나는 성내서는 안 된다.

여자女子는 자리에서 일어나 옷깃을 여미고 화단花壇에서 금잔화金盞花 한 포기를 따 가슴에 꽂고 병실病室 안으로 사라진다. 나는 그 여자女子의 건강健康이 - 아니 내 건강健康도 속速히 회복回復되기를 바라며 그가 누웠던 자리에 누워 본다.

– 윤동주, 「병원」, 1940. 12.

이 시는 1980년부터 고등학교 교과서에 실렸다. 이 시에 대해 졸저 『손모아』(비아토르, 135~139면)에 썼는데, 이 글에서는 조금 다른 시각에서 써보려 한다.

1연에는 가족은커녕 "찾아오는 이, 나비 한 마리도 없"는 여인이 등장한다. 윤동주가 「해바라기 얼굴」에서 공장에 나가는 여성 노동자를 등장시켰듯이, 이 시에 나오는 여자는 사회에서 소외된 인물이다. "병원 뒤뜰"을 소외된 장소로 보기는 어렵다. 병원 뒤뜰이지만 일광욕을 할 수 있을 만치 밝은 곳이기도 하다. 다소 외진 곳으로는 볼 수 있겠다. 더욱 중요한 것은 "없다"라는 동사다.

윤동주에게 바람은 생명의 활력이고, 호흡이기도 하다. "파아란 바람이 불고 가을이 있고 추억追憶처럼 사나이가 있습니다"(「자화상」)라고 할 때 바람은 긍정적인 이미지다. "바람이 어디로부터 불어와/어디로 불려 가는 것일까"(「바람이 불어」)에서 바람은 새로운 가망성 혹은 질문, 종교적으로는 성령의 호흡을 뜻하기도 한다.

반면 "나비 한 마리도 없다", "바람조차 없다"는 너무도 고독한 상태다. 같은 시기에 쓴 「위로」에도 나비가 나온다.

> 나비가 한 마리 꽃밭에 날아들다 그물에 걸리었다. 노-란 날개를 파득거려도 파득거려도 나비는 자꾸 감기우기만 한다. 거미가 쏜살같이 가더니 끝없는 끝없는 실을 뽑아 나비의 온몸을 감아버린다. 사나이는 긴 한숨을 쉬었다.
>
> – 윤동주, 「위로」, 1940년 12월,

「위로」의 배경도 병원이다. 병원에 누워 있는 젊은 사나이가 창공을 보며 위로를 얻어야 하는데, '거미'란 놈이 온통 거미줄을 쳐 놓았다. 그 거미줄에 나비 한 마리가 "꽃밭에 날아들다 그물에 걸리"어서 파닥거릴수록 거미줄에 감긴다. 거미가 쏜살같이 나비에게 가서 나비의 온몸을 감아버리는 끔찍한 상황이다. 이때 병을 얻은 사나이를 위로할 것은 거미줄을 헝클어 버리는 수밖에 없다.

단순히 병원에서 일어나는 풍경으로 해석할 수도 있지만, '거미'는 일제로, '나비'는 민족으로 비유할 수도 있다. 「병원」에서는 아예 나비도 바람도 없는 상태다. 나비도 없고, 바람도 없는 상태는 결핍이나 죽음을 상징한다. 어떤 가망성도 없어 보이는 없음의 상태다. 이 없음의 원인은 다음에 나타난다.

침묵기의 원인 모를 아픔

2연은 "나도 모를 아픔" 때문에 "지나친 시련, 지나친 피로"에 시달리면서도 성내지 않으려 인내하는 화자 자신의 증상이 나온다. 이상하게도 '늙은' 의사는 '젊은이'의 병을 모르고 병이 없다고 한다. 젊은 화자 '나'의 병은 무엇일까.

> 늙은이 얼굴이란 너무 오래 세파世波에 짜들어서 문제도 안 되겠거니와 그 젊은이들 낯짝이란 도무지 말씀이 아니다. 열이면 열이 다 우수憂愁 그것이요, 백이면 백이 다 비참 그것이다. 이들에게 웃음이란 가물에 콩싹이다. 필경必境 귀여우리라는 아이들의 얼굴을 보는 수밖에 없는데 아이들의 얼굴이란 너무나 창백하다. 혹시 숙제를 못 해서 선생한테 꾸지람 들을 것이 걱정인지 풀이 죽어 쭈그러뜨린 것이 활기란 도무지 찾아볼 수없다.
>
> – 윤동주, 「종시」(1941) 부분

이 글은 아침에 종점에서 전차를 탄 사람들의 얼굴 표정인데, 이 글에 나오는 종점은 효자동 전차 종점일 것이다. 지금의 청와대 분수대 쪽에 있는 종점의 아침 풍경으로, 세밀한 인물 묘사가 돋보인다. 중요한 것은 윤동주의 눈길이다. 윤동주는 지금 서민들의 얼굴을 통해 그들의 내면을 상상한다. "권태의 꾸러미"를 둘러멘 인간들, 늙은이는 세파에 짜들었고, 젊은이의 안색도 좋지 않으며, "백이면 백이 다 비참"하다. 아이들은 숙제 못한 죄인마냥 "풀이 죽어 쭈그러뜨린 것이 혈기란 도무지 찾아볼 수" 없다. 그야말로 "모든 죽어가는 것"(「서시」)의 표정이다. 병적인 우울인 바로 "나도 모를 아픔"이며, "지나친 시련, 이 지나친 피로"(「병원」)인 것이다. 윤동주가 본 증환은 바로 식민지 백성의 표정이다.(김응교, 『나무가 있다-윤동주 산문의 숲』, 53~54면).

이 시를 1940년 12월 쓰기 전, 1939년 9월부터 1940년 12월까지 윤동주는 왜 글을 남기지 않았을까.

그가 연희전문에 입학하던 해, 1938년 3월에 조선어 사용금지와 교육금지령이 내려졌다. 1939년 11월 10일 조선민사령 개정 창씨개명령이 내려진다. 창씨개명령은 조선인의 성씨姓氏를 일본식으로 바꿔야 한다는 것이다. 1940년 2월 11일부터 8월 10일까지 창씨를 해야 하는 기간이다. 게다가 존경했던 최현배 교수가 감옥에 갇히는 충격적인 일을 경험한다. 세 가지 일 모두 조선어와 연관된 일이었다. 그의 침묵기는 이 기간과 겹친다.

연희전문 1학년 때 총독부 교육령에 의해 우리말을 쓸 수 없는 상황에 윤동주는 부닥친다. 우리말을 빼앗은 것도 만행인데, 성씨마저 일본식으로 바꾸라는 창씨개명령은 윤동주를 분노하게 만들고 알 수 없는 병에 걸리게 했을 것이다. 그 알 수 없는 병은 그에게서 글을 쓰고 싶어하는 의욕마저 강탈했을 것이다. 언어는 그에게 생명이었다.

일종의 우울증 같은 이 증환은 전형적인 트라우마다. 전쟁이나 식민지를 겪으면서 심한 모멸감을 겪은 이들에게 깊이 남은 트라우마다. 전쟁, 테러, 계엄, 신체적 폭행, 살인, 고문, 성폭력, 교통사고 등 숨을 못 쉴 정도로 끔찍한 스트레스를 겪은 사람은 평상시에는 어떤 병도 없는 듯 일상을 살아가다가, 그 끔찍한 사건을 연상시키는 어떤 순간을 만나면 무의식 깊이 또아리틀고 있던 트라우마가 다이너마이트처럼 폭발한다. 이런 증세를 외상 후 스트레스 장애post traumatic stress disorder, PTSD라고 한다. 느닷없이 이유도 모르고 "나도 모를 아픔"을 겪는 것이다.

윤동주 자신이 병원에 입원했거나, 문병 갔을 때 쓴 시가 아닐까. 「팔복」, 「위로」, 「병원」은 일종의 병원 체험기로 보인다. 이제부터 '고통의 연대'가 일어난다. 나의 고통과 남의 고통은 이어진다.

고통의 연대, 신체적 글쓰기

3연에서 화자는 병자인 '여자'와 '나' 모두 '속速히' "회복回復되기를 바"란다. 여기서 중요한 단어는 "아니"라는 부정어다. '아니'라는 머뭇거림은 환자의 고통을 진단하지 못하는 의사와 대비되면서 그 고통과 아픔에 함께하겠다는 의지를 살짝 보인다. 나 자신도 함께 완쾌해야 하는 것이다. 이 여자와 눈을 마주쳤다거나 대화해 보지 못했으나, 거리를 둔 채 화자는 여자의 완쾌를 기원한다. 둘 다 회복하기 위하여 작은 실천으로 다짐을 하는데 그 행동은 바로 "그가 누웠던 자리에 누워" 본다는 사소한 행동이다.

이 시가 발표된 시기를 주의해 봐야 한다. 1939년 9월 자아 성찰이 담긴 「자화상」과 이웃을 향한 실천의 고민을 담은 「투르게네프의 언덕」을 쓴 이후, 긴 침묵기를 견딘다. 1940년 12월 연희전문 3학년 겨울에 침묵기를 마친 윤동주는 「팔복」, 「병원」, 「위로」 세 편을 쓴다.

"영원히 슬퍼"하겠다는 「팔복」과 함께, "그가 누웠던 자리에 누워본다"는 「병원」과 병실을 따뜻하게 할 햇살을 가리는 "거미줄을 헝클어 버리는" 「위로」, 아픔과 슬픔을 주제로 한 이 세 편을 나는 '병원 3부작'이라고 부르곤 한다.

서로 병이 회복되기를 바라면서 "그가 누웠던 자리에 누워 본다"고 동주는 귀띔한다. "그 여자의 건강이-아니 내 건강도 속히 회복되기를 바라며 그가 누웠던 자리에 누워"(「病院」), 자신을 타자와 동일시하고 단절을 극복하려고 한다. 「병원」을 발표한 1940년 12월부터 그는 '곁으로' 가겠다는 실천을 반복해 쓴다.

왜 그는 아픈 이가 누웠던 자리에 눕겠다고 했을까. 병자가 떠난 자리에 누워보겠다는 것은 병자의 아픔을 공유하겠다는 마음일 것이다. 그것은 단지 한 병원에 한정되어 있지 않다. 그는 이 세상의 죽어가는 존재들 '곁으로' 다가가고자 했다.

'곁으로' 다가가는 정도를 넘어 작품에 나오는 화자의 고통에 자신을 일치시키는 신체적 글쓰기corporeal writing를 볼 수 있다. 작품에 등장하는 인물의 고통을 작가가 함께 겪으며 그 고통을 그대로 글로 쓰는 것이다.

윤동주는 글을 그저 관념으로만 쓰지 않았다. "두뇌로써가 아니라 몸으로써 일일이 헤아려 세포 사이마다 간직해두어서야" 가까스로 몇 줄 얻어 글로 기워왔다고 한다.

> 딴은 얼마의 단어를 모아 이 졸문을 지적거리는 데도 내 머리는 그렇게 명석한 것이 못 됩니다. 한 해 동안을 내 두뇌로써가 아니라 몸으로써 일일이 헤아려 세포 사이마다 간직해두어서야 겨우 몇 줄의 글이 이루어집니다. 그리하여 나에게 있어 글을 쓴다는 것이 그리 즐거운 일일 수는 없습니다.
>
> 봄바람의 고민에 짜들고, 녹음의 권태에 시들고, 가을 하늘 감상에 울고, 노변爐邊의 사색에 졸다가 이 몇 줄의 글과 나의 화원과 함께 나의 일 년은 이루어집니다.
>
> – 윤동주, 「화원에 꽃이 핀다」(1941)

윤동주는 그저 쉽게 단어 놀이나 해서 글을 쓰지 않았다. 완전히 자기 몸의 세포에 단어를 넣어 봄 여름 가을 겨울, 1년 이상을 묵혀 시를 썼다.

신체적 글쓰기는 몸으로 글을 쓰는 작가들의 글쓰기다. 니체는 피로 쓴 문장을 좋아한다 했고, 김수영 시인은 '온몸에 의한 온몸의 이행'(「시여, 침을 뱉어라」, 1968)을 말하며 글을 쓴다고 표현했다. 노벨문학상을 받은 한강도 등장인물의 고통을 함께 겪는다. 『작별하지 않는다』에서 경하는 독재자의 학살로 죽어간 이들에 대한 책을 쓰고 나서, 반복되는 악몽으로 심한 우울증을 앓는다. 급기야 너무도 고통스러워 유서를 써놓기까지 한다. 경하뿐만 아니라, 인선도 마찬가지로 고통을 겪는다. 제주 4.3을 겪은 이들은 제주도 앞바다의 생선을 먹지 못한다. 학살되어 바다에 버려진 시신들을 먹고 자란 생선을 생각하면 평생 생선을 먹을 수 없다는 것이다. 유서까지 써야 할 정도로 자신이 쓰는 이야기와 일체가 되어 있는 경하의 글쓰기는 곧 작가 한강의 글쓰기일 것이다. 그 태도는 작가가 온몸으로 이야기와 일체가 되어 글을 쓰는 '신체적 글쓰기'다.

지금은 온통 환자투성이

윤동주는 원래 시집 제목을 '하늘과 바람과 별과 시'가 아니라 『병원』으로 하려고 했다. 이 시집에 실린 19편의 작품 중에서 맨 마지막에 쓴 시가 「별 헤는 밤」으로, 1941년 11월 5일에 쓴 것으로 되어 있다. 그리고 『하늘과 바람과 별과 시』 앞머리에 실린 「서시」는 11월 20일에 쓴 것으로 보인다. 이로 보아 알 수 있듯이 「별 헤는 밤」을 완성한 다음 동주는 손수 가려 뽑은 시로 자선시집自選詩集『하늘과 바람과 별과 시』를 만들어 졸업 기념으로 출판하기를 계획했었다.

> 「서시」까지 붙여서 친필로 쓴 원고를 손수 제본을 한 다음 그 한 부를 내게다 주면서 시집의 제목이 길어진 이유를 「서시」를 보이면서 설명해주었다. 그리고 처음에는(「서시」가 되기 전) 시집 이름을 『병원』으로 붙일까 했다면서 표지에 연필로 '병원病院'이라고 써넣어

주었다. 그 이유는 지금 세상은 온통 환자투성이이기 때문이라 하였다. 그리고 병원이란 앓는 사람을 고치는 곳이기 때문에 혹시 이 시집이 앓는 사람들에게 도움이 될 수 있을지도 모르지 않겠느냐고 겸손하게 말했던 것을 기억한다.

– 정병욱, 「잊지 못할 윤동주 형」, 『바람을 부비고 서 있는 말들』, 집문당, 1980, 22~23면

윤동주가 쓴 자필 원고를 보면, '病院'이라고 한자로 썼다가 지운 흔적이 흐릿하게 보인다. 엑스레이를 찍으면 흑연 자국이 더욱 확연하게 보일 것이다. 윤동주가 '병원'으로 시집의 제목을 짓고 싶었던 이유로 "지금 세상은 온통 환자투성이"라고 한 것이 눈에 든다.

식민지 문학에는 특이한 공간이 많이 나온다. 동굴, 병원, 무덤 등 절망적인 공간이 많이 나타난다. 이상화는 밀실이나 동굴 같은 공간을 식민지 공간으로 묘사했다. 염상섭은 『만세전』에서 식민지 공간을 공동 묘지로 상징했다. 박두진도 「묘지송」에서 식민지 공간을 묘지로 상징했다. 윤동주가 시로 쓴 '병원'이라는 공간은 '아픈 사람들'이 함께 모여 있는 연대의 공간이다.

"그가 누웠던 자리에 누워본다."

아픈 이들과 함께하겠다는 이 문장은 과연 윤동주 시의 핵심이라 해도 과언이 아니다. 그의 시는 '곁으로' 다가가는 이야기다. 곁으로 가려는 그의 실천은 여러 시에서 다짐으로 나타난다.

다들 울거들랑 / 젖을 먹이시오 -「새벽이 올 때까지」 1941. 5

모가지를 드리우고 / 꽃처럼 피어나는 피를 -「십자가」 1941. 5. 31

모든 죽어가는 것을 사랑해야지 -「서시」 1941.11.20

그는 디아스포라 난민, 부모 잃은 결손가족, 줏대 있는 거지들, 여성노동자와 복선철도 노동자 곁으로 다가가며 부지런히 기록했다.

윤동주가 환자나 빈자나 노동자를 시로 쓰는 순간은, 자기성찰과 실천이 동시에 일어나는 순간이다. 살아 있는 것을 사랑하는 일은 쉽지만, "죽어가는 것을 사랑"하는 일은 짜증나는 짓이다. 낮고 천하고 냄새나는 것들, 술에 찌든 주정뱅이 곁으로 가는 일, 병든 부모 모시는 일 따위는 지루하고 피곤하다. 피곤하지만 이 일을 해야 윤동주 친구로 다가설 수 있다.

매일 일기 쓰듯 모든 시의 말미에 쓴 날짜를 기록했던 윤동주가 마지막 시를 쓴 날은 1942년 6월 3일이다. 1917년 12월 30일에 태어났으니 25년 5개월 동안 온 삶을 들여 글을 쓰다가 별빛으로 빛난 인물이다.

윤동주가 살았던 누상동 9번지 하숙집

누상동 9번지 하숙집
서촌에서 4개월, 새벽이 올 때까지

경성제대 출신으로 맑시스트 철학자 박치우(1909~1949)라는 인물이 있었다. 윤동주가 숭실중학에서 공부할 때, 숭실전문학교에 철학 담당 교수로 있었던 박치우는 윤동주가 『조선일보』 학예란에 시를 발표할 때 『조선일보』 학예부 기자였다(김성연, 「윤동주 평전의 질료와 빈 곳-윤동주와 박치우의 서신」, 2020). 해방이 되고 월북하여 한국 전쟁 중 태백산에서 유격투쟁을 벌이다가 군경과 교전하다가 사살된 인물이다. 1941년 7월 17일, 부산에서 경성으로 이동하던 박치우

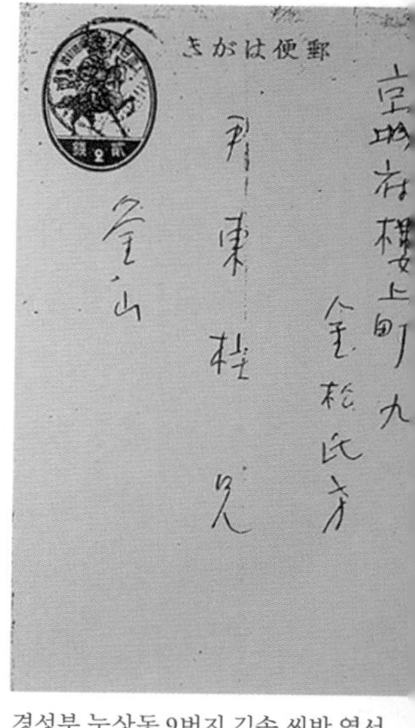

郵便はがき

京城府樓上町九
金松氏方
尹東柱兄
釜山

경성부 누상동 9번지 김송 씨방 엽서

가 윤동주에게 보낸 엽서에 윤동주가 사는 집 주소가 정확히 쓰여 있다.

"경성부京城府 누상정樓上町 9 김송金松 씨방氏方."

마치町라는 일본식 행정구역 이름은 동洞으로 바뀌어 '누상동 9번지' 하면 윤동주 하숙집으로 통하고 있다. 누상동, 누하동, 옥인동, 통인동, 적선동 등 이름만 들어도 오래된 고가구 골동품이 떠오른다.

'다락집 위'라는 누상樓上의 뜻처럼 경성이 내려다보이는 언덕에 자리한 이 집의 주인은 소설가이자 극작가인 김송이었다. 1939년 2월부터 김송은 두 번째 아내와 이 집에서 살기 시작한다.

당시 태평양전쟁이 벌어지자, 경제는 불황이었고, 기숙사의 식탁은 날로 엉망이 되어갔다. 동주는 정병욱과 기숙사를 떠나 경성의 사대문 안에 있는 조금 중심가에서 생활해 보자고 한다. 동주는 4학년, 병욱은 2학년에 오르던 봄날이었다. 1941년 봄날 그들은 연희전문 기숙사를 떠나기로 작정한다.

그 무렵 김송은 학생 대상 하숙을 치기로 하고, 집 앞에 하숙을 받는다는 쪽지를 집 근처 전신주에 붙인다.

> 누상동에서 옥인동 쪽으로 내려오는 길목 전신주에 우연히 '하숙 있음'이라는 광고 쪽지를 발견했다. 누상동 9번지였다. 그길로 우리는 그 집을 찾아갔다. 그런데 집주인의 문패는 김송이라 쓰여 있었다. 우리는 서로 바라보며 고개를 갸우뚱거렸다. 설마 하고 대문을 두들겨 보았더니 과연 나타난 집주인은 소설가 김송씨 바로 그분이

었다.

1941년 5월 그믐께 우리는 소설가 김송씨의 식구로 끼어들어 새로운 하숙 생활이 시작되었다. 김송씨의 부인 조성녀 여사는 성악가로서 아름다운 목소리를 우리에게 가끔 들려 주셨고 저녁 식사가 끝나면 대청마루에서 홍차를 마시며 음악을 즐기고 문학을 담론하기도 했었다.

– 정병욱, 「잊지 못할 윤동주 형」, 『바람을 부비고 서 있는 말들』, 집문당, 1980

'하숙 있음'이라고 쓰여 있는 그 쪽지를 윤동주와 정병욱은 누상동에서 옥인동 쪽으로 내려가다가 발견한다.

이 집에서 두 학생은 이전에 전혀 체험하지 못한 행복을 누린다. 낮에는 경성의 중심가인 명동과 혼마치本町(지금의 퇴계로) 등을 거닐며 수많은 책방과 음악다방에서 신선한 모던 생활을 만끽했다. 하숙집으로 돌아오면 하숙집 주인 김송 선생의 부인 성악가 조성녀 여사의 노래를 들을 수 있는 하우스 콘서트라는 호사를 누렸다.

누상동 9번지 현재 양옥집(사진 김웅교)

이 언덕에서 윤동주와 정병욱은 경성의 집들이 저녁밥 지을 무렵 낮게 흘러가는 밥 짓는 연기를 보았을 것이다. 저물녘부터 한 집 한 집 남포불로 밝아지는 그림 같은 경성의 밤을 보았을 것이다. 특히 아침이면 인왕산 중턱까지 산책하고 산골짜기 아무 데서나 세수를 했다.

누상동 9번지가 바로 그곳이다. 그 무렵의 우리의 일과는 대충 다음과 같았다. 아침 식사 전에는 누상동 뒷산인 인왕산 중턱까지 산책을 할 수 있었다. 세수는 산골짜기 아무 데서나 할 수 있었다. 방으로 돌아와 청소를 끝내고 조반을 마친 다음 학교로 나갔다. 하학 후에는 조선은행 앞 까지 전차를 타고 들어와 책방을 두루 돌아다녔다.

– 정병욱, 「잊지 못할 윤동주 형」, 위의 책. 16면.

겸재 정선鄭敾(1676~1759)의 진경산수화에 등장하는 인왕산 수성동水聲洞 계곡과 돌다리 '기린교'

경성의 동쪽에 있는 인왕산은 높이가 338미터로 남산처럼 야트막한 산이다. 윤동주 하숙집 앞으로 수성동 계곡물이 흘렀을 것이다. 청아한 물소리가 난다고 하여 수성동水聲洞이라 불릴 만치 '누상동 9번지' 바로 위, 인왕산 기슭에는 바위 사이 사이로 물이 휘감아 흐르는 수성동 계곡이 있다. 정병욱이 인왕산 중턱에서 "세수는 산골짜기 아무 데서나 할 수 있었다"고 썼는데, 사실 윤동주와 정병욱에게 아무 데서나 세수할 수 있는 아침 시간은 그들 자신도 몰랐을 특별한 축복이었다.

이 축복받은 공간에서 윤동주는 중요한 작품을 쓴다. "1941년 5월 그믐"부터 불과 4개월 정도 지낸 이 집에서 윤동주는 아홉 편의 시를 쓴다. 특히 5월 31일은 하루에 「또 태초의 아침」, 「십자가」, 「눈 감고 가다」, 「못 자는 밤」이라는 네 편을 쓴다. 6월 들어 「돌아와 보는 밤」, 「간판 없는 거리」, 6월 2일 「바람이 불어」, 9월 「또 다른 고향」, 9월 31일 「길」까지 모두 아홉 편을 쓴다.

십자가十字架

쫓아오든 햇빛인데
지금 교회당教會堂 꼭대기
십자가十字架에 걸리었습니다.

첨탑尖塔이 저렇게도 높은데
어떻게 올라갈수 있을가요.

종鍾소리도 들려오지않는데
휫파람이나 불며 서성거리다가

1940년대 전쟁을 위해 공출한 철 용기들 앞에서(출처 민족문제연구소)

괴로왔든 사나이

행복幸福한 예수·그리스도에게

처럼

십자가十字架가 허락許諾된다면

목아지를 드리우고

꽃처럼 피어나는 피를

어두어가는 하늘밑에

조용히 흘리겠습니다.(一九四一, 五, 三一)

이 시에 대해서는 졸저 『처럼-시로 만나는 윤동주』(문학동네, 2016, 300~311면)에서 설명한 바 있다. 특히 "종소리도 들려오지 않는데"라는 구절에서 당시 조선의 교회가 일제에 '교회 종을 헌납 혹은 공출'하면서 종이 사라졌기 때문이라고 썼다.

놋 그릇은 녹여서 난방기를 만들 수 있었다. 구리는 탄피를 만들 수 있었고, 잠수함 건조에 대량으로 필요했다.

"종소리도 들려오지 않"는 금속류의 수탈은 개신교에만 해당되었던 것은 아니다. 일본 내지에 있는 불교 사찰의 종들도 모두 떼내서 무기와 군용 물품을 만드는 데 썼다. 전쟁이 일어나면 모자라는 철을 모으기 위해, 2차 세계 대전 때도 전쟁에 참여한 나라들은 철을 강제로 공출하기도 했다. 윤동주와 정병욱이 연희전문 기숙사에서 매 끼니 식사가 형편없어 학교 밖에서 하숙을 구했다는 상황이 바로 이 시기였던 것이다.

「십자가」는 바로 이 시기에 야만적인 파시즘 시대에 저항하는 여린 시인의 다짐을 새겨놓은 절창이다. 이 시가 '누상동 9번지'에서 쓴 아홉 편의 시를 대표한다고 볼 수 있는 이유는 시대적 압박에 맞서는 윤동주의 내적 투쟁이 가장 선열하게 드러난 시편이기 때문이다. "괴로웠던 사나이 / 행복한 예수 그리스도에게 / 처럼 / 십자가가 허락된다면 / 모가지를 드리우고 / 꽃처럼 피어나는 피를 / 어두워 가는 하늘 밑에 / 조용히 흘리겠습니다"라는 구절은 윤동주 삶 전체를 요약할 수 있는 문장이다. '누상동 9번지'는 자기만 천국 가겠다는 개인적 영성에 머물지 않고 이웃과 역사를 보는 사회적 영성이 극대화된 시기였다.

영화 〈동주〉에서는 14편의 윤동주 시가 낭송되는데, 「십자가」는 낭송되지 않는다. 윤동주 시 중에서 빼놓을 수 없는 종요로운 작품인데 영화에 나오지 않는 이유가 궁금했다. 그 이유를 영화 〈동주〉의 시나리오 작가이며 제작자인 신연식 선생에게 2016년 5월 13일에 연세대에서 있었던 '윤동주 기념 심포지엄'에서 들을 수 있었다.

"윤동주 시 「십자가」를 나레이션 하는 씬이 본래 있었습니다. 다만 시사회를 거치는 과정에서 흐름에 맞지 않는다는 의견들이 있어서 편집되었습니다. 윤동주 시 중에 빼놓을 수 없는 대표적인 작품인데 영화에 들어가지 못하여 아쉽습니다."

아쉽게도 모던 경성 시내를 거닐 수 있고, 게다가 아침마다 겸재 정선이 그린 그림 속의 풍경 속에서 세수할 수 있고 무엇보다도 많은 시를 창작할 수 있었던 이 '누상동 9번지' 하숙집에 견디기 힘든 일이 생긴다.

> 빈틈없고 알찬 일상생활에 난데없는 횡액이 닥쳐왔다. 당시에 요시찰 인물로 되어 있었던 김송씨가 함흥에서 서울로 옮겨온 지 몇 달이 지난 후인지라 일본의 고등계(지금의 정보과) 형사가 거의 저녁마다 찾아오기 시작했다. 하숙집 주인이 요시찰 인물인데다가 그 집에 묵고 있는 학생들이 연희전문학교 문과 학생들이기 때문에 그들의 눈초리는 날이 갈수록 날카로워졌다. 무시로 찾아와서는 서가에 꽂혀 있는 책 이름을 적어가고 고리짝을 뒤지고 편지를 빼앗아가는 법석을 떨었다.
>
> – 정병욱, 「잊지 못할 윤동주 형」, 위의 책, 15~18면

일본의 정보과 형사가 거의 저녁마다 온다면, 살아가는 일상 모두를 사찰한다는 말이다. 연희전문학교 문과 학생들이라는 이유 때문에 형사들이 왔을 수도 있지만, 그보다 김송의 집에 살고 있다는 것 자체가 위험한 일이었다.

집주인 김송 자신이 일제에서 경계할 수밖에 없는 위험인물이었던 것이다. 이미 감옥살이를 했을 만치 "요시찰 인물로 되어 있었던 김송씨가 함흥에서 서울로 옮겨온 지 몇 달이 지난 후인지라" 형사들은 그의 집을 더 감시했을 터이다.

견딜 수 없는 일은 "고리짝을 뒤지고 편지를 빼앗아가는 법석"을 떨었다는 상황이다. 윤동주에게는 원고 하나, 편지 하나, 글 자체가 생명이었다. 파시즘 체제나 독재 국가에서 가장 부담스러워

하는 것이 '기록'이다. '기록'을 통해 '기억'하도록 알릴 수 있기 때문에, 저들은 '기억의 삭제'를 늘 노린다. 기록을 생명처럼 여기고, 일기 쓰듯 글을 써온 윤동주는 저 공간을 피하는 길을 선택한다. 1941년 9월 윤동주는 누상동 9번지에서 아현동 하숙집으로 이사한다.

이쯤에서, 1938년 4월 9일에 연희전문에 입학하여 1941년 12월 27일에 졸업하기까지 윤동주가 경성에서 지냈던 공간을 정리하면 다음과 같다.

1938년 1학년 연희전문 핀슨홀 기숙사(강처중 ·송몽규와 거주)

1939년 2학년 북아현동·서소문 일대 거주(정지용 집 방문)

1940년 3학년 연희전문 기숙사

1941년 4학년 신촌 하숙(정병욱과 1개월 거주)

1941년 5~9월 '누상동 9번지' 하숙(정병욱과 함께)

1941년 9~12월 북아현동(정병욱과 함께)

여기서 두 가지를 확인할 수 있다. 첫째, 윤동주는 1학년, 3학년 때만 연희전문학교 핀슨홀에서 지냈다. 2학년과 4학년 때는 북아현동, 서소문, 신촌, 누상동 다시 북아현동으로 연희전문학교 주변 서대문 일대에서 하숙생활을 했다. 사실 서울에서 윤동주가 거한 지역은 모두 서대문구인데, 종로구가 가장 빨리 '윤동주 문학관'을 선점한 상황이다. 서대문구에는 신촌역, 연세대학교, 지금은 사라진 애오개 아현역 등 윤동주를 떠올릴 만한 지역이 많다,

둘째, 4학년 때인 1941년에는 정병욱과 계속 함께 지낸다. 한반도의 북쪽 국경 너머에 있는 북간도 명동마을에서 태어나고 자란 윤동주, 가장 남쪽인 광양의 한 양조장집에서 자란 정병욱, 두 사람에게는 문학을 기본으로 해서 명동마을과 광양 사이의 먼 거리만치 나누고 싶은 '차이'들이 있었을 것이다.

셋째, 주소가 확실한 지역은 '누상동 9번지' 하숙집이다. 지금 이 터에는 윤동주가 살던 한옥 대신 양옥 건물뿐이다. 윤동주는 1941년 5월부터 여름방학 끝날 때까지 이 집에서 하숙했다. 4개월 정도라고 하지만, 여름방학 때 한 달 동안 북간도 용정에 다녀왔다고 하니, 이삼 개월 남짓 이곳에서 머물렀을 것이다.

2~3개월이라는 짧은 시기에, 윤동주는 아홉 편의 시를 창작한다. 여기에 11월 20일 완성한 「서시」까지 열 편을 모아, 시 19편을 묶어 『하늘과 바람과 별과 시』라는 제목을 붙이고 손수 제본해서 세 부를 만든다. 함께 하숙했던 후배 정병욱에게 그 친필 시고집詩稿集을 맡겼는데, 그 시집만 살아남는다. 1948년 1월 30일 윤동주의 유고 시집 『하늘과 바람과 별과 시』가 출판되어 오늘날 세계인이 함께 누리는 선물이 된 이야기의 출발지가 바로 여기 '누상동 9번지'다.

지하철 3호선 경복궁역 2번 출구에서 나와 우리은행 골목으로 들어가서 계속 올라가면 '누상동 9번지'까지 걸어서 10여 분 걸린다. 오르고 내리는 길목에는 백 년이 넘었을 법한 한옥들이 있다. 윤동주와 정병욱이 필시 거닐었을 이 한옥 골목에는 도로가 열리고, 다양한 카페와 프랑스 레스토랑, 세종마을 음식문화 거리, 통인시장 등이 있다.

셀 수 없이 많이 '누상동 9번지'를 다녀왔다. 현재는 '옥인길 57'에 서 있는 양옥집을 보다가, 대문 옆 왼쪽 담벼락에 붙어 있는 안내판을 읽고 또 읽는다. 안내판 위쪽의 태극기는 어색하면서도 낯설고 새삼스럽다. 혼자 가서 수성동 계곡 정자에 멍하니 앉아 있다 오기도 했다. 하숙집과 수성동 계곡까지 둘러보고 나면 한 시간쯤 걸린다. 안내할 때마다 나는 이곳에서 지은 9편의 시를 복사해서 수성동 계곡에 있는 정자에서 혹은 내려오면서 한 카페에 들어가 낭독하고 의견을 나누곤 했다.

한때 지구를 휩쓴 코로나바이러스가 잦아들 무렵인 2021년 1학기에 '윤동주가 만난 영혼'이라는 수업을 들은 숙명여대 학생들 40여 명과 종강 수업으로 문학답사를 하기로 하고 여기에 왔을 때였다. 일기예보에는 저녁쯤 온다던 소낙비가 대낮에 내리꽂듯 쏟아졌다. 윤동주 하숙집 앞에는 비를 피할 곳이 없어, 아래쪽 어느 연립주택 주차장에 들어가 간단히 설명하고, 한참 내려와 어떤 프랑스 레스토랑을 빌려 간단히 답사 수업을 한 적이 있다.

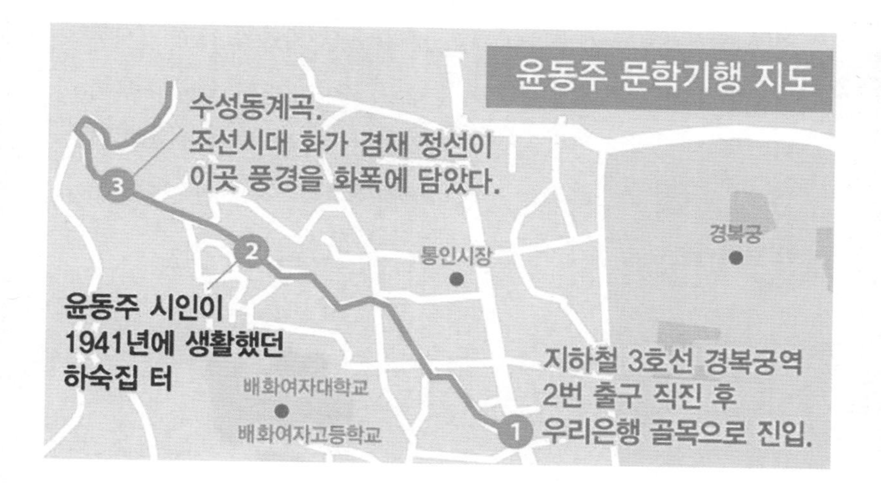

그 전 2020년 당시 김영종 종로구청장의 배려로 종로구청 전 직원을 대상으로 강연할 기회가 있었다. '누상동 9번지'가 얼마나 중요한지 설명하고, 한 회사가 이미 매입했다 하지만, 공공기관이 그 하숙집을 기념장소로 확보해야 하고, 잠시라도 머물 교육공간이 필요하며, 주차 공간도 있다면 좋겠다고 강조했는데, 언제 이루어질지 모르겠다.(유튜브 김응교TV, 〈윤동주, 종로를 걷다-종로구청 강연〉)

다시 저 누상동에 오르는 골목길을 떠올려 본다. 일제 강점기 적산가옥, 엉성하게 지은 양옥집, 빌라 같은 다세대 주택 등이 섞여 있다. 윤동주가 살았을 때는 그래도 경복궁에서 가까운 중심가였는지 모르지만, 이 길목은 풍요로운 사람들보다는 서민들의 주거지로 보인다.

윤동주 하숙집을 보고, 다시 내려오면서 서촌 골목을 기웃거려도 좋을 것이다. 주변에 동양화가 박노수 화백의 가옥, 통인동 큰아버지 집에서 세 살부터 스무 살까지 거주했던 시인 이상의 집, 노천명 가옥, 배화여고 생활관 등 볼거리가 많다.

저 골목을 걷다 보면 윤동주가 조용히 걷는 듯하고, 정병욱이 수성동 계곡에서 세수하다 나올 것 같고, 캔버스를 들고 거니는 박노수 화백, 날카롭게 생긴 이상 시인, 목아지가 긴 슬픈 사슴 이야기를 쓴 노천명 시인 등이 서로 모르는 듯 스쳐지나갈 것만 같다. 저 골목을 거닐다 보면, 백 년 만에 살아 돌아온 듯한 얼굴들이 스쳐지나간다.

윤동주가 거닐곤 했던 1930년대 혼마치 엽서

소공동 성림다방
너와 함께 즐겨 거닐다

정거장에 서 있는 승객은 기차가 오기를 기다린다. 오래 기다리다가 까마득히 먼 곳에 기차가 보이면 반갑다. 기차를 타고 가서 가족이나 친우를 만나 기쁨을 나눌 수 있다. 기차는 희망과 사랑의 상징이다.

봄날 아침 서울 어느 쪼그만 정거장에 서 있는 윤동주는 "희망과 사랑처럼 기차를 기다려"(「사랑스런 추억」)라고 썼다. 누상동 9번지에서 함께 하숙하던 정병욱과 윤동주는 가끔 희망과 사랑처럼 다가오는 기차를 타고 명동과 충무로를 다니곤 했다.

> 하학 후에는 기차편을 이용하였고, 한국은행 앞까지 전차로 들어와 충무로 책방들을 순방하였습니다. 지성당, 일한서방 등 신간 서점

과 고서점을 돌고 나면, 음악다방에 들러 음악을 즐기면서 우선 새로 산 책을 들춰보기도 하였습니다.

– 정병욱, 「잊지 못할 윤동주 형」, 『바람을 부비고 서 있는 말들』, 집문당, 1980, 116~17면

윤동주와 정병욱은 학교 수업이 끝나면 기차와 전차를 타고 경성 시내를 누빈다. 신간 서점과 고서점을 다니고 음악다방에 가서 음악을 즐기면서 도시산책자의 즐거움을 누린다. 지리멸렬한 식민지 시대에 이런 기쁨을 느낄 수 있도록 해준 기차는 윤동주에게 사랑과 희망이었을 것이다. 적어도 이 시간에는 사랑과 희망으로 기차를 기다렸을 것이다.

경성의 모던 '다방 시대'

한국 최초의 근대식 다방은 1909년 11월 1일 남대문역에 일본인이 개업한 '킷사텐喫茶店'으로 알려져 있다. 우리말로 '끽다점'으로 다방을 일컫는 일본식 표기를 간판에 달았다. 지금 남아 있는 다방 내부의 사진을 보면, 유럽식 내부 장식에 흰 식탁보를 씌워 깨끗이 정돈된 테이블 옆에, 흰 유니폼을 입은 종업원 모습이 보인다.

1914년 조선호텔이 문을 열고, 1920년에는 신문 『조선일보』, 『동아일보』와 더불어 잡지 『개벽』이 창간된다. 1927년 영화감독 이경손이 묘령의 여인과 종로구 관훈동에 '카카듀'라는 조선인 최초의 다방을 연다.

이후 1933년 시인이자 소설가인 이상(본명 김해경)도 기생 금홍과 종로1가 청진동 입구에 다방 '제비'를 개업한다.

> 커피 - . 좋다. 그러나 경성역 홀에 한 걸음을 들여 놓았을 때 나는 내 주머니에는 돈이 한푼도 없는 것을 그것을 깜박 잊었던 것을 깨달았다.
>
> – 이상, 『날개』, 1936

예술가들이 다방을 경영하는 것은 하나의 유행처럼 이어져 왔다. 극작가 유치진은 소공동에 '프라타나'를, 영화배우 복혜숙은 인사동에 '비너스'라는 다방을 연다.

박태원의 소설 『소설가 구보씨의 일일』은 윤동주가 연희전문에 입학했던 1938년 12월에 출판되어 베스트셀러가 된 책이다. 화자 구보는 경성을 유람하는 전차, 화신상회(화신백화점), 활동사진관을 다닌다. 이후 시인 이상이 경영하던 제비다방에 들어갔다가 경성역 대합실을 훑어보고, 이후 다방 '낙랑파라樂浪パーラ'에도 들른다. '낙랑'은 기원전 108년 위만조선을 정벌한 뒤 한 무제가 평양 지역에 설치한 한사군의 하나이기도 하고, 경상북도 경주의 옛 이름이기도 하다. 파라パーラ는 파라다이스를 줄인 말로 보인다.

> 다방의 오후 두 시, 일을 가지지 못한 사람들이 그곳 등의자에 앉아, 차를 마시고, 담배를 태우고, 이야기를 하고, 또 레코드를 들었다. 그들은 거의 다 젊은이들이었고, 그리고 그 젊은이들은 그 젊음에

도 불구하고, 이미 자기네들은 인생에 피로한 것같이 느꼈다.'

– 박태원의 소설 『소설가 구보씨의 일일』, 1938

다방 '낙랑파라'의 전경

젊은이들이 가장 열심히 일해야 할 오후 2시, 일제 강압기에 일자리를 얻지 못한 인텔리들이 그나마 시간을 때울 곳은 다방이었다. 인용문은 소공동에 있던 다방 '낙랑파라'에 이미 권태에 지쳐 앉아 있는 젊은 군상의 모습이다.

일본에서 유학하고 돌아온 이순석이 1932년에 현재 시청앞 더 플라자 호텔 오른쪽 도로 모퉁이 자리에 다방 '낙랑파라'를 연다. 서구식으로 모던한 이곳은 곧 경성 모더니스트들의 아지트이며 가장 세련된 핫플레이스가 된다.

구보는 이 날 하루 동안 다방에 세 번 들렀다가 돌아와 "나는 생활을 가지리라. 참말 좋은 소설을 쓰리라."라고 다짐하며 다시 책상머리에 앉는다. 다방은 일탈의 공간이면서, 다시 충전하고 힘을 얻을 수 있는 공간이었다.

윤동주가 연희전문에 입학하기 바로 전인 1937년 일제는 중국 대륙을 침략했다. 어두운 시대를 뒤엎은 프랑스혁명이 살롱에서 시작되었듯이, 경성의 다방은 단순한 도피처가 아니라 청년들에게는 음악을 감상하거나 친구들과 토론하는 공간이었다. 1938년 윤동주가 연희전문에 입학했을 때는 이미 '다방 시대'였다. 다방 커피는 이미 모던보이에게는 행복한 유행이었다.

커피잔을 들고
오- 나의 연인이여
너는 한 개의 슈크림이다.
너는 한 잔의 커피다.
너는 어쩌면 지구에서 알지 못하는 나라로
나를 끌고 가는 무지개와 같은 김의 날개를 가지고 있느냐?
나의 어깨에서 하루 동안의 모든 시끄러운 의무를
내려주는 짐 푸는 인부의 일을
너는 캘리포니아의 어느 부두에서 배웠느냐?

- 김기림, 「태양의 풍속」(1939)

윤동주는 다방을 가끔 찾았다. 평생의 벗들도 그곳에서 만났다. 윤동주는 다방에서 어떤 친구를 만났을까. 윤동주와 정병욱이 지금의 명동인 혼마치本町를 다녔을 때, 후에 연세대 영문과 교수가 되는 유영도 함께한다. 유영은 그 시절을 그리며 「창窓 밖에 있거든 두다리라」는 시를 남겼다.

창窓 밖에 있거든 두다리라

-동주東柱·몽규夢奎 두 영靈을 부른다-

시인 유영柳玲 교수

동주東柱야 몽규夢奎야
너와 즐겨 외우고
너와 즐겨 울던
삼불三不이도 병욱炳昱이도
그리고 처중處重이도………
아니 네 노래 한 구절 흉내에도 땀 빼던 영玲이도 여기 와 있다.
차디찬 하숙방下宿房에
한술밥을 노느며
시詩와 조선朝鮮과 인민人民을 말하던
시詩와 조선朝鮮과 인민人民을 죽엄을 같이 하려던
네 벗들이
여기 와 기다린 지 오래다.

창窓 밖에 있거든 두다리라

동주東柱야 몽규夢奎야

너를 쫓아 바람곧이 만주滿洲에 낳게 하고

너로 하여금 그늘 밑에, 숨어 시를 쓰게 하고

너를 잡어 이역異域 옥창獄窓 눕게 한

너와 나와 이를 갈던 악마惡魔 또한 물러가

게다소리 하까마 칼자루에 빠가고라 소리마저 사라졌다.

너와 함께 즐겨 거닐다

한 잔 차에 시름 띠어

뭉킨 가슴 풀어보던

여기가 바로 다방茶房 허리읕이다.

그렇다 피의 분출噴出을 가다듬어

원수의 이빨을 빼려다

급기야 강아지 발톱에 찢긴

여기가 바로 다방

나는 믿지 못한다

너 없음을 말해야 할 이 자리란

금시 너의는 앵무鸚鵡새 모양 발을 맞추어

항시恒時 잊지 않던 미소微笑를 들고

너는 우리 자리에 손을 내밀 것이다.

창밖에 있거든 두다리라

그리고 소리쳐 대답對答하라

모진 바람에도 거세지 않은 네 용정龍井 사투리와

고요한 봄 물결과 같이

또 오월五月 하늘 비단을 찢은 꾀꼬리 소리와 같이

어여쁘던 네 노래를 기다리니 이미 삼년三年

시언하게 원수怨讐도 못 갚은 채 새 원수에 쫓기는

울 줄도 모르는 어리석은 네 벗들이

다시금 웨쳐 네 이름 부르노니

아는가 모르는가

"동주東柱야! 몽규夢奎야!"

1947년 2월 16일 윤동주 2주기 추도회 때 유영 시인이 낭송한 추모시다. 이 시는 다음해 출판된 초판본 윤동주 시집에 발문으로

실린다. 첫 행에서 "동주야 몽규야"라고 호명한다. 윤동주와 송몽규는 사망하고 더 이상 만날 수 없다.

"게다소리 하까마 칼자루에 빠가고라 소리마저 사라졌다."는 것은 이제 식민지로부터 해방되었다는 말이다. "빠가バカ, 馬鹿"는 바보, 멍청이라는 잘 알려진 욕설이다. "고라ごら"는 '오라おら', '오이おい'처럼 야쿠자나 불량배들이나 쓰는 상스러운 반말이다.

이런 말을 안 들어도 되는 시대가 왔건만, 윤동주, 송몽규가 감옥에서 죽고, 이제 2주기 추모회가 열리는 '여기'에 살아남은 김삼불, 정병욱, 강처중과 함께 유영도 와 있다. 유영은 이 친구들과 거리를 다니다가 차 마시러 들르곤 하던 '여기'에서 이 시를 쓴다. "아니 네 노래 한 구절 흉내에도 땀 빼던 영玲이도 여기 와 있다"에서 "영玲이"는 유영 시인 자신이다. "여기 와 있다"에서 여기는 어디일까. 그 여기는 3연에 나온다.

"여기가 바로 다방茶房 허리욷이다"

허리욷, 일명 할리우드Holywood 다방이라는 말을 한자로 번역한 단어가 '성림聖林'다방이다. 사실 '할리'의 원뜻은 성스럽다의 'Holy'가 아니라 '홀리나무'의 'Holly'인데, 거룩한 숲으로 잘못 번역하여 성림다방이라고 했던 것이다.

"그렇다 피의 분출噴出을 가다듬어 / 원수의 이빨을 빼려다 / 급기야 강아지 발톱에 찢긴 / 여기가 바로 다방"(3연)이라는 구절에는 마음 아픈 에피소드가 있다. 유영과 윤동주가 바로 여기 성림다방에 있다가 순사의 불심검문에 모욕을 당한 적이 있다고 한다.

연희전문 졸업후 1943년 경성일보에 입사했던 유영 시인은 "원수의 이빨을 빼려다" 1944년 치안유지법 위반으로 회령과 청진에서 6개월간 옥살이를 하기도 했다. 해방후 1948년 출간된 『하늘과 바람과 별과 시』에 위 시로 발문을 쓴 그는 1956년 연세대 영문과 전임강사로 부임한다.

연세대에서 열린 윤동주를 기념하는 모임에서 유영 교수의 강연을 몇 번 들은 적이 있다. 강연할 때마다 유영 교수는 두 가지 이야기를 하곤 했다.

"외솔 최현배 선생님의 『우리말본』 강의를 들었을 때 동주와 얼마나 감동했는지 모릅니다. 윤동주 시집의 출판 기념회를 성림다방에서 하고 싶었습니다."

위 시를 보면 성림다방에서 출판기념회를 하는 것을 상상하며, 창밖에 윤동주와 송몽규가 있다면 지금이라도 들어오라고 호명하고 있다.

윤동주와 유영이 자주 찾던 성림聖林 다방은 '벽화에 할리우드 영화가 느껴지는 실내 풍경'이었다(안철영, 『성림기행』, 수도문화사, 1949.43면). 성림다방에 대한 묘사는 아래 이헌구의 기록에도 나온다.

> 본정本町(충무로)을 좋아하는 이의 발걸음은 아직도 '명과明菓'나 '금강산'을 버리지 아니 할 것이나, '미령美鈴'의 일층은 잠시 태양과 친할 포근한 몇 개의 자리를 갖추고 있고, '프린스'는 봄밤의 그림자를 가득히 품어 있다. 혼자 유유히 '써니'의 이층에 오르면 검은 비로드(벨벳)의 남벽南壁이 정다운 손길을 기다리고, '다이아나'는 성림聖林

(헐리웃)메의 아메리카적 기분을 좋아해 걸음을 멈추는 단골 손님도 있으나, '노아노아'의 흰 원 주곽圓主槨을 거쳐 넓은 백색 공간, 더높이 한 층계를 오를 수도 있다.

- 이헌구, 「보헤미안의 애수의 항구—다방茶房 보헤미안의 수기手記」, 『삼천리』, 1938.5.

성림다방은 "아메리카적" 분위기를 띠었던 모양이다. 이 '다방시대'는 해방기에도 이어져 시인들은 종일 명동에 있는 다방에서 지내곤 했다. 다방에서 죽치고 앉아 허송세월한 것이 아니다. 지금처럼 핸드폰이 있거나 집집마다 전화가 있던 것이 아니기에, 원고 청탁 등을 기다렸던 것이다. 신문사나 잡지사에서 다방으로 전화를 걸곤 했다.

"오상순 시인님, 동아일보에서 전화 왔어요."

"박인환 시인, 전화 왔어요."

가령 갈채다방에는 김동리, 서정주, 박목월, 조지훈 등이 있었다. 동방살롱에는 모윤숙, 이헌구, 안수길, 백철 등이 단골이었다. 이후에 유명한 탤런트가 되는 최불암의 어머니가 운영하던 은성다방에는 이봉구, 김수영, 김광균 같은 젊은 시인이 모였다. 공초 오상순 시인은 명동의 청동다방에 매일 출근하다시피 했다.

다방 레지의 살가운 호명이 울리곤 했던 명동의 다방들, 윤동주 시인이 살아 있었다면 다방 레지가 불렀을지도 모르겠다.

"손님 중에 시 쓰는 윤동주 선생님 계세요?"

일제강점기 시대 때 조선인 노동자들이 철도 건설에 동원돼 작업을 하는 모습

아현리역
여성노동자와 복선철도 건설노동자

많은 이들은 윤동주 시인을 말수가 적고, 몸도 작고, 수줍어하고, 말을 더듬는 부끄러운 수동형 인간으로 상상한다. 아닌 게 아니라 영화 〈동주〉에 등장하는 윤동주는 말을 더듬고, 수줍어하고, 늘 몸을 움츠리는 유형으로 등장한다. 종일 말도 없이 속 좁고 옹졸하게 시만 쓰는 꽉 막힌 인간으로 상상할지 모르지만 사실은 다르다.

> 가난한 사람을 보면 그대로 지나치지를 못하 였고, 손수레를 끌고 가는 여인을 보면 그 뒤를 밀어주었습니다. (…중략…) 봄이 되면 개나리 진달래와 더불어 이야기를 나누고, 여름이 되면, 느티나무 아래에서 나뭇잎과 대화를 하였습니다. 가을이 되면 연희동 논밭에서

결실을 음미하면서 농부들과 사귀었습니다.

– 박창해, 「윤동주를 생각함」, 『나라사랑』 23집, 1976년 여름호, 130~131면

후에 연세대 교수가 되는 친구 박창해는 윤동주가 대화하는 것을 좋아했다고 한다. 또다른 친구 유영 교수는 윤동주가 한번 말을 하면 무섭기도 했다고 했다. 윤동주는 웅변도 했고, 축구와 농구도 좋아했다.

농촌의 여인이나 농부뿐만 아니라, 노동자에 대해서도 윤동주는 관심을 기울이고 글에 기록했다. 윤동주가 신문을 보고 모은 스크랩북을 보면, 좌파 시인이라고 하는 오장환, 임화, 박세영 등의 글을 스크랩하고, 노동자 문제에도 관심 기울인 것을 볼 수 있다.

여성노동자

한 여성 노동자가 을밀대 지붕 위로 올라갔다. 불황을 구실로 평양에 있는 열두 개 고무공장 사장들이 2천 3백여 노동자들에게 임금을 못 주겠다고 통고했다. 즉시 노동자들은 굶어 죽겠노라며 '아사餓死농성'을 시작했고, 1931년 5월 29일 평양 평원고무공장의 여성노동자 강주룡이 최초의 고공투쟁을 시작했다. 여성노동자 문제는 1930년대에는 심각한 사회문제였다. 남자보다 값싼 여성노동자를 대거 고용한 잔인한 시대였다.

당시 여직공은 "악마의 굴 속 같은 작업물 안에서 / 무릅을 굽힌 채 고개 한번 돌리지 못하고"(유완희 「여직공」) 열두 시간을 일했

다. "태양도 잘 못 들어오는/어두컴컴하고 차듸찬 방"(권환 「우리를 가난한 집 여자이라고」)에서 지냈다. 윤동주 시 「해바라기 얼굴」에도 여성노동자가 등장한다.

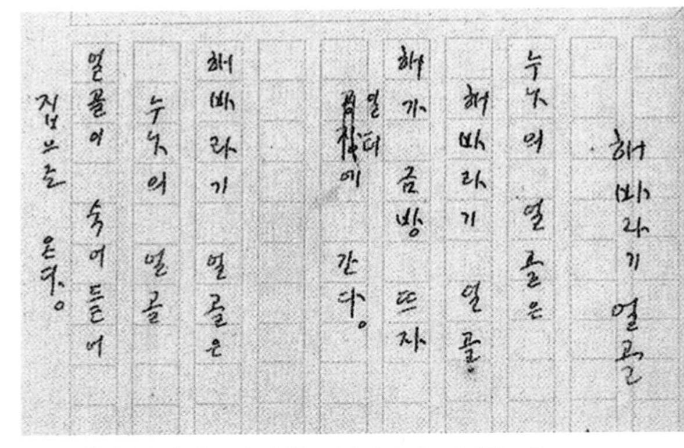

해바라기 얼골

누나의 얼골은
해바라기 얼골
해가 금방 뜨자
일터에 간다。

해바라기 얼골은
누나의 얼골
얼골이 숙어 들어
집으로 온다。

윤동주 「해바라기 얼굴」 육필원고(출처 유족 대표 윤인석 교수)

> 누나의 얼굴은
> 해바라기 얼굴
> 해가 금방 뜨자
> 일터에 간다
>
> 해바라기 얼굴은
> 누나의 얼굴
> 얼굴이 숙어 들어
> 집으로 온다
>
> – 윤동주, 「해바라기 얼굴」(1938. 5) 전문

친필 원고지를 보면 4행에 "공장에 간다"라고 썼다가 "공장"이라는 글자를 지우고 "일터"로 고친 흔적이 있다. 왜 지웠을까. '노동자', '공장', '프롤레타리아' 같은 단어들은 파시즘 사회에서는 위험한 단어였다. 부담을 느꼈기에 윤동주 스스로 지웠을까.

타인과의 윤리적 관계를 가능케 하는 출발점은 바로 타인의 얼굴이라고 에마뉘엘 레비나스(1906~1995)는 말했다. 여기서 얼굴은 로션 바르는 얼굴이 아니다. 레비나스가 말하는 얼굴visage은 형상 뒤에 숨겨진 '벌거벗음'을 말한다. 그 얼굴은 성형해서 고쳐지지 않는 살아온 내력이며 존재의 그늘이다. 눈에 보이는 얼굴이 아니라, 눈에 보이지 않는 존재의 얼굴이다. 윤동주는 누나의 얼굴 그 민낯을 "숙어 들어"라며 간명하게 절제했다.

복선철도 노동자

산문 「종시」는 "종점終点이 시점始点이 된다. 다시 시점이 종점이 된다"라는 문장으로 시작한다. 저녁이면 종점역에 들어왔다가, 아침이면 시점으로 다시 출발하는 등하교길을 쓴 이야기다. 1941년 5월 누상동 9번지로 이사 가서, 집에서 가까운 효자동 전차종점을 시점으로 윤동주는 전차를 기다리는 사람들의 '벌거벗은' 내면, 창 밖 풍경 등을 꼼꼼히 서술한다. 전차를 타고 광화문과 남대문을 거쳐, 서울역에서 기차로 갈아타고 터널을 통과한다.

지금은 플랫폼 자취만 남아 있고 들어갈 수 없는 아현리역.
저 편에 아현·의영터널이라는 두 개의 터널이 보인다.

이윽고 터널이 입을 벌리고 기다리는데 거리 한가운데 지하철도도 아닌 터널이 있다는 것이 얼마나 슬픈 일이냐, 이 터널이란 인류 역사의 암흑시대요, 인생행로의 고민상이다. 공연히 바퀴 소리만 요란하다. 구역날 악질의 연기가 스며든다. 하나 미구未久에 우리에게 광명의 천지가 있다.

– 윤동주, 산문 「종시」(1941)에서

1904년에 건설된 아현·의영터널은 경성에서 신의주까지 달리는 경의선을 위해 뚫은 국내 최초의 터널이다. 애오개 고개 아래를 달리는 터널이다. '터널'은 다른 곳으로 갈 수 없는 일방통행로다. 지금 윤동주가 처해 있는 터널은 사회적으로는 "인류 역사의 암흑시대"이고, 개인적으로는 "인생행로의 고민상"이다. 윤동주가 살아가는 일상의 터널은 "바퀴소리만 요란"하고, "악질의 연기가 스며" 든다. 지금은 답답하지만, 터널 끝에는 "광명의 천지"가 있고 그 광명의 천지에 노동자가 등장한다.

터널을 벗어났을 때 요즈음 복선 공사에 분주한 노동자들을 볼 수 있다. 아침 첫차에 나갔을 때에도 일하고 저녁 늦차에 들어올 때에도 그네들은 그대로 일하는데 언제 시작하여 언제 그치는지 나로서는 헤아릴 수 없다. 이네들이야말로 건설의 사도들이다. 땀과 피를 아끼지 않는다.

지금도 서울역에서 기차를 타고 몇 분만 지나면, 아현·의영터널터널을 지난다. 터널에서 나오자마자 역의 플랫폼처럼 보이는 공간이 보인다. 어? 역이 있었나? 싶었는데 정말로 식민지 시대에 역이 있었다. 현재 서대문구 북아현동에는 '아현리역'이 있었지만 지금은 사용하지 않는 폐역廢驛이다. 이 근처에서 윤동주는 "복선 공사에 분주한 노동자"를 본다.

'복선 공사'란 무엇일까. 일본의 철도건설이 조선을 근대화시켰다고 하는 이들이 있으나, 그 과정을 보면 끔찍하다. 일본은 조선과 중국을 침략하기 위해 경부선·경의선을 부설하면서 약 2천만 평에 달하는 철로용지, 정거장부지 등지 등을 무상이나 헐값에 약탈했다. 철로를 건설하려고 주변에 사는 주민들에게 살인적인 노동을 시켰다.

윤동주 「종시」 육필원고(출처 유족 대표 윤인석 교수)

"군용철도 부역하니 / 땅 바치고 종질이라 / 일년농사 실업이라 / 유리개걸流離丐乞 눈물일세"(「和九曲歌」, 1908)라는 민요에서 볼 수 있듯이, 군용철도 부역에 끌려가면 일년 농사는 끝이었다. 유리개걸하는 난민은 저항하기 시작했다. 남대문 근처의 주민들과 평양성 밖 주민들의 복선철도 반대투쟁은 널리 알려졌다.

산문 「종시」를 쓴 1941년, 일제는 1936~1941년 5개년 계획으로 '조선중앙철도부설계획'을 세우고 중앙선 등 내륙 종단 철도를 건설했다. '단선 철도'로는 빠른 수송을 할 수 없어서 오고가는 것이 동시에 가능한 '복선 철도'를 건설하기 시작한다. 조선을 병참기지로 삼으려 한 조선총독부는 1939년 이후에는 경원선과 함경선을 '복선화'했다.

철도 복선공사가 '국책國策'으로 정해지고 기금과 인력을 갑자기 투여하면서 노동자가 부족한 현상이 신문에 보도되기도 했다.

"이네들이야말로 건설의 사도들이다. 땀과 피를 아끼지 않는다."는 구절이 생기롭다. 원고지를 보면, 노동자를 칭찬하는 문장 바로 다음이 예리한 칼로 잘린 듯 괴이쩍게 도려내어져 있다. 잘린 부분엔 뭐라고 적혀 있었을까. 노동자를 차분하게 극찬하는 문장이었을까. 이런 흔적은 윤동주의 다른 원고에서 보이지 않는다. 누가 잘라냈을까.

「종시」는 『하늘과 바람과 별과 시』 1955년 증판본에 처음 등장한다. 한국전쟁 이후 멸공만이 국가의 유일한 이념이었을 때 노동자를 "건설의 사도"라고 치켜세우는 글은 위험할 수 있었다. 누군가가 노동자를 예찬하는 부분을 예리한 칼로 도려냈을 가능성이 있다. 이 부분의 절취와 함께 윤동주는 현실에 관심 없는 고독하고 수줍은 이미지로 표상되었다.

「해바라기 얼굴」에서의 여성노동자, 산문 「종시」에서의 건설노동자를 그려낸 동주가 "모두 죽어가는 것을 사랑해야지"라고 했을 때 그 사랑은 헛말이 아니었다. 죽어가는 모든 것을 끊임없이 주시한 그는 여성노동자와 건설노동자도 찬찬히 응시하며, 우리 몸의 어딘가를 툭 건드린다.

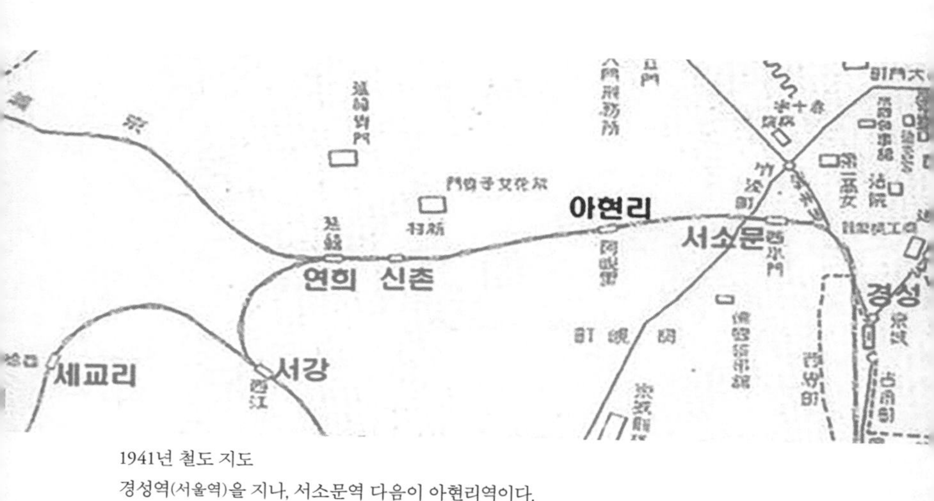

1941년 철도 지도
경성역(서울역)을 지나, 서소문역 다음이 아현리역이다.

귀스타브 모로, 〈프로메테우스〉(1869)

코카서스,
와서,
뜯어먹어라,
시름없이

1941년에 마지막으로 남긴 시는 11월 29일에 쓴 「간」이다. 장기 중에 가장 큰 '간肝'을 시의 제목으로 택했다. 피를 맑게 하는 간, 드물고 독특한 발상이다.

바닷가 햇빛 바른 바위 위에
습한 간肝을 펴서 말리우자,

코카서스 산중山中에서 도망해온 토끼처럼
둘러리를 빙빙 돌며 간肝을 지키자.

내가 오래 기르던 여윈 독수리야!

와서 뜯어먹어라, 시름없이

너는 살지고
나는 여위어야지, 그러나,

거북이야!
다시는 용궁龍宮의 유혹誘惑에 안 떨어진다.

프로메테우스 불쌍한 프로메테우스
불 도적한 죄로 목에 맷돌을 달고
끝없이 침전沈澱하는 프로메테우스.

– 윤동주, 「간」(1941. 11. 29) 전문

이 시에는 귀토 설화龜兎之說(거북이와 토끼 설화), 프로메테우스 신화, 마태복음 18장 등 세 가지 이야기가 얽혀 있다. 1연은 「거북이와 토끼 설화」를 패러디한다. 용궁의 유혹에 빠져 간을 잃을 뻔했던 토끼가 겨우 탈출하여, "햇빛 바른 바위 위에" 아직 젖어 있는 "습한 간肝"을 꺼내 말린다. "습한 간"을 말리는 행동은 용궁에서 탈출하여 새롭게 시작하려는 태도일 것이다.

코카서스 산의 프로메테우스

2연은 「프로메테우스 신화」에 「거북이와 토끼 설화」를 접목시킨다. 용궁에서 탈출해 온 토끼를 "코카서스 산중山中에서 도망해

온 토끼"로 바꾼다.

"코카서스 산중山中"이란 어디일까.

그리스 신화에 나오는 프로메테우스Prometheus는 티탄(거인)족의 신이다. 프로Pro는 '먼저', 메테우스mētheus는 '생각한다'라는 뜻이다. 프로메테우스는 '미리 생각하는 자', 선견지명을 가진 자라는 뜻이다.

이아페토스의 아들인 프로메테우스는 아틀라스, 에피메테우스Epimētheus와 형제다. 에피메테우스는 '후에Epi 생각하는 자'라는 뜻이다. 프로메테우스는 직립보행하는 인간을 만들고, 에피메테우스는 새들에게 날개를 달아주고, 거북이에게는 딱딱한 등껍질을 주기도 한다. 이 과정에서 프로메테우스는 인간에게 불과 지혜를 가져다 준다.

불은 신만 소지할 수 있는데, 프로메테우스가 불을 가져가니, 제우스는 불안했다. 프로메테우스가 신들의 권력을 빼앗을 것 같았던 것이다.

이때 프로메테우스는 제우스를 속인다. 한쪽에는 맛있는 고기를 놓고 그 위에 볼품없는 소의 가죽을 덮었고, 다른 한쪽에는 살을 다 발라 먹은 뼈다귀 위에 볼품있는 소의 기름을 덮어서, 두 요리를 제우스에게 드린다. 제우스는 겉보기에 그럴싸하고 맛있어 보이는 후자를 선택한다. 진짜 맛있는 고기는 인간에게 넘어갔다는 사실에 제우스는 분노한다. 제우스는 불을 인간에게서 빼앗는데, 프로메테우스는 제우스에게서 다시 불을 훔친다. 잠자는 제우스의 번개에서 불을 붙여, 회향나무에 숨겨 그 불을 인간에게 건네준다. 프로메테우스 덕분에 인간은 불을 사용할 수 있었다는 신화다.

이 불은 인류 문명의 발전에 커다란 계기를 준다. 헤라클레이토스(기원전 535~475년)는 만물의 근원을 불로 보았다. 제우스는 자신의 명을 거역하고 인간에게 불을 가져다준 프로메테우스에게 벌을 내리기로 한다. 스키타이의 황량한 벌판으로 끌고 가서 깎아지른 코카서스 절벽의 바위에 쇠사슬로 묶어 놓으라고 명한다.

코카서스는 캅카스, 카프카스, 코카서스, 카우카스, 코카시아 등 여러 이름으로 불린다. 캅카스 산맥은 유럽의 최고봉이 있는 지역이다. 우리나라에서는 코카서스로 소개되고 있다. 현재 '코카서스 3개국'이라고 하면, 1991년 소련에서 독립한 아제르바이잔, 조지아, 아르메니아를 말한다.

그리스 신화에서 프로메테우스를 코카서스로 보내서 묶어 놓고 고문하는 설정은, 당시 그리스인들은 코카서스 지역을 세계의 동쪽 끝으로 인식했기 때문이다.

그리스인들은 자신들이 사는 지역을 지구의 중심으로 보았다. 그리스 앞바다를 지중해地中海, 곧 땅terrian의 한가운데mid에 있는 메디테레이니언the Mediterranean이라고 했다. 중심에서 보았을 때 캅카스 산맥은 유배지로 어울릴 지구의 최종 변두리였던 것이다.

문제는 이후에 발생한다. 제우스가 보낸 독수리 한 마리가 갈고리 같은 부리로 프로메테우스의 간을 후벼 파먹는다. 독수리에게 뜯긴 프로메테우스의 간은 밤 사이에 원상태로 돌아온다. 뜯어먹히고 다시 복원되니, 고통은 끊임없이 반복되지만, 프로메테우스는 제우스의 영원한 형벌을 받으면서도 그 고통을 견디며 저항한다.

독수리야, 와서 뜯어먹어라

독수리에게 간을 쪼아 먹히는 프로메테우스를 19세기 프랑스 화가 귀스타브 모로Gustave Moreau(1826~1898)는 생생하게 그려낸다. 묶여 있지만 굴하지 않으며, 먼 곳을 쏘아보는 프로메테우스의 눈매는 매섭기까지 하다. 옆구리를 독수리가 쪼아 먹어도 그는 먼 미래를 보며 당당하다. 프로메테우스의 당찬 모습에 독수리가 간을 쪼아먹다가 멈칫거리고 있다. 오히려 어쩔 줄 모르는 독수리의 목에 힘이 없어 보인다. 함석헌 선생의 말대로, "싸움은 이겨서 이기는 것이 아니라 져도 졌다 하지 않음으로 이긴다."는 불굴不屈, 불사신의 정신을 보여주는 명화다. 1968년에 그린 캔버스 원본은 205×122cm으로 실물 크기의 압도적인 위용을 보인다.

프로메테우스는 기원전 8세기경부터 널리 알려졌다고 한다. 당시 그리스에는 폴리스라는 도시 국가가 세워지는데, 그중에 가장 융성한 도시국가는 아테네였다.

초기 아테네는 왕정도시국가였는데, 규모가 커지면서 집정관을 뜻하는 아르콘ἄρχων Archōn이라는 관직을 가진 9명의 고위 관리들이 도시국가를 관리하기 시작한다. 이들은 아테네의 입법, 행정, 사법을 주관한다. 아르콘 체제는 엘리트에 의한 귀족정치라고 할 수 있겠다.

건국 당시에는 잘하려 했지만, 점차 귀족들이 사욕에 치우쳐 토지 등 자산을 확보하면서 평민들은 더욱 가난한 처지에 묶이기 시작한다. 기원전 621년 귀족들은 사회를 안정시킨다며 형벌이 가혹한 '드라콘Drakon 법'을 진행한다. 민중에게 족쇄를 채우는, 지나치게 잔혹한 아테네 최초의 성문법이었다. 빚을 갚지 못하면 노예가 되어야 했고, 겨우 양배추 하나 훔치기만 해도 사형선고가 내려졌다.

억압에 눌려 있던 민중의 지지를 얻어 무력으로 정권을 장악한 참주들의 '참주정치tyrannos'가 기원전 6세기에 시작된다. 초기에는 폴리스의 발전에 기여했지만, 아쉽게도 참주정치는 곧 합법적으로 절대 권력을 행했다. 참주僭主의 참僭은 '주제넘다', '분수에 지나치다'라는 뜻이다.

기원전 404~403년에는 참주들이 군사력을 장악하고 거의 귀족독재를 행하는 지경에 이르렀다. 30명의 참주들이 민주파 시민 1천 500명의 재산을 강탈하고 학살하는 일까지 생겼다. 이 시기를 후기 참주시대라고 한다.

참주들은 정권을 유지하기 위해 민중의 스트레스를 해소할 방도를 생각한다. 풍년을 기리는 농촌 축제를 술과 풍요의 상징인 디오니소스 신의 이름을 붙여 거대한 축제로 바꾼 것이다. 바로 디오니소스 축제였다. 민중의 고통을 달래고 독재를 유지하려 했던 참주들의 뜻과는 달리 디오니소스 축제는 전혀 다른 효과를 일으켰다.

이 축제에서 비극 경연대회, 희극 경연대회를 열면서, 작가들은 인간의 욕망, 사회 풍자, 어떤 인물이 좋은 지도자인지 무대에 올리기 시작한다. 극장이 커서, 한 번에 5천 명 혹은 1만 명 이상이 관람하는 아테네 디오니소스 극장은 아테네 평민들을 교육하는 거대 교육 공간이었다.

권력자들이 얼마나 허망한 삶을 사는지 비판하는 소포클레스의 〈오이디푸스〉 같은 작품이 공연되었다. 특히 기원전 78년경(혹은 기원전 460년경) 상연된 아이스퀼로스의 〈결박된 프로메테우스〉에서 제우스의 독재에 따르지 않고, 권력에 대항하여 고통을 자초한 프로메테우스의 독백은 시민들에게 공감을 불러 일으킨다.

> "이런 고문을 당하며 시들게 될 줄은 몰랐소.
>
> 하지만 그대들은 지금의 내 처지를 슬퍼하지 마시오.
>
> 나와 고통을 함께하시오."
>
> – 아이스퀼로스, 천병희 옮김, 「결박된 프로메테우스」, 『아이스퀼로스 비극 전집』, 숲, 2014. 358면

그리스 사람들은 절벽에 매달려 고통 속에서 저항하는 프로메테우스를 본다. 절벽에 묶여 있으면서 절망하기는커녕 오히려 제우스에 저항하는 프로메테우스의 당찬 선언을 관중은 듣는다.

"그대들 신출내기들은 통치한 지가 얼마 안 되거늘
벌써 고통을 모르는 성채에서 살고 있는 줄 아는가?
그곳에서 나는 폭군이 벌써 둘이나 떨어지는 것을 보았네.
지금 통치하고 있는 세 번째 폭군도 더없이 수치스럽게
금세 떨어지는 것을 나는 보게 될 것이고,
자네는 내가 겁먹고 새 신들 앞에 굽실댈 줄 알았나?
천만에, 그럴 마음은 추호도 없네."

– 아이스퀼로스, 앞의 책, 385면

프로메테우스의 대사 한 마디 한 마디가 아테네 시민들에게 불을 질렀다. 프로메테우스는 제우스의 위협에 겁내지 않았다. "신출내기들은 통치한 지가 얼마 안 되거늘", "나는 폭군이 벌써 둘이나 떨어지는 것을 보았네"라는 말은 참주들이 들으면 서늘한 비판이었다.

재생력이 가장 강한 '간'이 매일 다시 복원된다는 것은, 프로메테우스의 저항이 계속 생성된다는 설정이다. 수백 년 형벌을 받아도 프로메테우스는 굴종하지 않는다. 프로메테우스는 제우스 같은 절대 권력은 결국 몰락할 것이라고 끊임없이 선포한다.

그리스 신화에서는 제우스가 보낸 독수리에게 '간'을 뜯어먹히는 형벌을 받는데, 시에서는 제우스가 보내는 독수리가 아니라 스스로 기른 독수리다. 그 독수리는 '나'의 내면일 수 있다. 그러기에 "내가 오래 기르던 여윈 독수리"라고 표현한다. '나'의 내면은 끊임없이 '나' 자신을 학대하고 뜯어먹는다.

'간'은 인간이 생존하기 위해 가장 중요한 장기 중의 하나다. 윤동주는 그 '간'을 결코 내어줄 수 없다고 한다. "너는 살지고/나는 여위어야지"라며 육체가 차라리 야위는 한이 있어도 '나'의 내면인 정신적 지조는 살지게 지키겠다고 한다.

저항의 상징으로 프로메테우스

프로메테우스가 저항의 상징이라는 의미를 윤동주보다 6년 일찍 태어난 함석헌 선생(1901~1989)의 글을 통해 다시 생각해보자. 함석헌은 『뜻으로 본 한국역사』에서 '프로메테우스'를 인용하면서, 숙명적 역사관을 극복해야 한다고 강조한다.

> 숙명관宿命觀은 압박된 자의 철학哲學이다. 생명의 간힘이다. 종살이하는 놈의 신앙信仰이다. 고난苦難을 이기는 놈은 전투적인 생활관을 가진다. 프로메테우스 같은 것이다. 그러나 그저 져버리는 놈들은 자살을 하든지 그렇지 않으면 숙명관을 가진다. 그것은 스스로 위로하고 단념하려 한다. 숙명철학宿命哲學은 혼魂이 움츠리는 태도이다. 혼은 본래 번져 나가는 것, 폭발하는 것인데, 그 본성을 잃고 움츠러버린 것이다.
>
> – 함석헌, 『뜻으로 본 한국역사』, 제일출판사, 1965. 377~378면

함석헌은 살아가는 태도를 두 가지로 구분한다. 한 가지는 숙명론에 머물고 있는 수동적인 인생이고, 다른 한 가지는 적극적으로 새로운 길을 모색하는 프로메테우스적 삶이다. 이 글에서 '전투'란 물리적 전투가 아닌 정신적 전투를 의미한다.

함석헌(1901~1989)

프로메테우스의 대사는 바로 당시 참주들에게 저항하다가 끌려간 민주파 시민들의 독백이었다. 프로메테우스의 고통에 공감한 시민들이 민주적 의식을 갖추고, 드디어 민주파들이 참주들을 몰아내고 정권을 잡는다. 이때부터 아테네 민주주의 시대가 열리는데, 민주파들의 이념은 바로 '프로메테우스 정신'이었다. 함석헌은 여러 글에서 바로 이 아테네 민주파의 '프로메테우스 정신'을 인유한다.

프로메테우스가 "헬라의 세상을 건졌다 하듯이", 프로메테우스 정신을 가진 씨알들이 조선을 살려야 한다고 주장한다. 아래 글에서도 프로메테우스를 언급하는데, 인용문 전에 지식청년들이 대부분 노이로제에 걸렸다는 말로 시작한다.

> 예수같이 "저들이 제 하는 일을 모릅니다" 하고 불쌍히 여기는 눈으로 내려다보기까지는 또 몰라도, 적어도 프로메테우스처럼 "아 내게는 고통, 고통, 고통뿐"이라고 하면서 견디어야 할 것 아닌가?
>
> – 함석헌, 「하늘은 검푸르다」, 『씨알의 소리』, 1973년 9월 26호

지식청년들이 노이로제에 걸린 원인을 함석헌은 "반드시 그것은 사회적인 공기, 시국 형편에서 오는 것으로 보아야 할 것입니다."라고 썼다. 이 글을 발표하기 1년 전인 1972년 10월 17일 박정희 대통령이 10.17 비상조치를 선언하고 국회를 해산하고 정당활동을 정지시키면서 '10월 유신'이 시작된다. 12월 23일 통일주체국민회의 대의원에 의한 간접선거로 박정희 대통령이 선출되고, 12월 27일 유신헌법이 공포된다. 이 글이 발표되기 한 달 전인 1973년 8월 8일에 김대중 납치사건이 발발한다.

토끼=프로메테우스=독수리

5연에서 시인은 "다시는 용궁龍宮의 유혹誘惑에 안 떨어진다"고 다짐한다. '용궁의 유혹'에 빠진다는 것은 곧 실존 자체를 포기하는 것이기 때문이다.

마지막 6연 "불 도적한 죄로 목에 맷돌을 달고 / 끝없이 침전沈澱하는 프로메테우스."는 성경을 패러디한 구절이다.

> 누구든지 나를 믿는 이 작은 자 중 하나를 실족하게 하면 차라리 연자맷돌이 그 목에 달려서 깊은 바다에 빠뜨려지는 것이 나으니라 실족하게 하는 일들이 있음으로 말미암아 세상에 화가 있도다 실족하게 하는 일이 없을 수는 없으나 실족하게 하는 그 사람에게는 화가 있도다
>
> – 마태복음 18장 6~7절

이 구절에 따르면 프로메테우스는 죄를 지었기에 '연자 맷돌'을 달고 침전해야 한다.

『처럼-시로 만나는 윤동주』에서는 이 시를 키르케고르의 생각을 인용하여 '종교적 실존'의 단계(위의 책, 367~369면)로 해석한 바 있다. 키르케고르식으로 생각하면, 종교적 실존은 끊임없이 절망하고 죄 의식을 가져야 한다. '토끼=프로메테우스'는 시적 화자이며 동시에 윤동주 자신이다.

이때 '불쌍한'이라는 용언은 단순히 절망적인 형용사가 아니라 거대한 초자아의 상징인 제우스에 반항할 수밖에 없는 프로메테우스의 현실 자체를 있는 그대로 표현한 것으로 보아야 할 것이다.

프로메테우스가 겪는 괴로움은 죄 때문이 아니라 제우스에게 반항했기 때문이다. 현실적인 실패를 각오해야 하는 삶이기도 하다. 침전하는 프로메테우스는 식민지 현실을 외면할 수 없었던 윤동주 자신이기도 하다.

'불쌍한'이란 형용사는 "슬퍼하는 자는 복이 있나니"(「팔복」)라고 했듯이 슬픔과 함께하는 불쌍한 순교자적 몰락을 선택한 자의 표현이다. "나한테 주어진"(「서시」) 길을 가겠다는 자의 표현이다.

프로메테우스는 윤동주 자신이고, 그 프로메테우스를 날로 새롭게 뜯어먹으며 성찰하게 하는 독수리는 윤동주의 내면이다. 윤동주는 토끼처럼 순하면서도 프로메테우스처럼 강력한 의지를 가졌다. 그 의지의 육체를 역시 자신의 분신인 독수리가 뜯어먹는 강력한 성찰, 무서운 다짐의 글이 「간」이다.

1960~1980년대 신촌역과 광장(출처 서울역사박물관)

신촌역
젊음은 오래 거기 남아 있거라

사랑스런 추억追憶

봄이 오던 아침, 서울 어느 쪼그만 정거장에서
희망과 사랑처럼 기차를 기다려,

나는 플랫폼에 간신艱辛한 그림자를 떨어뜨리고,
담배를 피웠다.

내 그림자는 담배 연기 그림자를 날리고,
비둘기 한 떼가 부끄러울 것도 없이
나래 속을 속, 속, 햇빛에 비춰, 날았다.

기차는 아무 새로운 소식도 없이
나를 멀리 실어다주어,

봄은 다 가고 - 동경東京 교외 어느 조용한 하숙방에서, 옛 거리에
남은 나를 희망과 사랑처럼 그리워한다.

오늘도 기차는 몇 번이나 무의미하게 지나가고,

오늘도 나는 누구를 기다려 정거장 가차운
언덕에서 서성거릴 게다.

-아아 젊음은 오래 거기 남아 있거라.

– 윤동주, 「사랑스런 추억追憶」(1942.5.13)

어느 조그만 정거장을 그리며 윤동주는 「사랑스런추억追憶」을 1942년 5월 13일 릿쿄대학교 편지지에 쓴다. 윤동주는 거의 모든 시의 말미에 시를 탈고한 날짜를 써놓았다. 윤동주 시를 읽을 때 우리가 한 인간의 내밀한 비밀을 읽는 듯한 느낌을 얻는 이유는 시를 쓴 종이에 적혀 있는 여러 정보들이다.

윤동주의 릿쿄대학 학적부를 보면 '소화 17년(1942년) 4월 2일에 문학부 영문학과' 1학년으로 입학하여, 같은 해 12월 19일에 퇴학한 것으로 쓰여 있다. 「사랑스런추억」은 릿쿄대학에 입학하고 41일째 그러니까 한 달 열흘이 지난 시점에 쓴 시다.

KIKKYO UNIVERSITY

사랑스런追憶

봄이 오든 아츰, 서울 어느 쪼그만 停車場에서
希望과 사랑처럼 汽車를 기다려,

나는 플라트·폼에 간신한 그림자를 떨어트리고,
담배를 피웠다.

내 그림자는 담배연기 그림자를 날리고,
비둘기 한떼가 부끄러울것도 없이
나래속을 속, 속, 햇빛에 빛워, 날었다.

汽車는 아무 새로운 소식도 없이
나를 멀리 실어다 주어,

봄은 다가고 ── 東京郊外 어느 조용한 下宿房에서, 옛거리에 남은 나를 希望과 사랑처럼
그리워 한다.

오늘도 汽車는 몇번이나 無意味하게 지나가고,

오늘도 나는 누구를 기다려 停車場 가차운
언덕에서 서성거릴게다.

── 아아 젊음은 오래 거기 남어 있거라.

五月十三日.

윤동주 「사랑스런추억」 육필원고(출처 유족 대표 윤인석 교수)

자필원고를 보면 '사랑스런追憶'으로 붙여 썼다. 릿쿄대학 편지지에 쓰여 있는 시 다섯 편, 「힌그림자」, 「사랑스런追憶」, 「흐르는거리」, 「쉽게쓰여진詩」「봄」은 제목이 모두 붙어 있다. 세로로 쓸 때 띄어쓰기를 확실히 하지 않은 것이 띄어쓰기가 없는 일본어의 영향이라고 단언하기에는 근거가 부족하다.

제목에 '사랑'이라는 글자가 쓰여 있는데 윤동주가 '사랑'이라고 썼을 때는 "모든 죽어가는 것을 사랑해야지"(「서시」)라는 다짐이 스친다. '사랑스러운'이 아니라 '사랑스런'이라고 줄여 썼기에 '추억'이 더 돋아 보인다. 사라져가는 '추억'은 그에게 사랑의 대상이며, 늘 정답다. "추억처럼 사나이가 있"(「자화상」)고, "별 하나의 추억"(「별 헤는 밤」)도 따스하다.

구두점으로 보면 이 시는 다섯 문장으로 이루어졌는데, 크게 두 단락으로 나눌 수 있다. 서울에서의 '나'와 도쿄에서의 '나'로, 마치 짧은 단편영화 같은 영상을 떠올리게 한다.

1연부터 3연까지는 봄날 서울 조그만 정거장에 있는 '옛날의 나'를 등장시킨다. 4연은 서울과 도쿄의 어디인지 명확하지 않다. 4연과 8연은 서울이나 도쿄가 아니라 '플랫폼'이라는 이동성 mobility의 장소일 수도 있다. 플랫폼은 디아스포라 혹은 난민의 특성을 보여준다. 이어 5연부터 현재 도쿄에 있는 장면이 나오면서 시의 도입부를 과거로 밀어낸다. 5연에서 장면은 도쿄의 어느 하숙방으로 전환된다. 8연까지 '일본에 있는 나'를 등장시킨다. 도쿄에 있는 현재 1942년 5월 13일 릿쿄대학교 영문학부 1학년 학생의 시점에서, 일본에 오기 전에 '서울 어느 쪼그만 정거장'에 서 있는 연희전문생 혹은 졸업생 '나'를 회상하는 작품이다.

"봄이 오던 아침"은 1942년 3월 윤동주가 일본 유학 가기 전일 것이다. 윤동주는 1942년 3월 봄날 부산을 떠나 4월 2일 도쿄 릿쿄대학에 입학했다.

"서울 어느 쪼그만 정거장"에서 '서울'이라는 단어가 나와서 놀랍다. 당시에는 케이죠京城가 정식 명칭이었다. 윤동주는 어떻게 서울이란 단어를 썼을까. '서울'이라는 명칭의 유래를 학계에서는 신라시대 때부터로 본다. 서울이라는 말은 신라의 수도인 경주를 서라벌徐羅伐·서벌徐伐·서나벌徐那伐·서야벌 등으로 불려진 데서 비롯되었다(정구복, 「서울」, 『한국민족문화대백과사전』, 한국학중앙연구원, 1995). 이것이 도읍의 명칭으로 바뀌게 되었다. 이러한 이름들은 수도京를 가리키는 말이 되었다. 그것이 오늘날의 서울이라는 말로 변한다.

『용비어천가』에 보면, 지금의 서울지역을 백제시대(기원전 18~475년)에는 위례성 혹은 한산으로 부른다. 고구려시대에는 남평양南平壤, 757년 통일신라시대에는 한산주漢山州, 한주漢州, 한양군漢陽郡, 1308년 고려시대에는 양주楊州, 남경南京, 한양주漢陽州, 한양漢陽은 지금의 북한산인 한산漢山의 남쪽 일대를 가리키는 지명으로 고려시대부터 통용되었다. 1394년 조선은 한양을 도읍으로 정하고 한양漢陽이라 하고, 1395년 한성부漢城府가 설치되면서 한성漢城이라 하기도 했다(김기빈, 『600년 서울, 땅이름 이야기』, 살림터, 1993. 12~13면).

1910년 '병합' 이후 한국을 통치해왔던 조선총독부는 1925년 가을, 남산 위에 웅장한 신토神道의 신사神社, 조선신궁을 세운다. 조선왕조 시대에 남산은 사실 도시의 남쪽 끄트머리 지역에 불과했다. 일제는 한성 지역과 대비하여 '남산' 지역을 강조하면서 게이조京城라는 이름을 쓰기 시작한다(토드 A. 헨리, 김백영 외 번역, 『서울, 권력 도시』, 산처럼, 2020. 22~23면). 일제강점기에 일본은 서울 지역을 경성부京城府라고 개칭하고 경기도에 예속된 하위 관청으로 격하시켰고, 경성부라는 표현은 공식화되었다. 일제는 서울의 거리와 동 이름을 마치町·초매丁目처럼 일본식 이름으로 행정 구역을 개편했다.

윤동주가 1942년 5월 13일에 「사랑스런추억」에서 '서울'이라고 쓴 것은 독특해 보인다. 다만 그보다 먼저 시에서 '서울'을 쓴 시인들이 있다.

"이것은 1930년대의 서울/늦은 가을 어느 밤거리의 점경./기쁨과 슬픔이 교착되는 네거리에는/사람의 물결이 쉬임없이 흐르고 있다."(박팔양, 「점경點景」, 『중앙』, 1933.11)

"우리 엄매가 나를 갖이는 때 이 노큰마니는 어늬밤 크나큰 범이 한 마리 우리 선산으로 들어오는 꿈을 꾼 것을 우리엄매가 서울서 시집을 온 것을 그리고 무엇보다도 내가"(백석, 「넘언집 범같은 노큰마니」,『문장』 1권 3집, 1939.4)

"서울서두 가장 싸고 가장 너츨"(이용악, 산문 「전달𧎼」,『동아일보』,1940년 8월 4일)

시뿐만 아니라, 1940년 한 해의 『동아일보』를 검색하면 284회, 『조선일보』에는 388회가 나올 만치 흔히 쓰이던 용어였다. 오히려 일제강점기에는 게이조京城이라는 단어를 썼을 것이라는 추측과는 다르다. 다만 게이조라는 단어는 1940년 한 해에 『동아일보』에는 4,317회, 『조선일보』에는 3,766회나 쓰였다. '서울'이란 지명보다 '경성'이란 지명이 10배 이상 쓰인 것은 확실하다.

박팔양, 백석, 이용악, 윤동주처럼 서울 출신이 아닌 시인들이 왜 게이조라고 쓰지 않고 '서울'이라고 썼을까. 윤동주 등 이들이 '서울'이라고 부르고 '게이조'라는 제국의 공식명칭을 쓰지 않은 것은 신토이즘의 신사를 강조하는 일본식 메트로폴리스 호칭을 거부한 것으로 봐야 할까. 쉽게 내릴 수 없는 판단이다. 이 문제는 조금 더 자료를 모아 다음 기회에 판단해보고자 한다.

윤동주가 '서울'이라고 썼던 명칭은 해방되고 1년 뒤에야

1946년 8월 15일 서울헌장에서 서울특별자유시로 명기된다.

서울 어느 쪼꼬만 정거장

서울 "어느 쪼꼬만 정거장"이 어디일지 궁금했다. 추정이 아니라 확실한 근거를 제시해야 한다. 먼저 이 시에 나오는 '나'가 윤동주 자신인지 생각해 보아야 한다. 윤동주 시에서 '나'는 작가 자신을 떠올리게 한다. 첫째, 「서시」, 「참회록」처럼 자기고백적인 시가 화자와 작가를 동일인물로 생각하게 한다. 둘째, 거의 모든 시의 말미에 쓴 창작 일시의 내용이 일기처럼 윤동주의 삶을 반영하고 있기 때문이다. 그러나 윤동주와 시에 나오는 '나'가 동일 인물이 아닌 작품도 있다. 다만 「사랑스런추억」에 나오는 '나'는 윤동주일 가능성이 크다. 물론 '나'를 윤동주가 아닌 당시 도쿄로 유학한 어떤 조선인 유학생으로 상상할 수도 있겠지만, 시의 내용과 일시가 윤동주의 생애와 들어맞기에 시의 화자와 시의 작가를 동일인물로 보아도 문제는 없다고 생각한다.

둘째는 그 정거장에 윤동주가 자주 갔다는 증거가 있어야 한다. 윤동주가 자주 간 서울 근교의 작은 정거장을 찾아 봐야 한다. 적어도 두 가지 근거가 윤동주의 일상에 맞아야 "어느 쪼꼬만 정거장"이 어디인지 추정 내지는 확정할 수 있을 것이다.

윤동주가 자주 가던 정거장은 어느 역일까. 윤동주가 서울에서 머문 곳은 여섯 군데 이상이다. 연희전문에 입학하여 ①핀슨홀 기숙사에서 지내고 2학년 때인 1939년에는 ②신촌, ③북아현동과 ④서소문에서 하숙했고, 3학년 때 다시 ⑤기숙사로 돌아간다. 4학년 때인 1941년 5월 초 정병욱과 함께 기숙사를 나와 ⑥누상동 9번지 김송의 하숙집에서 머문다. 산문 「종시」에는 “생활을 더 알기 위해 성문 안으로 들어가 살기로 했다”는 문장이 나온다. 태평양전쟁 발발 이후 기숙사 식사가 변변치 않았기 때문이기도 했다.

이제 이들 주거 지역에서 윤동주가 인상 깊게 기록에 남긴 역을 확인해 봐야 한다. 윤동주의 산문 「종시」(1941)에서는 ‘전차’가, 「사랑스런추억追憶」에서는 ‘기차’가 중심 소재로 등장한다. 윤동주는 누상동 9번지에서 지금의 광화문길을 전차로 타고 내려가, 남대문과 경성역을 거쳐, 터널을 지나 신촌역 쪽으로 가는 “매일같이 이 자국을 밟”는 등하굣길을 반복하여 오간다(김응교, 『나무가 있다-윤동주 산문의 숲에서』, 아르테, 2019. 52면). “기차는 아무 새로운 소식도 없이”라고 했으니 전차역이 아니라 기차역이다. 남대문역 등 전차역은 이 시에 나오는 역이 아니다. “어느 쪼끄만 정거장”이라 했으니 경성역도 아니다. 윤동주의 산문에서 주목되는 역은 아현리역이다. 경성역에서 신촌역으로 가다가 윤동주는 복선철도를 놓는 노동자들을 목격한다.

> 터널을 벗어났을 때 요즈음 복선공사複線工事에 분주한 노동자들을 볼 수 있다. 아침 첫차에 나갔을 때에도 일하고, 저녁 늦차에 들어올 때에도 그네들은 그대로 일하는데 언제 시작하여 언제 그치는지 나로서는 헤아릴 수 없다. 이네들이야말로 건설의 사도使徒들이다. 땀과 피를 아끼지 않는다.
>
> – 윤동주, 「종시」(1941), 김응교, 「나무가 있다」, 21~22면

경성역에서 떠나자마자 들어가는 터널은 현재 추계예대 가는 길에서 볼 수 있는 아현터널이다. "터널을 벗어날 때" 당시 복선철도 공사를 하는 노동자를 보았다고 했으니, 터널을 벗어나자마자 어떤 역이 있었는지 확인해야 한다. 현 터널에서 나오자마자 있는 역은 당시에는 있었으나 지금은 섬식 플랫폼만 남아 있는 아현리역이다. 아현리역은 "나는 플랫폼에 간신艱辛한 그림자를 떨어뜨리고, / 담배를 피웠다."는 구절처럼 승객이 역에 내릴 수 있는 역이었을까. 이제 아현리역이 「사랑스런추억」의 배경인지 확인해봐야 할 차례다. 물건을 싣고 부리는 기차역이 아니라, 승객이 타고 내리는 기차역도 검토해야 했다.

맨 오른쪽이 소화 17년 1942년 『만주지나 기차시간표』 7월호, 가운데가 소화 19년 1944년 가을 조선총독부 교통국에서 낸 『조선철도 시간표』

2012년 12월 21일 후쿠오카대학에 갔다가, 당시 후쿠오카대학에서 근무하던 구마키 쓰토무熊木勉 교수의 도움으로 후쿠오카대학 도서관에 있는 당시 조선철도 시간표 책 세 권을 열람했다(구마키 교수님께 받은 자료가 이외에도 많아 여기에 감사를 표한다.)

소화 17년 1942년 『만주지나 기차시간표』 7월호, 소화 19년 1944년 가을 조선총독부 교통국에서 낸 『조선철도 시간표』, 두 권의 안내서가 윤동주가 기차를 탔던 기간의 기차 시간을 보여준다.

『조선철도 시간표』(자료5)를 보면 경성역 근방의 역들이 표기되어 있다. 북쪽으로는 경성역에서 서소문역, 신촌역, 수색역, 능곡역, 일산역, 금촌역, 문산역 등으로 오늘날 경의선과 비슷하다. 문제는 여기에 아현리역이 없다는 사실이다. 왜 아현리역이 없을까.

『만주지나 기차시간표』를 보면 아현리역이 지도상에 없는 이유를 알 수 있다. 경성역에서 출발하는 경의선에는 서소문역, 아현리역, 신촌역, 수색역, 능곡역, 일산역 등 역 이름이 있다. 승객이 타고 내리는 기차 시간은 모두 정차와 출발 시간이 쓰여 있다. 승객이 안 타고 짐만 부리는 하역 기차역은 막대기 표시(↓)만 있다. 가령 시간표의 맨 아래 있는 경성역에는 시간이 모두 쓰여 있다. 반대로 서소문역과 아현리역에서는 막대기 기호만 있다. 승객이 타고 내리는 역이 아니라는 뜻이다. 서소문역이나 아현리역은 "나는 플랫폼에 간신艱辛한 그림자를 떨어뜨리고, / 담배를 피웠다."

경성역 주변의 기차역들

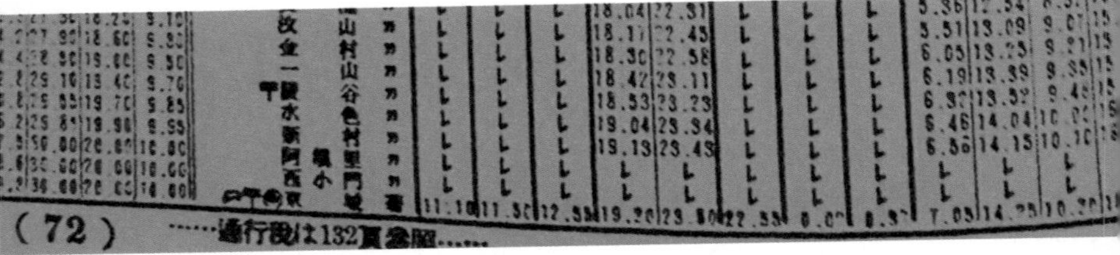

(72) ……通行税は132頁参照……

맨아래 경성역부터 그 위로 서소문, 아현리, 신촌, 수색 등이 쓰여 있다.

는 행동을 할 수 없는 역이다.

경성역과 아현리역을 제하고 보면, 「사랑스런추억」에 나오는 쪼그만 정거장은 사람이 타고 내렸던 신촌역일 가망성이 가장 크다. 윤동주에게 '신촌역'은 어떤 의미가 있을까. 그가 쓴 산문 「종시」를 보면 그의 생애사적으로 '신촌역'이 통학의 길목이라는 것을 알 수 있으니, 「사랑스런추억」이 윤동주에게 '신촌역'이었고, 자기성찰의 공간이었다는 것을 강변한다.

이 역에서 화자는 "나는 플랫폼에 간신艱辛한 그림자를 떨어뜨리고,"라고 표현했다. 여기서 '나'의 분신인 그림자를 "떨어뜨리고"라는 표현은 5연 뒤에 이어질 디아스포라의 운명을 예감하게 한다.

지금은 사라진 옛 신촌역 역사

윤동주가 배를 탔던 1930년대 관부연락선 부두 터미널.(출처 「부산일보」, 2011.8.11. 김한근 부산불교역사연구소 소장)

부산 제1부두
어느 왕조의 유물

윤동주는 명동마을과 용정에서 자라면서 바다를 보지 못했다. 평양에서 숭실중학교에 다닐 때 바다를 보았을 가능성은 있으나, 그때 바다를 보았다는 흔적은 글에 보이지 않는다. 윤동주가 바다를 본 것은 1937년 9월이다.

광명학교 5학년이던 1937년 9월, 윤동주는 금강산과 원산 송도원 등지로 수학여행을 다녀온다. 그때 윤동주는 「바다」를 썼다. 윤동주가 배를 타고 '바다'를 건넌 때는 일본에 유학 가던 시기였다. 그때 윤동주는 부산항 제1부두를 거쳐 갔을 것이다.

미즈노 나오키水野直樹 교수는 『만주지나 기차시간표』를 검토하여 송몽규가 교토에 갔을 차편과 시간을 추론해낸다. 당시 교토대학 문학부 사무실에 2월 15일자로 작성한 지원자 명부에 송몽규 이름이 있으니 적어도 13일에는 경성에서 출발한 것으로 추측한다.

> 1942년 당시의 열차시각표에 따르면 13일 23시 01분 경성역에서 출발하는 급행열차를 타면 14일 7시 35분에 부산잔교역 도착, 9시 30분 출발 부관연락선으로 18시 15분 시모노세키항 도착, 20시 30분 시모노세키역에서 출발하는 도쿄행 특별급행으로 15일 7시 32분에 교토역에 닿을 수 있었다.
>
> –水野直樹, 「일본 유학시절의 윤동주와 송몽규」, 연세대학교 국학연구원 연세학풍연구소 편, 『윤동주와 그의 시대』, 혜안, 2018. 199면.

이와 같은 방식으로 시간표를 검토하면 윤동주의 일본행도 추적할 수 있다.

윤동주와 송몽규는 '부관연락선' 혹은 '관부연락선'을 타고 일본에 갔다. 관부關釜의 '관'은 일본 시모노세키下關의 끝자인 '관關'이고, '부'는 부산의 부釜다. 부산과 시모노세키를 왕래하는 연락선을 일러 일제강점기에 부관연락선 혹은 관부연락선이라고 했다. 그때 "14일 7시 35분에 부산잔교역 도착"이라는 부산잔교역은 지금의 '부산항 제1부두'를 뜻한다.

부산항 제1부두는 1898년 부지 확장 공사를 시작으로 하여, 본래 '잔교식 부두'로 만들어졌다. 잔교식 부두란 가운데 콘크리트로 된 일종의 말뚝 같은 기둥을 바다에 세우고, 그 기둥 위에 판을 올려놓은 방식이다.

옛날 지도들이 있는데, 넷플릭스 드라마 〈빠칭코〉 제1화 첫 장면에 부산 제1부두가 당시처럼 디지털로 복원되어 잘 나온다. 이 부두에서 일본인 불량배들이 조선인들에게 행패 부리는 씬이 나온다. 부두에서 선박에 닿을 수 있도록 해놓은 다리 모양의 잔교가 보인다.

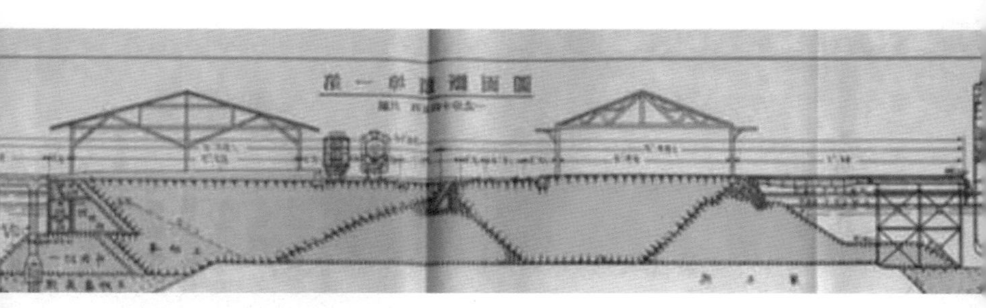

부산항 제1부두 확장 공사 단면도

부산항 제1부두와 『만세전』

조선인 노동자, 지식인, 그 누구든 일본에 가려면 지금의 부산 제1부두를 통해 가야 했다. 제1부두를 거쳐 간 조선의 지식인 중 염상섭(1897~1963)은 소설 『만세전』에서 부산 제1부두와 부산역 주변을 소설에 그대로 재현한다. 소설 제목이 '만세전'인 것은 만세萬歲운동이 있었던 1919년의 전前 해인 1918년 겨울 풍경을 쓴 소설이기 때문이다.

"조선에 만세가 일어나기 전 해 겨울이었다"로 시작되는 이 소설은 3.1독립운동이 일어날 수밖에 없는, 폭발하기 직전의 조선 상황을 그대로 보여준다.

도쿄 W대학 문과에 재학 중인 조선인 유학생 이인화李寅華는 아내가 위독하다는 전보를 받는다. 아내의 장례를 치르러 도쿄에서 경성으로 가는 길에, 이인화는 자신과 조선인이 '일본 국민'이 아니라, '일본 식민'이라는 사실을 뚜렷하게 체험한다.

관부연락선 목욕탕에서 이인화는 우연히 일본인들의 대화를 엿듣는다.

한 일본인 남자가 조선에 처음 가는 촌뜨기 일본인에게 돈을 쉽게 버는 방법을 소개하고 있다. 그는 조선인을 '대만臺灣의 생번生蕃'보다 조금 나은 취급을 하지만, 역시 '요보'라고 부르며 차별한다.

우스다 잔운薄田斬雲이 낸 『요보기ヨボ記』(1908)

생번이란 일본어로 세이판生蕃, せいばん으로 발음하고, 타이완 원주민 가운데 대륙 문화에 동화되지 않은 '날것 그대로의 야만인'을 가리킨다. 이때 우거질 번蕃은 그저 무더기로 자라는 야생초 같은 뜻이다.

요보ヨボ는 조선인을 지칭하는 차별어였다. "여보세요"라는 말에서 나왔다고 추정한다. 1908년 경성일보 기자인 우스다 잔운薄田斬雲이 낸

『요보기ヨボ記』에서 나온 말로 알려져 있다. '요보'라는 말은 불량, 불결, 비굴, 노예 등 온갖 좋지 않은 이미지를 갖는 멸칭이다. 조선인이 상대 배우자를 부르는 '여보'라는 단어가 일본인에 의해 더러운 뜻으로 변질되었다.

배 안에서 일본인은 1등칸에서 파티를 열고, 조선인은 3등칸에서 짐짝처럼 실려간다. 부두나 열차에서도 조선 사람이라는 이유로 임의동행을 요구당한다. 염상섭은 일본식으로 변해버린 부산 거리를 일종의 무덤으로 재현한다.

"부두를 뒤에 두고 서쪽으로 꼽들어서 전차길을 끼고 큰길을 암만 가야 좌우편에 2층집이 죽 늘어섰을 뿐이요 조선 사람의 집이라고는 하나도 눈에 띄는 것이 없다."

조선식 집이 사라진 풍경이 당시 부산 거리의 풍경이었다.

염상섭은 이인화가 아내의 장례를 끝내고 다시 일본으로 돌아가는 일종의 순례 루트를 기록하면서, 조선반도를 하나의 공동묘지로 묘사했다.

> 나의 주위는 마치 공동묘지 같습니다. 생활력을 잃은 백의의 민民-망량魍魎(도깨비) 같은 생명들이 준동하는 이 무덤 가운데에 들어앉은 지금의 나로서 어찌 '꽃의 서울'을 꿈꿀 수가 있겠습니까? 눈에 띄는 것, 귀에 들리는 것이 하나나 나의 마음을 보드랍게 어루만져 주고 기분을 유쾌하게 돋우어주는 것은 없습니다. 이러다가는 이 약한 나에게 찾아올 것은 아마 질식밖에 없겠지요.
>
> – 염상섭, 『만세전』에서

염상섭은 이 작품의 원래 제목을 『묘지』로 하려고 했다가, 1919년 3.1운동을 예고하는 『만세전』으로 바꾼다.

당시 조선인은 호적도 조선호적령(총독부령 제154호)으로 따로 관리되었다. 내지(일본) 호적으로 바꿀 수 없었고, 분명 따로 구분되었다. 조선반도 거주자는 참정권도 없었고, 병역도 국적법이 아닌 특별 입법조치로 따로 관리했다. 조선인은 일본인이 아니라, 국권과 주권이 없어 차별받는 식민이었다.

얼마 전 한 정치인이 그 시대 조선사람은 모두 일본 국적을 갖고 있었다고 주장했는데, 근거없는 얘기다. 당시 조선인들은 일본 국적자가 아니라, 일본 식민이었다. 중편소설 『만세전』의 주인공 이인화는 관부연락선과 남행열차의 경험을 통해 자신이 일본 국민이 아니라, 일본 식민이라는 정체성을 명확하게 깨닫는다.

욕된 왕조의 후예가 쓴 참회록

윤동주는 연희전문 졸업 후 일본에 유학하기로 한다. 일본으로 가는 관부연락선을 타려면 '도항증명서'가 있어야 했다. 윤동주는 창씨개명을 하지 않았으나 아버지가 창씨개명을 하여, 주민등록과 졸업장에 쓰인 이름이 같지 않았다. 졸업 직후 북간도로 귀향했다가 서울로 돌아와 윤동주는 학교에 창씨개명계를 제출한다.

파란 녹이 낀 구리 거울 속에
내 얼굴이 남아있는 것은
어느 왕조의 유물이기에

이다지도 욕될까.

나는 나의 참회의 글을 한 줄에 줄이자.
-만 이십사 년 일 개월을
무슨 기쁨을 바라 살아왔던가.

내일이나 모레나 그 어느 즐거운 날에
나는 또 한 줄의 참회록을 써야한다.
-그때 그 젊은 나이에
왜 그런 부끄런 고백을 했던가.

밤이면 밤마다 나의 거울을
손바닥으로 발바닥으로 닦아보자.

그러면 어느 운석 밑으로 홀로 걸어가는
슬픈 사람의 뒷모양이
거울 속에 나타나온다.

-윤동주, 「참회록」(1942. 1. 24) 전문

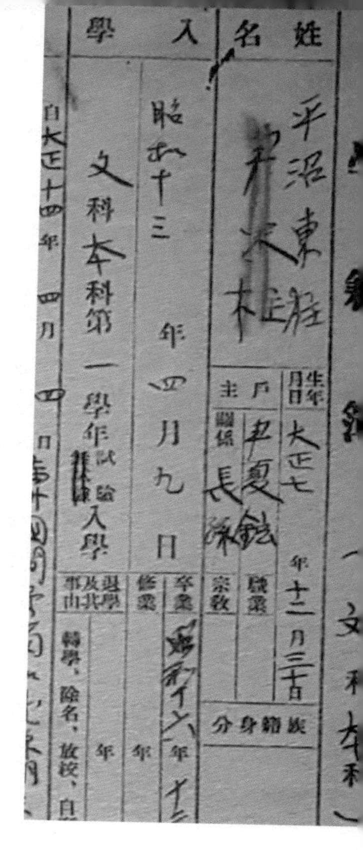
姓名 平沼東柱
入學 昭和十三年四月九日
文科本科第一學年試験入學
生年月日 大正七年十二月三十日
戶主 尹夏鉉
關係 長孫
族籍身分

일제에 망한 왕조王朝는 "파란 녹이 낀 구리 거울"이고, 그 후에는 구리 거울에 남아 있는 "내 얼굴"이다. 여기서 끝나지 않는다. 윤동주는 자신의 성씨를 바꾸어야 했다.

이 시를 쓰고 닷새 후 1942년 1월 29일 윤동주는 '창씨개명계'

를 연희전문에 제출한다. 연희전문 학적부를 보면 윤동주라는 이름은 빨간 줄로 지워지고, '히라누마 도주平沼東柱'로 새로 쓰여 있다.

「참회록」에서 하이픈(-)을 긋고 쓴 문장만 보자.

-만 이십사 년 일 개월을
무슨 기쁨을 바라 살아왔던가.

-그때 그 젊은 나이에
왜 그런 부끄런 고백을 했던가.

문장 앞에 그은 하이픈(-)은 가장 내밀한 독백이라는 표시일 것이다.

'만 24년 1개월'은 이 시를 쓴 1942년 1월 24일에 그가 태어난 1917년 12월 30일을 빼면 정확히 날짜가 맞다.

윤동주가 나이가 들어 자신의 삶을 회고할 때 "그때 그 젊은 나이에 / 왜 그런 부끄런 고백을 했던가.", 왜 그리 부끄러운 창씨개명을 했을까, 괴로워할 것이라고 한다.

기쁨이 없고, 부끄런 고백을 「참회록」에 쓴 그에게 일본행 유학이 무슨 희망이고 사랑이 될까. 「참회록」의 육필 원고를 보면 여백에 '생존生存', '생활生活', '힘' 등의 낙서가 어지럽게 쓰여 있다.

이제까지 연구는 창씨개명을 하지 않으면 일본에 유학 갈 수 없다는 논리였지만 미즈노 나오키 교수는 그 논리를 뒤엎는다.

창씨개명을 하지 않고서도 일본 대학에 유학한 조선인 학생들 이름이 여러 대학 유학생부에 나오기 때문이다. 윤동주와 송몽규의 경우는 특이했다. 가족들이 이미 창씨개명을 했기에 호적과 학적부의 이름이 통일되지 않은 상태였다. 대학에 호적과 학적부에 쓰인 이름이 같아야 입학할 수 있기에 윤동주와 송몽규는 어쩔 수 없이 창씨'개명'이 아닌 창씨 '신고'를 했다는 것이 미즈노 나오키 교수의 주장이다(水野直樹, 「윤동주는 '창씨개명'을 했는가」, 류양선 엮음, 『윤동주 시인을 기억하며』, 다시올, 2015. 198~202면).

슬픔을 넘어 살아 움직이는 공간으로

부산항 제1부두는 분명 일본으로 가려는 식민지의 조선인은 누구나 굴욕적으로 거쳐가야 하는 공간이었다.

1912년 제1부두는 경부선과 그대로 연결되도록 완공되었다. 제1부두는 사람을 운송할 뿐만 아니라, 대륙을 침략하기 위한 무기들도 옮겨야 했다. 군수물자 수송도 무역이나 여객 못지않게 중요했던 것이다.

현재 부산역 제1부두(사진 김웅교)

일제는 놀라운 일을 기획했다. 뭍에서 달리던 기차를 그대로 배에 싣고, 다시 배에 실었던 기차를 뭍에 그대로 연결시키는 방식이다. 도쿄에서 시모노세키까지 온 기차는 그대로 배 안으로 들어가, 부산까지 실려 갔다가, 부산에서 그대로 철도길에 올라, 그대로 조선 땅을 거슬러 올라가 만주로 향하는 방식까지 일본인들은 계획했다.

윤동주가 살았던 1930~40년대에 경부선 열차는 부산역을 지나서 제1부두를 시발점과 종착역으로 삼았다. 손님들은 부두 안에까지 쑥 들어와 기차에서 내려서는 곧장 배로 올라가게 되어 있었다. 그런 점으로는 경부선 철도는 제1부두의 연장이나 다를 바가 없었다(김열규,「관부연락선 오가던 제1부두」,〈부산일보〉. 2011.8.15).

지금 남아 있는 부산항 제1부두에는 물류창고가 남아 있다. 윤동주가 일본에 갈 때 있었던 건물이다. 이 건물에서 부산 비엔날레도 열렸고, 다양하게 활용되고 있다. 슬픔의 장소였지만 이제는 살아 움직이는 문화 공간으로 활용되고 있다.

부산항 제1부두에 오면 조용필의 〈돌아와요 부산항에〉를 부르곤 한다. 떠나는 사람을 배웅하는 마음이 절실하게 배여 있는 노래다. 여기서 잔혹한 낙관주의로 끝까지 희망을 잃지 않았던 윤동주가 쓴 바다가 나오는「둘 다」혹은 "도항증명서"라는 메모가 쓰여 있는「참회록」을 낭송해보자.

더 이상 어느 왕조의 슬픈 유물이 아니라, 세계로 향한 긍지의 부두가 될 수 있도록, 부산항 제1부두에서 끝없는 바다와 하늘을 마음에 담아 보자.

송몽규 졸업사진(출처 1941년 연희전문 졸업앨범)

부산 오페라 하우스
부산항 제1부두
부산타워
자갈치 시장

05

YUN DONG-JU

일본

1920년대 당시 릿쿄대학 정문에서 본 전경, 중앙은 본관이고 오른쪽은 채플이고 왼쪽이 도서관으로 지금과 같은 건축 양식이다. 1923년 9월 관동대지진 때 본관 한쪽 탑이 무너지는 등 피해를 입었다가, 이후 보수한다. 1945년 연합군이 도쿄 공습을 하여 이케부쿠로 캠퍼스는 대부분 파괴된다.(출처 릿쿄대학 홈페이지)

도쿄 릿쿄대학
늙은 교수의 강의 들으러 간다

윤동주는 짧은 생애의 마지막 4년을 일본에서 지낸다. 일본에서 그를 맞이한 학교는 릿쿄대학이다. 도쿄 이케부쿠로역 서쪽 C3 출구로 나와 십여분 남짓 걸어가면 붉은 벽돌 벽이 길게 이어지고 곧 아담한 정문이 나온다. 담쟁이덩굴로 옷을 입은 붉은 벽돌 건물은 낯선 길을 찾아온 나그네를 살갑게 맞이한다. 들어가는 정문은 소학교의 정문마냥 단아한데, 그 안에 들어가면 마법학교마냥 거대한 정신 세계가 펼쳐진다. 붉은 벽돌 건물과 건물 사이를 걸으면 마치 유럽의 어느 중세 대학에 와 있는 듯 고풍스럽다.

릿쿄대는 1874년 미국 성공회 선교사 채닝 무어 윌리엄스Channing Moore Williams(1829~1910) 주교가 도쿄 쓰키지築地의 외국인 거류지에 영어영문학과 성경을 가르치는 사설 교육기관 '릿쿄학교Rikkyo School를 세우면서 시작되었다. 2024년에 150주년을 맞이한 대학이다.

왜 대학 이름이 릿쿄立教인가? 당시 학교 설립의 목표는 교사를 양성하는 것이었다. 교사, 엘리트, 지도자 양성이 목표였기에, 교사教를 세우는立 학교라는 뜻으로 릿쿄立教대학으로 지었다고 한다.

정문에 새겨진 학교 상징 엠블럼 중앙에 "Pro Deo et Patria"라고 쓰여진 표어는 "하느님과 세상을 위하여"라는 교육 이념이다.

"학교의 영문 이름이 'St. Paul's College'이듯이, 선교의 사도였던 바울처럼 복음을 전할 일꾼을 양성하는 것이 제1 목표였지요. 지금까지 가장 많은 성공회 성직자를 배출한 곳이기도 합니다."라고 한국인으로 첫 릿쿄대학 교목으로 일한 유시경 신부는 전한다. 그는 2008년 '시인 윤동주를 기념하는 릿쿄 모임詩人尹東柱を記念する立教の会'(이후 '릿쿄대 윤동주 모임'으로 줄여 쓴다)을 설립, 사무국장을 맡았다.

진주만 사건 다음날인 1941년 12월 8일 천황의 조서詔書를 전교생이 낭독하는 봉독식을 거행하는 장면(「릿쿄대학 신문」, 1941년 12월 10일, 출처 릿쿄대학 홈페이지)

立敎大學新 昭和十六年十二月十日

詔書捧讀式擧行

宣戰の大詔渙發されて、一億國民感激措く所を知らず、
止む能はざるを覺ゆ。
此の時本學では、九日午前十一時四十分、全學生は豫科
に集合して、宣戰の大詔捧讀式を擧行した。
此の日暗雲深く垂れ込め肌寒き風吹く折に、全學生一名
て缺席する者無く二千餘名の激潮たる學徒の列は眞に胸を
ものがあつた、遠山學長は進みて、
宣戰の大詔を拜讀し、その後宣戰の大詔を拜讀してと題
切々うつたうるが如く、是の如き結果となつた國際狀勢の
とその結果學徒に與へられた任務の重大なる所以を强調
て學徒の進む可き方向を明示した
『學徒の進む可き道は旣に定まつてゐる、入りては學業に

윤동주는 왜 릿쿄대학에 입학했을까. 프랑스 상징주의 문학을 가르치는 수업이 있기 때문이 아닐까. 무엇보다도 일본에서 드문 미션스쿨이었기 때문일 것이다. 연희전문처럼, 릿쿄대학에서도 채플을 통해 성경을 읽으며 공부할 수 있으리라 기대했을 것이다.

불행하게도 윤동주가 입학하기 전에 릿쿄대학은 이미 다른 모양으로 변해 있었다. 1941년 12월 7일 일본 해군이 미국 진주만을 공격한 바로 다음날 12월 8일 릿쿄대학은 전교생을 모아놓고 대미영 선전포고를 따르는 천황의 조서詔書를 낭독하는 봉독식捧讀式을 거행한다.

릿쿄대의 교육과정에 "군국주의 교육 방침을 더욱 명확하게 해야 한다"면서, "채플을 일시 폐쇄"(『릿쿄대학 신문』, 1942년 10월 10일자)했다가, 이후 군 창고로 썼다.

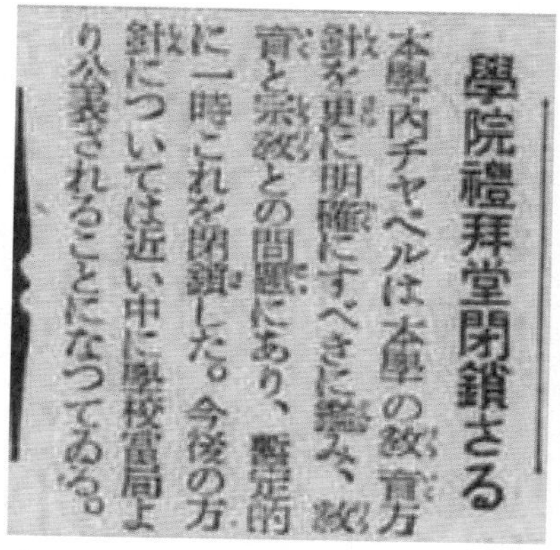

學院禮拜堂閉鎖さる

本學内チャペルは本學の教育方針を更に明確にすべきに鑑み、教育と宗教との問題にあり、暫定的に一時これを閉鎖した。今後の方針については近い中に學校當局より公表されることになつてゐる。

릿쿄대 채플 폐쇄를 알리는 기사(「릿쿄대학 신문」, 1942년 10월 10일, 출처 릿쿄대학 홈페이지)

이 글을 쓰는 중에 유시경 신부는 열쇠 고리 같은 모양이 찍혀 있는 사진 한 장을 보내왔다.

"새로운 노래를 주를 향해 부르자"라고 위에 쓰여 있고, 중앙에는 릿쿄대 채플실에 있는 파이프 오르간 표시와 그 아래 학생의 이름과 맨 아래 '1942'라고 쓰여 있다. 도대체 이것이 무슨 표시일까.

"영문과 교수이며 교목인 다카마츠 타카하루 신부는 군국주의에 저항해서 교수직을 박탈당한 분이지요. 영화 〈동주〉에 나오는 그 신부입니다. 채플이 폐쇄되고, 채플실이 군용 창고로 쓰이면서 기독교 서클인 성가대의 활동이 중지되면서 지도 담당이던 타카마츠 타카하루 신부님이 학생들 이름을 새겨 개인별로 나누어 줬습니다. 졸업생이 기념관에 기증한 것입니다."

당시 기독교 신자들이 얼마나 필사적으로 신앙을 지키려 했는지 보여주는 표식이 아닐까. 바로 이 시기에 윤동주가 릿쿄대학을 다녔던 것이다.

기독교 교육은 사라지고 이미 군국주의 교육을 중심으로 했을 때, 군대와 다름없는 학교에 윤동주는 입학했던 것이다. 윤동주가 그리던 프랑스 상징주의 문학이나 채플과는 관계없는 군국주의 교육을 받아야 했다.

1942년 4월 2일 릿쿄대에 입학한 윤동주의 학적부에는 그가 「참회록」을 쓰며 괴로워했던 '히라누마 도주平沼東柱'라는 창씨개명된 이름이 쓰여 있다.

1948년 유고집 『하늘과 바람과 별과 시』 초판본을 낼 때 네 명의 연희전문 동창들이 힘을 모았다. 강처중, 유영, 김삼불 그리고 후배 정병욱이었다. 특히 강처중은 윤동주가 릿쿄대학 편지지에 써서 보낸 다섯 편의 시를 보관했다. 강처중 덕분에 「흰그림자」, 「사랑스런追憶」, 「흐르는거리」, 「쉽게쓰여진詩」, 「봄」 다섯 편이 시집에 실릴 수 있었다. 윤동주 스스로 선택한 19편의 시를 정병욱이 보관했고, 여기에 강처중이 보관한 12편을 합친 31편으로 『하늘과 바람과 별과 시』는 출판된다. 강처중이 보관하여 전한 12편 중에 릿쿄대학 편지지에 쓰여 있는 시에서 릿쿄대학에서 공부하던 풍경이 나오는 구절을 보자.

> 땀내와 사랑내 포근히 품긴
> 보내주신 학비봉투學費封套를 받어
>
> 대학大學 노-트를 끼고
> 늙은 교수敎授의 강의講義 들으러 간다.
>
> 생각해 보면 어린 때 동무를
> 하나, 둘, 죄다 잃어 버리고
>
> 나는 무얼 바라
> 나는 다만, 홀로 침전沈澱하는 것일까?
>
> – 윤동주, 「쉽게 쓰여진 시」 전문.

릿쿄대 시절, 1942년 8월 4일, 마지막 귀향 때, 송몽규(가운데) 등 친구들과 찍은 사진. 윤동주만 삭발머리를 하고 있다.(출처 유족 대표 윤인석 교수)

'진리가 너희를 자유케 하리라'는 자유를 찾기는커녕 제국주의에 빠진 학장의 지시로 머리를 삭발하고 군인처럼 지내야 했다. 릿쿄대학에서 윤동주는 기쁜 것이 아니라, 오히려 "홀로 침전沈澱"하는 우울에 빠져 있었다.

「쉽게 쓰여진 시」를 읽었을 때 그 울림을 릿쿄대 출신이며 수필가인 야나기하라 야스코楊原泰子 선생은 여러 매체에서 이렇게 증언했다.

"릿쿄대 졸업생들, 윤동주와 같은 시절에 릿쿄대학을 다녔던 사람들에게 백여 통의 편지를 써서 윤동주를 기억하는지 물어보면서 조사했어요. 딱 한 분께서 기억한다고 회신이 왔어요. 그때 「쉽게 쓰여진 시」에 '노교수의 수업을 들으러 간다'는 부분에 나오는 그 노교수는 동양철학사를 가르치던 '우노 선생님'이라는 사실을 알았어요. 그 수업을 같이 들었던 분이 윤동주, 그러니까 '히라누마 씨'를 정확히 기억하고 계셨어요. 당시 시간표 같은 것도 입수했고요. 제가 수업을 들었던 똑같은 장소에서 공부했을 「쉽게 쓰여진 시」를 제일 먼저 만났다고 해야 할까요."

일본에서의 윤동주 시인을 밝히 알린 야나기하라 야스코 선생이 윤동주에 관해 찾아낸 자료들은 윤동주 연구에서 외면할 수 없는 종요로운 자료들이다.

「릿쿄대학 성적부」를 보면, 윤동주는 '선과 1학년' 때 두 과목만 들은 것으로 나온다. 이미 릿쿄대에서 마음이 멀어진 것으로 보인다.

매년 2월 역사유물로 지정된 릿쿄대 채플에서 윤동주 기일 무렵에는 윤동주 추모모임이 열린다. 2010년부터 릿쿄대학에서는 매년 10인의 한국유학생에게 매월 5만엔(50만원 정도)씩 12개월을 지급하는 '윤동주 국제교류장학금' 제도가 시작되었다. 이 장학금의 의미를 유시경 전 릿쿄대 교목은 이렇게 설명한다.

> "이 장학금의 의미는, 단지 릿쿄의 10개 학부마다 1명씩 한국 유학생을 대상으로 수여한다는 것, 그것을 넘어서 다시는 윤동주처럼 좌절하는 청년을 만들면 안 된다, 다시는 젊은이들을 군사훈련으로 내모는 대학이 되어서는 안된다는 결의의 표시라고 생각합니다. 나아가 다시는 이 나라가 전쟁으로 치닫는 역사를 허락해서는 안 된다는 선언이고, 미래에 대한 다짐입니다."
>
> – 유시경, 「시대처럼 올 아침을 기다리며-비운의 시인 윤동주의 탄생 100주년을 기리며」, 월간 『개벽』, 2017년 4월 63호

릿쿄대에서 윤동주가 머문 시간은 한 학기에 불과하다. 물리적 시간과 관계없이, 릿쿄대와 일본인들은 '영원한 한 명의 릿쿄인 윤동주'로 기억하려고 한다.

2008년 추모식에서 오오하시 히데이츠大橋英五 총장이 했던 축사는 기억에 남을 만하다.

"시인 윤동주의 희생과 그의 인생 자체가, 앞으로 릿쿄대학이 더욱 소중히 간직해야 할 역사적, 정신적 재산의 하나입니다. 과거의 역사를 돌아보는 거울로, 오늘의 역사를 생각하는 잣대로서 시인의 고결한 정신을 기념하는 이 모임이 계속되기를 바랍니다."

立教大学成績簿

昭和 年入學者試驗成績表 文學部 英文學科							
必修科目	一學年三月	二學年三月	三學年三月	選擇科目	一學年三月	二學年三月	三學年三月
文學概論				西洋哲學史			
歐州文學				東洋哲學史			
言語學				美術史			
拉典語				英米國史			
英文學				文學各論			
同上演習	85	(杉本)		敎育學			
米文學				敎育史			
同上演習				英作文 1			
英語學				英作文 2			
同上演習				英會話 1			
國文學				英會話 2			
美學				英米諸家研究			
敎練				古代及中世英語			
卒業論文				佛蘭西語			
				獨逸語			
				英語発達史	80	(宇野)	
				各年總點			
				各年平均			
姓名	大正 年 月 日生			卒業總點		卒業平均	
	平沼東柱			要錄 選科 (鮮)	( )内は担当者		

오오하시 총장은 실제로 '릿쿄대 윤동주 모임'의 발족을 위해 많이 도와주었다고 한다.

윤동주가 릿쿄대 편지지에 「쉽게 쓰여진 시」와 함께 쓴 다섯 편의 시는 그의 유고시가 되었다. 릿쿄대학 편지지는 윤동주가 이 지상에 남긴 마지막 5편을 기록한 역사적 유물이 되었다. 감옥에 갇히기 전인 24년 5개월 남짓한 기간 동안 그가 남긴 시를 보며 가끔 생각한다. 세계문학사에 이런 인물이 몇이나 있을까. 비교 불가능한 하나의 사건으로 그는 잔잔한 호수에 돌멩이로 던져졌다.

소수자문학으로 읽을 수 있는 윤동주의 시는 한국, 중국(조선족), 일본에서 교과서에 실려 있다. 한국, 중국, 일본에 시비가 세워진 시인이며 북한에서도 중요한 시인으로 평가받고 있다. 디아스포라 소수자문학으로서 그의 시는 세계인이 대화 나눌 수 있는 소소하지만 큰 대지로 향하는 산책길을 열었다.

현재 릿쿄대학 이케부쿠로 캠퍼스 정문(출처 Wikipedia)

윤동주의 릿쿄대학 학적부(출처 릿쿄대학교)

재일본한국YMCA
다시 정답게 손목을 잡어 보세

남의 학적부나 성적표를 보는 일은 피해야 하겠지만, 중요한 사람의 소중한 발자취를 확인하려면 여러 증서를 참고해야 한다. 윤동주가 입학한 릿쿄대학의 학적부는 많은 정보를 알려준다. 이름은 '히라야마 도주平沼東柱'로 창씨개명 된 이름으로 적혀 있다. 본적은 '함경북도 청진시 포항정 76번지', 현재 사는 곳居所은 '간다구 사루가쿠쵸 2쵸메 413神田區 猿樂町 2丁目 413 히라누마 영춘平沼永春'이라고 쓰여 있다.

'히라누마 영춘'은 명동마을에서 태어난 윤동주의 5촌 당숙인 윤영춘(1912~1978)이다. 1934년 《신동아》 신춘문예에 「지금은 새벽」이라는 시를 발표하여 문단에 데뷔한 그는 메이지학원대학 영문과에 진학한다. 전공은 영문학과인데 놀랍게도 26세인 1937년에 「현대중국신시단의 현상」을 발표하고, 1939년 메이지학원대학 영문과를 졸업한다. 30세인 1941년에 「현대중국시초現代支那詩抄」(『인문평론』,제3권 제1호, 1941년 1월)를 발표하는 등 중국 현대시에 관해 중요한 업적을 냈다. 다시 니혼대학 영문학과에 편입해 공부를 마친 그는 윤동주가 일본에 갔을 때, 메이지학원대학과 니혼대학에서 영문학과 시간강사를 하며, 소장 학자로서 자리를 잡아가고 있었다.

윤영춘 사진

윤영춘 교수는 집안 어른이지만 윤동주 시인과 다섯 살밖에 차이가 나지 않아 명동소학교를 함께 다녔다. 가수 윤형주의 아버지이기도 하다.

윤동주 시인이 후쿠오카 형무소에 수감되어 있을 당시 윤영춘 교수가 시인을 마지막으로 면회했다. 영화 〈동주〉에서 보면 송몽규의 아버지가 윤동주 시신을 확인하는 것으로 나오지만, 사실은 윤영춘과 윤동주의 아버지 윤영석이 윤동주의 시신을 거두었다.

민족자결주의와 2.8 독립선언서

고서점이 많은 진보쵸와 천황이 사는 황거에서 멀지 않은 곳에 도쿄 재일본한국YMCA가 있다. 이곳은 과거나 지금이나 한국인들의 아지트 같은 곳이다. 윤영춘이 머물던 '간다구 사루가쿠쵸 2쵸메 413'이었다.

1918년 1월 8일 미국 윌슨 대통령은 제1차 세계대전 종결을 위해 민족자결주의National Self-determination에 기초한 '평화 원칙 14개조'를 제시한다. 민족자결주의는 도쿄에 사는 조선 유학생의 마음을 움직였다. 당시 와세다대학 철학과 학생이던 이광수는 베이징에 갔다가 윌슨의 민족자결주의 소식을 듣는다. 그해 11월 11일 독일이 항복하여 제1차 세계대전이 끝나고, 11월 22일에 웅변대회를 명목으로 잡지 『학지광』을 내는 '도쿄 조선유학생 학우회'를 중심으로 유학생들이 모인다.

다음해 1919년 1월 6일 다시 여기에서 웅변대회를 가지면서, 다음날인 7일 새벽 1시에 최용팔, 서춘, 백관수, 윤창석, 송계백, 이종근, 김상덕, 최근우, 이광수, 김철수가 주동이 되어 2.8 독립선언을 본격적으로 기획한다. 이광수가 원문을 쓰기로 한다.

위도로 보면 부산과 제주도 사이에 있는 도쿄에는 좀처럼 눈이 내리지 않는다. 그런 도쿄에 1919년 2월 8일 아침에는 거짓말처럼 폭설이 내렸다. 폭설이 내린 그 험한 길을 헤치고 나와 6백여 명의 조선인 유학생이 독립선언을 위해 모인다. 당시 일본에 온 조선인 유학생이 총 769명이었는데 6백여 명이면 먼 거리에 있는 유학생 빼고 거의 다 모였다고 보아야 할 것이다. 그날 선언된 「2.8 독립선언서」의 첫 문장을 보자.

조선청년독립단朝鮮青年獨立團은 우리 이천만 겨레를 대표하여 정의와 자유와 승리를 얻은 세계 여러 나라 앞에 우리가 독립할 것임을 선언하노라.

–「1919.2.8. 독립선언서」

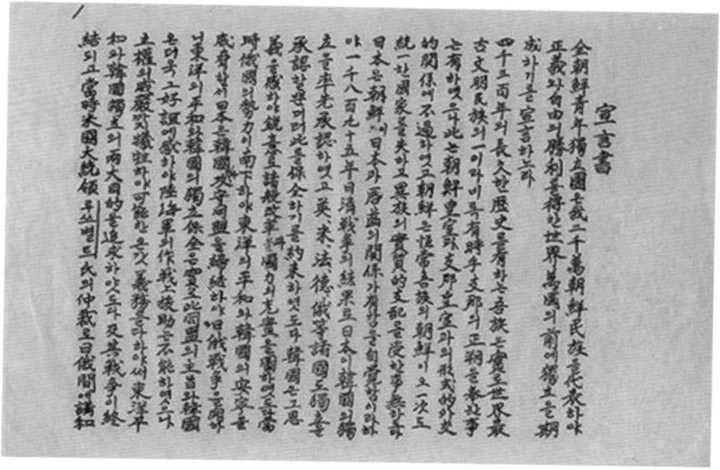
宣言書
全朝鮮青年獨立團은我二千萬朝鮮民族을代表하야
正義와自由의勝利를得한世界萬國의前에獨立을期
成하기를宣言하노라
四千三百年의長久한歷史를有하는吾族은實로世界最
古文明民族의一이라비록有時乎支那의正朔을奉한事
는有하엿스나此는朝鮮皇室과支那皇室과의形式的外交
的關係에不過하엿고朝鮮은恒常吾族의朝鮮이오一次도
統一한國家를失하고異族의實質的支配를受한事無하도다
日本은朝鮮이日本과脣齒의關係가有함을自覺함이라하
야一千八百九十五年日淸戰爭의結果로日本이韓國의獨
立을率先承認하엿고英,米,法,德,俄等諸國도獨立을
承認할뿐더러此를保全하기를約束하엿도다韓國은그恩
義를感하야銳意로諸般改革과國力의充實을圖하엿도다當
時俄國의勢力이南下하야東洋의平和와韓國의安寧을
威脅할새日本은韓國과攻守同盟을締結하야日俄戰爭을開하
니東洋의平和와韓國의獨立保全은實로此同盟의主旨라韓國
은더욱그好誼에感하야陸海軍의作戰上援助는不能하엿스나
主權의威嚴까지犧牲하야可能한온갓義務를다하야써東洋平
和와韓國獨立의兩大目的을追求하얏도다及其戰爭이終
結되고當時米國大統領루-쓰벨트氏의仲裁로日俄間에講和

1919년 2월 8일 독립선언서

이것은 보통 일이 아니다. 일제의 한복판에서 그것도 천황이 사는 황거와 가까운 곳에서 독립을 선언한 것이다. 첫 문장에 나오는 '조선청년독립단'은 도쿄에 유학하고 있던 조선청년들이 1919년 1월 도쿄 기독교청년회관YMCA에서 독립을 위해 결성한 모임이다. 모임을 결성하고 「민족대회 소집청원서」와 「독립선언서」를 만든 것이다. 선언서에 쓰여 있는 '한일합병의 죄악'을 지적하는 마지막 결의문은 목숨을 건 문장이라고 아니할 수 없다.

1. 우리 단체는 한일 합병이 우리 겨레의 자유 의사로 나오지 아니하고 우리 겨레의 생존과 발전을 위협하고 또 동양의 평화를 교란하는 원인이 된다는 이유로 독립을 주장함.

2. 우리 단체는 일본 의회 및 정부에 조선민족대회를 소집하여 해회(該會)의 의결로 우리 겨레의 운명을 정할 기회를 주기를 요구함.

3. 우리 단체는 만국강화회의에 민족자결주의를 우리 겨레에게도 적용하기를 청구함. 오른쪽의 목적을 달성하기 위하여 일본에 주재한 각국 대공사에게 우리 단체의 주의를 각기 정부에 전달하기를 의뢰하고 동시에 위원 두 명을 만국강화회의에 파견함. 오른쪽 위원은 이미 파견한 우리 겨레의 위원과 일치 행동을 갖음.

4. 전 항의 요구가 실패될 때에는 우리 겨레는 일본에 대하여 영원한 혈전을 선언함. 이로써 생기는 참화는 우리 겨레가 그 책임을 지지 아니함.

–「1919. 2. 8. 독립선언서」

마지막 항을 보면 "요구가 실패될 때에는 우리 겨레는 일본에 대하여 영원한 혈전을 선언"한다고 쓰여 있다. 목숨을 걸겠다는 선언문이다.

선언에서 끝나지 않고 2월 8일 선언서와 청원서를 영어로 번역하여 각국 대사관, 공사관과 일본정부, 일본국회 등에 발송했다.

당연히 참여했던 많은 학생들이 끌려가고 구금된다. 이때 일본인 변호사 후세 다쓰지布施辰治(1880~1953)가 이들의 석방을 위해 애쓴다.

조선유학생의 무료 변론을 맡은 후세 다쓰지는 유학생들에게 '내란음모죄'라는 끔찍한 판결이 내려지기 전에, "유학생들이 자국의 독립을 위해 선언문을 낭독한 게 무슨 내란음모죄냐?"라며 집회신고를 안 한 정도로 변호해 주어 주모자들을 모두 석방시키는 큰 역할을 한다.

변호사 후세 다쓰지

후세 다쓰지는 4년 뒤 일어난 1923년 간토대진재 조선인학살 사건 때도 조선인을 위해 최선을 다한다(김응교, 「후세 다쓰지를 기억하는 일곱 가지 장면」, 『백년 동안의 증언』, 책읽는고양이, 2023, 178~193면). 재일본한국YMCA 자료실에는 후세 다쓰지 사진과 감사패가 다소 초라하게 전시돼 있다.

그 선언을 시발로 3.1 독립운동이 일어나고, 40일 뒤 1919년 4월 11일 대한민국 정부의 정통성을 선언하는 상하이 임시 정부가 시작된 것이다. 바로 이곳에 윤동주가 일본에 도착하자마자 거했던 것이다.

유념해야 할 것이 있다. 지금 있는 재일본한국YMCA 자리는 100여 년 전 2·8독립선언을 발표했던 조선기독교청년회관이 있던 자리가 아니다. 옛날 건물 자리는 지금 건물에서 500미터쯤 떨어져 있다. 옛날 조선기독교청년회관은 1923년 9월 1일의 간토(關東)대진재로 불타 없어졌다. 지금 있는 건물은 1929년에 다시 건립했으니, 1942년에 일본에 유학 온 윤동주이 이 자리에 있는 건물에 숙박한 것은 맞다.

재일본한국YMCA 현관 옆에 있는 2.8독립선언 기념비(사진 김응교)

당시의 건물은 지금처럼 현대식 건물이 아니었다. 윤동주가 살던 건물은 1928년에 지어졌고, 현재의 건물은 1980년 12월에 준공되었다.

흐르는 거리

1930년대부터 재일본한국YMCA는 유학생 숙박시설로 사용되고 있었는데, 윤동주가 일본에 갔을 때 윤영춘이 YMCA에서 거주하다가 맞이한 것이다.

> 내가 도쿄에서 공부하던 1942년 봄, 동주의 당숙인 윤영춘 선생으로부터 동주와 몽규가 YMCA회관의 자기 방에 투숙하고 있다는 소식을 받고 급히 뛰어가 만났다.
>
> – 김정우, 「윤동주의 소년시절」, 『나라사랑』 23집, 외솔회, 121쪽

잠시 거했던 것으로 추정되는데, "YMCA회관의 자기 방에 투숙하고 있다는 소식"을 들었다 하니, 분명 윤동주가 얼마간 거한 것은 확실하다. 오무라 마스오 교수에 따르면, 1942년 4월 한 달가량 얹혀 지냈다고 한다(오무라 마스오, 『한국문학과 윤동주』, 소명출판, 2011. 56면).

재일본한국YMCA가 있는 자리는 도쿄의 큰 거리에서 여러 번 골목을 꺾어 걸어들어가야 한다. 지금도 역에서 그리 가까운 곳이 아니어서 적지 않게 걸어가야 한다. 윤동주는 이제 새로 거주처를 정해야 하는 이주민의 입장이다. 디아스포라의 입장에서 5월 12일에 「흐르는거리」를 썼을 것이다.

> 으스럼히 안개가 흐른다. 거리가 흘러간다. 저 전차電車, 자동차自動車, 모든 바퀴가 어디로 흘리워 가는 것일까? 정박定泊할 아무 항구港口도 없이, 가련한 많은 사람들을 싣고서, 안개 속에 잠긴 거리는,
>
> 거리 모퉁이 붉은 포스트상자를 붙잡고 섰을라면 모든 것이 흐르는 속에 어렴푸시 빛나는 가로등街路燈, 꺼지지 않는 것은 무슨 상징象徵일까? 사랑하는 동무 박朴이여! 그리고 김金이여! 자네들은 지금 어디 있는가? 끝없이 안개가 흐르는데,
>
> 「새로운날 아침 우리 다시 정情답게 손목을 잡어 보세」 몇 자字 적어 포스트 속에 떨어트리고, 밤을 새워 기다리면 금단장金徽章에 금金단추를 삐었고 거인巨人처럼 찬란히 나타나는 배달부配達夫, 아침

과 함께 즐거운 래임來臨,

이밤을 하염없이 안개가 흐른다.

– 윤동주, 「흐르는거리」, 1942.5.12.

첫 행에서 "으스럼히 안개"가 흐르고, 마지막 행에서 "이밤을 하염없이 안개가" 흐른다. "흐른다"는 동사가 '흐른다', '흘러간다', '흘리워 가는', '흐르는', '흐르는데', '흐른다'로 여섯 번 변주해서 나온다. 게다가 시간은 밤이다. 밤에 안개가 하염없이 흐르고, 사물도 화자도 흘러가는 상황이다. 무엇인가 편안히 안정된 것이 없다.

도쿄에서 윤동주는 간다에 있는 YMCA와 다카다노바바에 있는 하숙집, 두 군데에서 거했는데, 「흐르는거리」는 두 군데의 길목을 모두 떠오르게 한다.

1연은 전차電車나 자동차自動車가 있는 큰 거리를 그린다. 두 군데 하숙집 모두 큰 거리에서 들어가야 한다. 화자는 전차나 자동차의 "모든 바퀴가 어디로 흘리워 가는 것일까?"라고 묻는다. "정박定泊할 아무 항구港口도 없이" 실려가는 가련한 많은 사람들은 자신을 포함한 디아스포라이며, 난민이며, 혹은 징용이나 강제노역으로 "흘리워 가는" 당시 조선인들의 초상일 것이다.

2연은 골목길로 접어든 듯하다. 난민이나 디아스포라에게 "빛나는 가로등街路燈, 꺼지지 않는 것은 무슨 상징象徵일까"라고 화자는 물으며, 희미한 희망을 희구한다.

3연에서, 모든 것이 의미도 없이 흘러가는 시대에 화자는 박씨, 김씨 같은 친우들에게 "새로운날 아침 우리 다시 정情답게 손목을 잡어 보세"라고 몇 자 적어 편지를 보낸다. 그 다음 문장에서 비약이 나타난다. 그 밤에 금휘장에 금단추를 단 배달부는 꿈에나 나타날 모습이 아닌가. 그 배달부는 평범한 사람이 아니라 "거인巨人처럼 찬란히 나타나는 배달부配達夫"다. 거대한 거인의 모습으로 "아침과 함께 즐거운 래임來臨", 무엇인가 갑작스럽게 기쁜 소식을 전해줄 배달부의 모습이 아닌가.

4연에서, 현실은 분명 밤이며 하염없이 안개가 흐르는 시대다. 현실을 피하지 않고 직시하며 시는 끝난다. 놀라운 것은 이 시 어디에도 밤과 안개를 만들어낸 일본 제국에 대한 미움이 없다.

2017년 도쿄에서 열린 윤동주 탄생 100주년 행사도 여기 재일본한국YMCA 9층 강당에서 열렸다. 이 건물 지하에 있는 극장에서 윤동주 시 낭송회나 그에 관한 연극이 열리는 것은 윤동주가 잠시 거했던 곳에서 열리는 행사들이어서 남달리 뜻이 깊다. 윤동주뿐만 아니라, 재일한국인들의 모임, 대한민국을 기리는 모임 등 많은 모임이 여기서 열린다.

특별한 장소나 토포필리아를 제대로 경험하려면 그곳에서 먹고 자볼 것을 권한다. 몽골에 가면 울란바토르 호텔에만 머물지 말고, 적어도 일주일은 양고기도 지겨울 정도로 먹어보고, 낙타도 타보고, 고비사막 천막집 게르에서 생활해봐야 조금이라도 몽골 노마드의 일상을 이해할 수 있지 않을까. 만주국 수도였던 장춘에 가서 시인 백석이니 소설가 이효석이 출판기념회를 했던 장춘역 앞에 있는 가장 오래되고 낡은 장춘추니호텔長春春谊宾馆을 찾아봐야 한다.

도쿄에 오는 이들이 숙박할 곳을 정하지 않았을 때, 나는 되도록 여기 재일본한국YMCA에서 머물도록 권한다. 무척 낡은 건물이다. 방바닥 카페트에서 습기가 올라오고, 방의 천장은 낮고 화장실 바닥은 오래되어 삐걱이고, 복도 끝 낡은 책장에는 누가 읽을까 싶을 오래 묵은 서양책이 꽂혀 있다. 그래도 일본에서 한국을 체험하려면 한 번쯤은 이 건물에서 숙박해 보라고 권하곤 한다.

윤동주 하숙집에서 가까운 도쿄 다카다노바바 역(출처 wikipedia)

다카다노바바 하숙집
정거장 가차운 언덕에서

다시 「사랑스런추억」을 읽어보자. “희망과 사랑처럼 기차를 기다려”(「사랑스런추억」)라는 문장은 혹시 일본 유학을 간다는 설렘이 아닐까. 왜 일본 유학을 결심했는지 윤동주의 글에서 그 명확한 동기를 찾아보기는 어렵다.

봄이 오던 아침, 서울 어느 쪼그만 정거장에서
희망과 사랑처럼 기차를 기다려,

나는 플랫폼에 간신艱辛한 그림자를 떨어뜨리고,
담배를 피웠다.

내 그림자는 담배 연기 그림자를 날리고,

비둘기 한 떼가 부끄러울 것도 없이

나래 속을 속, 속, 햇빛에 비춰, 날았다.

기차는 아무 새로운 소식도 없이

나를 멀리 실어다주어,

봄은 다 가고 - 동경東京 교외 어느 조용한 하숙방에서, 옛 거리에 남은 나를 희망과 사랑처럼 그리워한다.

오늘도 기차는 몇 번이나 무의미하게 지나가고,

오늘도 나는 누구를 기다려 정거장 가차운

언덕에서 서성거릴 게다.

-아아 젊음은 오래 거기 남아 있거라.

- 윤동주, 「사랑스런추억」 전문

이 시에 등장하는 기차는 희망이나 사랑을 전해주지 않는다. 현실에서 기차는 새로운 소식도 전해주지 않고, 의미없이 지나갈 뿐이다. 그렇다면 "희망과 사랑처럼 기차를 기다려"라는 말은 기차를 기다리는 승객의 보편적인 마음 상태 혹은 좀 더 근본적인 마음 상태를 쓴 표현으로 보아야 할 것이다.

이 시를 쓰기 하루 전인 5월 12일에 쓴 시는 「흐르는거리」다. '흐르는 거리'는 「사랑스런추억」에 나오는 무의미하게 지나가는 기차와 이어진다. 어쩌면 무의미하게 지나가는 기차를 탄 화자가 차창 밖으로 도쿄 시내를 보면 '흐르는 거리'로 보일 것이다. 실제로 윤동주가 살았던 하숙집 앞에 있는 다카다노바바 역에서 도쿄 순환선인 야마노테선, 2층 정도 높은 언덕을 달리는 야마노테선을 타고 차창 밖을 보면 도쿄 시내가 마치 흐르는 거리로 보이기도 한다.

정병욱은 윤동주가 "오장환의 「The Last Train」도 자주 읊었다"(정병욱, 「고 윤동주 형의 추억」, 『연희춘추』, 1953.7.15)고 증언했는데, 이 증언을 모티프로 정우택 교수는 「사랑스런추억」을 탈주의 이미지가 있는 오장환의 「The Last Train」과 비교한다. "저무는 역두驛頭에서 너를 보냈다. / 비애悲哀야! / / 개찰구에는 / 못쓰는 차표와 함께 찍힌 청춘의 조각이 흩어져 있고 / 병든 역사歷史가 화물차에 실리어 간다. / / 대합실에 남은 사람은 / 아직도 / 누굴 기다려"(「The Last Train」) 부분을 윤동주의 「사랑스런추억」과 의미있게 비교한다(정우택, 『시인의 발견, 윤동주』, 성균관대출판부, 2021. 363~371면).

「사랑스런추억」에 쓰여 있는 "희망과 사랑처럼 기차를 기다려"는 "진정한 내 고향"과 "도착하여야 할 시대의 정차장"을 향한 화자의 잔잔한 바람일 것이다. 안타깝게도 희망과 사랑의 정차장에 도착하기는 요원하다. 식민지 시대의 잔혹한 상황에서도 눈에 보이지 않는 희망이나 해방을 기다리는 마음을, 나는 '잔혹한 낙관주의Cruel Optimism'(김응교, 『나무가 있다』, 위의 책, 132면)라고 명명해 왔다.

식민지 시대에 해방을 꿈꾸는 것은 위험하다. 걸렸다 하면 잔혹한 일을 당할 수도 있다. '잔혹한 낙관주의'의 반대는 '비겁한 낙관주의'이다. 가령 친일을 한 사람들, 히틀러에게 충성을 맹세한 지식인, 종교인 등은 권력을 따르며, 눈에 보이지 않는 잔혹한 낙관주의를 포기한다. 그들의 낙관주의는 '비겁한 낙관주의cowardly optimism'(본 회퍼, 『옥중서신』)라 할 수 있겠다.

또한 윤동주가 기차처럼 올 희망과 사랑이 아니라 "희망과 사랑처럼 기차를 기다려"라고 쓴 독특한 직유법도 주목해 보아야 한다.

"나는 플랫폼에 간신한 그림자를 떨어뜨리고, / 담배를 피웠다." 라고 처음 구두점을 찍은 여기까지가 일단락이다. 간신艱辛은 힘들고 고생苦生스럽다는 뜻이다. 플랫폼에 그려져 있는 자신의 그림자가 힘들고 고생스럽게 보인다는 것이다. 화자인 윤동주 자신이 바닥에 늘어져 있는 그림자처럼 지쳐 있는 상태를 말한다. 플랫폼을 빼고 읽으면 '나는 간신한 그림자(지친 나)를 떨어뜨'리는 분리 상태가 일어난다. 이런 분리는 윤동주가 자신을 대자對自로 하여, 자신과 마주하며 자아성찰할 때 일어나는 현상이다. 우물물 앞에서 자신을 분리시켜 우물 속의 사나이(「자화상」)로 보는 방식과 유사하다.

담배는 의미 없는 낭만일까. 담배는 미래에 대한 초조한 마음을 상징할 수도 있다. 담배를 피웠다는 윤동주의 주량과 흡연은 어느 정도였는지 동생의 증언이 있다.

> "술은?"
> "먹는 것 못 보았습니다."
> "담배는?"
> "집에 와서는 어른들 때문에 피우는 것 못 보았습니다."
> – 정지용 「서문」(1947.12.28), 『하늘과 바람과 별과 시』, 정음사, 1948.

동생 윤일주와 정지용이 나누는 대화다. 동생 앞에서 담배를 피우지 않았던 모양이다. 그냥 포즈로 쓴 표현일까. 희망과 사랑으로 기차를 기다리지만, 일본으로 가려는 그는 지친 그림자를 보며 초조해한다.

> 내 그림자는 담배 연기 그림자를 날리고,
> 비둘기 한 떼가 부끄러울 것도 없이
> 나래 속을 속, 속, 햇빛에 비춰, 날았다.

"내 그림자는 담배 연기 그림자를 날리고,"라는 그의 내면은 그림자다. 비둘기 한 떼는 나래(날개) 속에 부끄럼 없이 햇빛을 품고 날았다. "나래 속을 속, 속, 햇빛에 비춰, 날았다"는 표현은 희망과 사랑이 있는 세계를 상징한다. 아쉽게도 하늘의 존재인 비둘기에 비해 화자는 그림자에 불과하다. 여기 3연까지 '옛거리에 있는 나'를 회상하는 한 묶음이다.

어느 조용한 하숙방

5연부터 도쿄에 있는 나의 독백이다. "봄이 오던 아침"을 회상했지만, 이제는 "봄은 다 가고" 있다.

"기차는 아무 새로운 소식도 없이/나를 멀리 실어다주어,"라는 말은 디아스포라의 쓸쓸함을 보여준다. 나그네가 한풀이하듯 5연은 행갈이 없이 한 행으로 길게 풀어 썼다. 지금 도쿄 하숙방에 있는 화자는 옛 거리에 남은 나를 희망과 사랑처럼 그리워한다.

"봄은 다 가고-동경東京 교외 어느 조용한 하숙방"은 현재 일본 점자 도서관Japan Braille Library이 있는 곳으로, 도쿄도 신주쿠구 다카다노바바 1초매 23-4 지역이다.

이 하숙집 터를 찾아낸 것은 야나기하라 야스코 선생이다. 야나기하라 야스코 선생은, 1989년 북한을 방문했던 소설가 황석영 선생의 증언에서 실마리를 풀기 시작했다. 1993년 4년 만에 귀국했다가 국가보안법으로 옥살이를 했으나, 황석영은 귀중한 증언들을 많이 남겼다.

> 백인준 선생은 금년에 일흔둘이며 연희전문과 와세다(실제로는 릿쿄대학)를 나왔고 시인 윤동주와 동경 시절에 같이 하숙을 했다고 한다.
>
> – 황석영, 『사람이 살고 있었네』, 시와 사회사, 1993. 28면

이 글은 조선문학예술총동맹 위원장인 백인준 시인(1920~1999)을 황석영이 만나 들은 말이다. 평안북도 운산에서 태어난 백인준

은 평양고보를 졸업하고, 연희전문에 입학해서 윤동주와 만났다가 2학년 때 중퇴하고 유학하여 릿쿄대학 철학과에 다녔다. 릿쿄대학에 다닐 때 백인준과 윤동주가 함께 있는 순간을 본 적이 있다는 증언들이 있다. 1944년 1월 학병으로 징집되어 태평양 전쟁에 끌려갔다가, 귀국하여 1947년 시집 『인민의 노래』를 낸 재북시인이다. 이후 북한 사회에서 인정 받아 최고의 자리까지 오른 인물이다.

이후 야나기하라 야스코 선생은 이 하숙집 터를 찾기 위해 황석영, 송우혜 선생과 메일을 주고받으며 조금씩 실제 장소를 추적하기 시작했다.

> 릿쿄대학 졸업생이 보존하고 있던 릿쿄대학 예과의 명부에 의하면 백인준 씨의 예과 시대의 주소는 요도바시구 스와쵸 209 키쿠스이관淀橋區 諏町訪 209 菊水館, 백인준 씨의 릿쿄대학 학적부에 기재되어 있는 주소는 요도바시구 스와쵸 212 이시가미댁淀橋區諏町菊訪 212 石神方이 두 개의 주소 중 어느 쪽에선가 백인준 씨와 윤동주 씨가 함께 하숙을 했을 것이라고 생각된다.
>
> – 야나기하라 야스코, 「시인 윤동주, 동경시대의 하숙과 남겨진 시」, 『윤동주 시인을 기억하며』, 다시올, 2015. 123면

"요도바시구 스와쵸"는 "다카다노바바高田馬場"로 지명이 바뀐다. 후에 야나기하라 야스코 선생은 그 지역 지인들에게 묻고, 하숙집 조합모임에도 찾아가 묻다가 옛날 '키쿠스이관菊水館'을 기

억하는 사람을 만난다.

> 키쿠스이관菊水館이었던 자리를 가르쳐 주셨다. 2층 건물의 하숙집 이었던 것 같다. 장소는 다카다노바바 역 앞 도츠카 제2초등학교 뒤
>
> – 야나기하라 야스코, 「시인 윤동주, 동경시대의 하숙과 남겨진 시」, 『윤동주 시인을 기억하며』, 다시올, 2015. 214면)

결국 장소에 다가갈 수 있었다. 옛 지도와 현재 지도를 비교해 본 결과 "현재는 플라워 디자인 학교가 들어서 있는 곳"이며, 다른 하숙집 "스와쵸 212는 「키쿠스이관菊水館」과 마찬가지로 다카다노바바 역 앞"이라는 사실을 찾아낸다. 마침내 「사랑스런추억」 5행 "봄은 다 가고 – 동경東京 교외 어느 조용한 하숙방"의 위치를 찾아낸 것이다.

다카다노바바 윤동주 하숙집 터로 추정되는 '일본 플라워 디자인 학교'이 보인다. '일본 점자 도서관' 옆 골목 끝에 있다.(사진 김응교)

2023년 9월 3일 일본인 친구인 이치카와 마키市川眞紀 선생과 나는 이 지역을 답사했다. 출판사에서 잡지를 만들고 있는 이차카와 마키 상은 답사를 도와 사진을 찍어주고 함께 지역을 조사했다. 이곳은 릿쿄대학보다는 와세다대학에서 가까운 곳이다.

도쿄 도청이 있는 신주쿠구에 있는 하숙집을 '동경 교외'라고 표현한 것은 요즘 시각에서는 이상하지만, 1950년대까지도 신주쿠, 이케부쿠로, 시부야는 3대 부도심이었다. 천황이 사는 황거(皇居)가 있는 치요다구를 중심에 두고 볼 때 당시 다카다노바바 지역은 원도심에서 떨어져 있는 부도심이었다.

서울의 지하철 2호선처럼 도쿄에는 1925년 야마노테선이라는 도쿄 순환선이 건설되었다. 릿쿄대학이 있는 이케부쿠로역은 윤동주의 하숙집이 있는 다카다노바바역에서 메지로역 다음에 있는 두 번째역이다. 거리는 2.6킬로미터로 걸어가면 30분 정도 걸린다. 윤동주 당시에도 있었던 전철이나 자전거를 타면 학교까지 20분이면 충분히 갈 수 있는 거리다. 하숙집에서 가까운 다카다노바바역 플랫폼에 갔다가 지나가는 전철을 보면서 서울에서 마지막으로 떠났던 신촌역을 떠올린 것으로 추측된다.

다카다노바바 역 앞에 있는 윤동주 하숙집 위치

다카다노바바 역 앞에 있는 윤동주 하숙집 위치

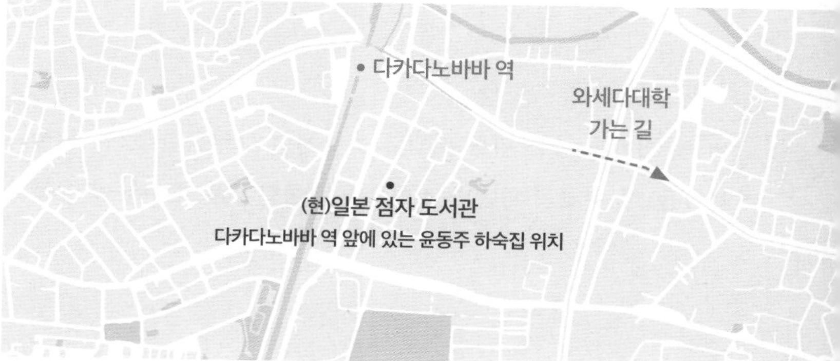

야마노테선 다카다노바바 역에서 와세다대학 가는 길이 아니라, 그 방향 오른쪽 길로 가야 한다. 조금 걸어가면 도츠카 제2소학교 입구 큰 길가에서 올라가면 '일본점자도서관'이 보인다. 외벽 둘레에 온통 쇠고리가 늘어져 있는 독특한 건축물이다. '일본점자도서관' 왼쪽 막다른 골목 안에는 2층짜리 '일본플라워 디자인 학원'이 있다. '일본점자도서관'과 '일본 플라워 디자인 학원'이 있는 이 지역이 윤동주가 머물던 하숙집 터로 추정된다.

다카다노바바 역에서 가까운 윤동주 하숙집이 있던 자리에, 현재는 일본점자도서관이 자리하고 있다.(사진 이치카와 마키)

과거에 있는 희미한 구원

"옛 거리에 남은 나를 희망과 사랑처럼 그리워한다."는 문장을 보았을 때, 도쿄의 하숙방에 있는 '나'는 희망과 사랑을 얻지 못하고 있는 상태다. 화자는 여기 일본에 왔으나, 이내 저기 서울을 지향하고 있다. 서울이 토포필리아의 장소라면, 도쿄는 그 반대편이나 애매모호한 공간이다.

"오늘도 나는 누구를 기다려"라고 했는데 그가 기다리는 대상은 무엇일까. 그는 단순히 기차를 기다렸을까. '옛 거리에 남은 나'를 기다리는 것이다. '옛 거리' 곧 과거의 순간이다. 발터 벤야민 Walter Benjamin(1892~1940)은 "과거는 그것을 구원으로 지시하는 어떤 은밀한 지침指針을 지니고 있다"고 했다. 과거를 회상하는 것은 퇴행적인 복고주의가 아니다. 벤야민은 "과거 세대의 사람들과 우리(현재-인용자) 사이에는 은밀한 약속이 있는 셈이다."라고 썼다. 벤야민은 과거를 다시 복기해야 할 이유를 쓴다.

> 우리에게는 우리 이전에 존재했던 모든 세대와 희미한 메시아적 힘이 함께 주어져 있는 것이고, 과거는 이 힘을 요구하고 있는 것이다.
>
> – Walter Benjamin,「역사의 개념에 대하여」(1940),『역사의 개념에 대하여·폭력비판을 위하여 외』, 도서출판길, 2009. 332면

'희미한 메시아적 힘eine s c w a c h e messianische kraft'이 과거에 있다고 벤야민은 강조한다. 원문을 보면 '희미한'을 강조하려고 알파벳 한 자씩 모두 띄어 썼다. 가령 그 희미한 메시아적 힘은 유대인에게는 이집트에서 탈출한 힘일 것이다. 윤동주에게는 『맹자』나 『성경』에서 얻은 희미한 힘 혹은 눈으로는 보이지 않는 신앙일 수도 있다.

윤동주는「사랑스런추억」과 비슷한 시기에 쓴「쉽게쓰여진詩」의 한 구절을 보면 "등불을 밝혀 어둠을 조금 내몰고 시대처럼 올 아침"을 기다린다고 썼다. 다시 강조하지만, 윤동주가 과거의 나를 기억한다는 것은 퇴행적 복구주의가 아니라, 과거가 갖고 있는 희망과 사랑의 힘에서 시대의 어둠을 몰아낼 꿈을 꾸고 있다는 말이다.

고도를 기다리며 포스터

사뮈얼 바클레이 베케트Samuel Barclay Beckett(1906~1989)가 쓴 2막의 부조리극『고도를 기다리며 *Waiting for Godot*』(1953)의 주제는 '기다림'이다. 이 작품에는 두 남자 블라디미르와 에스트라공이 등장한다. 연극에서는 '디디'와 '고고'라는 별명만 나온다. 디디와 고고는 작은 나무 옆에서 '고도'라는 인물을 기다리지만 아무리 기다려도 오지 않는다. 아무리 기다려도 오지 않는 고도Godot야말로 희망이고 사랑일 것이다. 베케트는 이 작품을 통해 2차 세계대전 이후 인간의 실존적인 절망을 표현했다. 베케트의 기다림과 윤동주의 기다림은 어떤 의미가 있을까. 모든 시의 기다림이 베케트의 기다림과 같다고 볼 수는 없다. 베케트가 기다리던 고도나 윤동주가 기다리던 희망과 사랑은 가장 절망스런 상황에서 '오지 않는 희미한 희망'을 기다린다는 점에서 유사하다. 윤동주는 그 기다림의 언저리에서 서성거린다.

오늘도 나는 누구를 기다려 정거장 가차운
언덕에서 서성거릴 게다.

7연에서 기다림과 서성거림은 다르다. 누군가를 기다리는 그는 '언덕에서' 서성거린다. 옛날이나 지금이나 야마노테선 다카다노바바역은 언덕처럼 도로 위에 솟아 있다. 역 플랫폼에 올라가면 주변이 내려다보이는 언덕 같은 공간이다.

윤동주 시에는 '언덕'이 자주 등장한다. 거지아이들을 만난 곳도 언덕(「투르게네프의 언덕」)이고, 바람을 마주하는 "내 발이 언덕 위에"(「바람이 불어」) 서 있고, "이 많은 별빛이 내린 언덕 위에 / 내 이름자를 써보고, / 흙으로 덮어버리"(「별 헤는 밤」)는 언덕에서 그는 성장한다. 그에게 언덕은 너머를 깨닫게 하는 소담한 성소다. 아니면 자신이 속한 안정된 장소를 찾지 못한 사람들이 불안하게 서성이는 공간이다.

자신이 사랑할philia 장소를 갖지 못한 사람들은 디아스포라이거나 난민難民이거나 강제로 이송된 사람들이다. '필리아'의 반대말은 '포비아phobia'다. 감옥 등 갇혀 있는 공간을 두려워하는 증상을 아고라포비아agoraphobia 즉 공간 공포증이라고 한다. 도쿄는 아직 그에게 공포의 공간은 아니지만, 거주할 장소가 아닌 장소상실의 공간이다. 윤동주는 정주 못할 '장소상실의 공간'에서 서성인다. 윤동주는 일본으로 상징되는 "육첩방"을 "남의 나라"(「쉽게쓰여진詩」)라고 규정했다.

일시적 순간, 영원한 구원을 과거에서 찾았던 발터 벤야민도 그

랬듯이, '젊음'은 삶이 출발하고 돌아오는 정거장이기에 남아 있어야 한다. 구원과 영원을 젊음에서 찾는 마무리는 어설픈 너스레 없이 예언처럼 전율스럽다.

"-아아 젊음은 오래 거기 남아 있거라."라는 마지막 독백은 겉으로는 한스러운 탄식으로 볼 수도 있겠다. "아아"라는 감탄형은 탄식이면서도 '여기'가 아니라 '거기'에 젊음 혹은 구원이 있다는 깨달음의 표현이기도 하다. 속으로는 과거에서 구원을 찾는 너무도 희미한 희망으로 볼 수도 있겠다. 그러니까 이 말은 겉으로는 절망처럼 보이지만, 속으로는 과거의 순간을 들어 미래로 나아가려는 실존주의자의 기투企投로 볼 수도 있겠다.

	시	장소	세월	화자	기차의 의미
서울의 작은 정거장	1~3연	거기 토포필리아의 장소	"봄이 오던 아침"(1연)	젊음	"희망과 사랑처럼 기차를 기다려"(1연)
이동성 (mobility)	4연	↓	↓	↓	"기차는 아무 새로운 소식도 없이 나를 멀리 실어다주어,"(4연)
도쿄의 조용한 하숙방	5~7연	오늘	"봄은 다 가고"(5연)	늙어감	"오늘도 기차는 무의미하게 지나가고"(6연)
이동성 자막	8연	위	-아아 젊음은 오래 거기 남아 있거라.		

역설적인 낙관주의

"아아, 젊음은 오래 거기 남아 있거라"라는 말은 영화의 마지막 자막 같은 분위기다. 그나마 그가 누렸던 낭만과 자유는 조선땅, 그 작은 정거장에 서 있던 순간이었다는 것을 암시한다. 마지막 행에서 「사랑스런추억」의 이항대립의 내면이 확연히 보인다.

서울에 있을 때는 "봄이 오던 아침"(1연)이었는데, 도쿄에 와보니 "봄은 다 가고"(5연)라는 표현은 암시적이다. '봄이 오던 아침'을 즐기던 나를 "기차는 아무 새로운 소식도 없이"(4연) 멀리 실어다 주었다. 경성에서는 그나마 시내 산보를 하며 즐기는 등 산책자의 기쁨이 있었지만, 도쿄 생활은 화사한 봄이 다 지나가버린 의미 없는 일상으로 느껴진 것이다.

의미 없는 곳에서 윤동주가 할 수 있는 것은 궁극적인 '희망과 사랑'을 기다리는 것뿐이다. '사랑과 희망'이야말로 윤동주가 기다리는 '누구'이며, 사뮈얼 베케트가 기다리던 그 고도Godot와 비교할 수 있을 것이다. "-아아 젊음은 오래 거기 남아 있거라."라는 표현은 시 전체에 비극적인 낙관주의, 혹은 잔혹한 낙관주의를 역설적으로 보여주는 문장이다. 신촌역은 희미한 구원을 되새기는 토포필리아의 공간일 것이다.

윤동주는 5월 13일에 「사랑스런추억」을 쓰고, 10월에 교토 도시샤대학 영문학과로 편입한다. 도시샤대학에서 송몽규와 자주 만나면서 그는 점점 야만스런 역사의 늪에 빠져든다. 어쩌면 윤동주는 이 시를 쓸 때 이미 마지막이 다가오고 있다는 것을 직감하고 있었는지도 모른다. 그의 말대로 '여기'에는 젊음이 없었고, '거기'에 젊음이 있었던 것이다.

오늘날 육첩방 다다미 방

육첩방
등불을 밝혀 시대처럼 올 아침

윤동주가 릿쿄대학 편지지에 쓴 유고시 「쉽게 쓰여진 시」에는 1942년 6월 3일이라는 집필 날짜가 쓰여 있다. 이 시를 썼을 무렵 윤동주가 어디에 거주했는지, 백인준 선생의 증언을 소설가 황석영이 적어 놓았다.

> 백인준 선생은 금년에 일흔둘이며 연희전문과 와세다(실제로는 릿쿄대학)를 나왔고 시인 윤동주와 동경 시절에 같이 하숙을 했다고 한다. 시의 제목은 생각나지 않지만 남의 땅 남의 나라에서 어머님이 보내주신 학비봉투를 받아보니 삶은 어려운데 시가 왜 이렇게 쉽게 써지느냐고 하는 그 유명한 시를 쓸 무렵에 백 선생과 윤동주는 함께 살았다고 한다.

– 황석영, 『사람이 살고 있었네』, 시와 사회사, 1993. 28~29면

이 증언으로 보았을 때, 이 하숙집은 앞에 쓴 다카다노바바 하숙집이라고 판단된다. 그 하숙집에서 윤동주가 거했던 방이 다다미 6조로 이루어진 '육첩방'이었던 것이다.

쉽게 쓰여진 시詩

창窓 밖에 밤비가 속살거려
육첩방六疊房은 남의 나라,

시인詩人이란 슬픈 천명天命인줄 알면서도
한줄 시詩를 적어 볼가,

땀내와 사랑내 포근히 품긴
보내주신 학비봉투學費封套를 받어

대학大學 노-트를 끼고
늙은 교수敎授의 강의講義 들으러 간다.

생각해 보면 어린 때 동무를
하나, 둘, 죄다 잃어 버리고

나는 무얼 바라
나는 다만, 홀로 침전沈澱하는 것일까?

인생人生은 살기 어렵다는데
시詩가 이렇게 쉽게 쓰여지는 것은
부끄러운 일이다.

육첩방六疊房은 남의 나라,
창窓 밖에 밤비가 속살거리는데,

등불을 밝혀 어둠을 조금 내몰고,
시대時代처럼 올 아침을 기다리는 최후最後의 나,

나는 나에게 적은 손을 내밀어
눈물과 위안慰安으로 잡는 최초最初의 악수握手.

一九四二年六月三日

– 윤동주, 「쉽게 쓰여진 시」 전문.

2018년 중국의 다롄민족대학에서 열린 '소수문학 학술대회'에서 나는 윤동주를 소수자少數者, minority 문학 작가의 시각에서 발표했다. 중국땅에서 태어나고 자라, 평양과 경성을 거쳐, 일본으로 갔던 그의 생애는 디아스포라의 특징을 보인다.

이 시는 소수자문학의 특징을 잘 보여준다. 질 들뢰즈는 『카프카-소수적인 문학을 위하여』에서 소수자문학의 특징을 제시한다. 소수자문학의 첫째 특징은 탈영토화하고 또 재영토화했다가 다시 탈영토화를 반복하는 것이다. 이들에게는 특정지역의 주소지를 그리워하는 의식보다는, 영원한 고향을 향하는 경향이 강하다.

"육첩방은 남의 나라"라는 구절을 마치 일본의 명치를 가격하는 무엄한 표현으로 검열관은 읽었을지 모른다. 다만 소수자문학의 시각으로 보았을 때, "육첩방은 남의 나라"라는 구절은 탈영토성을 보여준다. 그는 "어머님, / 그리고 당신은 멀리 북간도에 계십니다"('별 헤는 밤')라고 쓸 때 '고향 북간도'라고 쓰지 않았다. 북간도 역시 그의 고향은 아닌 것이다. 그는 북간도까지 탈영토화한다.

둘째, 이중언어 혹은 이중문화 사이의 갈등이 소수자문학에는 보인다. 릴케가 독일어, 프랑스어, 뵈멘어 사이의 갈등을 소설 『두 프라하 이야기』에 썼듯이, 소수자문학 작품에는 모국어 / 국어 사이의 갈등과 고뇌가 자리잡고 있다.

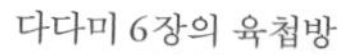
다다미 6장의 육첩방

만주에서 문화적 모순을 절감하며 썼던 「이런 날」에 이어 "땀내와 사랑내 포근히 품긴 / 보내주신 학비 봉투를 받아" 늙은 교수의 강의를 들으러 가는 그의 발길에는 새로운 수업에 대한 기대감보다는, 식민지 청년의 복잡한 감정이 느껴진다. 일본에 유학 가서 "보내주신 학비 봉투"로 공부할 수 있는 조선의 지식인은 많지 않았다. 소설가 이기영은 낮에는 노동판에서 일하고 밤에 학원을 다녔다. 윤동주의 상황은 염상섭이 요코하마에 있는 인쇄소까지 가서 일을 했고, 김용제가 우유와 신문을 배달하면서 지냈다는 사실과 대비된다. 두 나라의 국경을 오가는 복잡한 경계인境界人은 "육첩방은 남의 나라"라고 한 번 더 강조한다.

셋째, 약자에 대한 공감이다. 난민, 디아스포라, 약자, 장애인 등에 대한 염려와 배려가 소수자문학에는 명확히 나타난다. 직설적으로 '소수자문학=약소자문학'이라는 등식도 가능한 부분이 있다. "생각해 보면 어린 때 동무를 / 하나, 둘, 죄다 잃어버리고"라는 구절에는 「별 헤는 밤」 5연에서 호명하는 가난한 이웃들에 대한 그리움이 묻어 있다.

넷째, 가장 고독한 주체를 그리면서도 끝없이 공동체를 그리워한다. 카프카가 『변신』에서 보여준 고독은 얼마나 처절한가. 처절할 만치 안타까울 정도로 공동체와 만나기를 이들은 호소한다. "시인이란 슬픈 천명인 줄 알면서도 / 한 줄 시를 적어볼까"라며 윤동주는 자신을 고독한 성찰자로 규정한다. 10연으로 쓴 이 시에서, 4연까지는 릿쿄대를 다니는 상황을 설명한다. 얼마나 많은 사람이 어렵게 살아가는데, 자신은 별 걱정 없이 살아가는 것이 부끄러운 것이다.

부끄러움이란 언제부터 나오는가. 부끄러움을 느끼면 좌절과 절망을 탐닉하는 경우가 많은데, 윤동주의 부끄러움은 자기성찰로 이어지면서 다짐과 실천으로 향하는 '능동적 부끄러움'이다. 태양을 사모해서 삶의 그늘이나 부끄러움에 무심한 것이 아니라, 그것을 품고 광명과 맑음을 추구하는 세계가 윤동주다.

그 부끄러움을 창밖에서 속살거리는 빗소리가 일깨우고 있다. 5연부터 끝까지는 강하게 자신을 몰아붙인다. 이 부분은 「참회록」을 이어 쓴 듯하다.

나는 무얼 바라
나는 다만, 홀로 침전하는 것일까?

인생은 살기 어렵다는데
시가 이렇게 쉽게 씌어지는 것은
부끄러운 일이다.

'침전'이라는 단어는 「간」에서도 나타난다. 토끼의 지혜와 프로메테우스의 저항을 상징하는 「간」에서 "불 도적한 죄로 목에 맷돌을 달고/끝없이 침전하는 푸로메드어쓰"의 '침전'은 단순한 자학이 아니라, 저항의 한 형태로도 읽힌다. 그가 부끄러움에서 탈출하지 못하는 까닭은 함께 살아가는 공동체에 늘 골몰하기 때문이다.

육첩방六疊房은 남의 나라,
창窓 밖에 밤비가 속살거리는데,

등불을 밝혀 어둠을 조금 내몰고,
시대처럼 올 아침을 기다리는 최후의 나,

나는 나에게 작은 손을 내밀어
눈물과 위안으로 잡는 최초의 악수.

마지막 시인의 결론을 읽어보자. 다시 육첩방은 남의 나라라고 언명한다. 이 말에는 소수자문학의 마지막 특징인 '비정치성의 정치성'이 살짝 보인다. 들뢰즈의 말마따나, 소수자문학은 정치적이지 않은 비정치적인 내용임에도, 바로 그 비정치적 문장 아래 가장 정치적인 상흔傷痕을 드러낸다는 것이다.

"등불을 밝혀 어둠을 조금 내몰고/시대처럼 올 아침을 기다리는 최후의 나"에서 "밝혀"는 능동적인 행동을 의미한다. "최후의 나"는 "최초의 악수"와 대구를 이룬다. "최후의 나"는 "최초의 악수"를 만드는 조건이다. "최후의 나"가 있어야 새로운 존재는 "눈물과 위안으로", "최초의 악수"를 할 수 있다. 최후의 나로 죽어야 최초의 나를 만날 수 있다는 굳은 다짐, 어둠 속에서도 새로운 나를 향한 성장을 멈추지 않는 노력은 도대체 어디서 오는 결의일까.

윤동주 시인 도시샤대학 시비(사진 김응교)

교토 도시샤대학
얼음 아래 한 마리의 잉어

1942년 10월 1일이 윤동주가 도시샤대학에 편입한 날짜다.

교토에서 윤동주의 일상을 체험해 보려면, 윤동주의 정신적 스승이었던 정지용 시인의 유적을 전날 답사하면 좋다. 정지용이 「압천」을 썼던 가모가와 강가를 적어도 이십여 분은 걸어보고, 그가 1928년에 세례 받았던 가와라마치 교회를 방문하고, 시 「카페 프란스」의 배경과 유사한 〈카페 프랑소와〉에 찾아가 코코아 한 잔 하고 시를 읽으니 새롭다.

일본에는 윤동주를 읽고, '모든 죽어가는 것을 사랑'하려고 애쓰는 일본인들이 있다. 일본에서 지냈던 윤동주를 체험하려면 이분들을 먼저 만나면 된다.

많은 한국인이 일본 정부의 우경화를 염려하고 있지만, 윤동주 시를 공부하고, 그것으로 끝나지 않고 풀뿌리 민주주의를 행하는 일본인들이 있다. 그분들을 만나면서 윤동주 문학기행을 해야 한다. 그분들 가슴 속에 윤동주가 살아 있기 때문이다. 윤동주를 만나는 문학기행은 그래서 다짐의 여행이 된다.

교토, 죽어 만난 두 시인

1942년 10월 1일 윤동주는 도시샤대학에 입학한다. 사립 미션계이지만 그가 좋아하는 형 송몽규를 가까이서 만날 수 있고, 무엇보다도 시인 정지용이 졸업한 학교라는 사실이 윤동주의 마음을 끌었을 것이다. 윤동주는 도시샤대학 이마데가와今出川 캠퍼스로 갔다.

도시샤대학의 붉은 벽돌 건물들은 붉은 낙엽이 떨어지는 가을 게다가 황혼녘에는 정말 아름답다. 교문으로 들어가 10분쯤 걷다가 오른쪽으로 꺾으면 바로 정지용과 윤동주의 시비가 있다.

2014년 12월 13일 도시샤대학에서 정지용 연구 심포지엄이 열렸다. 도시샤대학 캠퍼스에 있는 정지용(1902~1950)과 윤동주의 시비는 여행객들이 찾는 명소가 되었다. '윤동주'라는 세계를 만든, 빼놓을 수 없는 종요로운 인물이 시인 정지용이다.

1948년 1월에 출간된 윤동주의 유고 시집 『하늘과 바람과 별과 시』 초간본에 정지용이 쓴 서문을 보면 윤동주를 전혀 몰랐던 것으로 쓰여 있다. 이 청년이 자신의 집에 왔었던 젊은이라는 사실을 알았다면 정지용의 충격은 적지 않았을 것이다. 해방 후 『경향신문』이 창간되었을 때 주필로 있던 정지용은 윤동주 시 「쉽게 쓰여진 시」를 1947년 2월 13일 『경향신문』 지면에 소개한다.

이 날도 시비 앞에는 몇 개의 꽃다발이며 노트가 놓여 있었다. 겨울에도 따뜻한 교토지만 이 날은 조금 쌀쌀했다. 시비 앞 공간이 전보다 넓어졌다. 사람들이 많이 찾아와 두 시인의 시비 앞을 조금 넓게 만들어 놓았단다. 예년에 없던 연못이 조성되어 있었다. 얼지는 않았지만 차갑게 보이는 연못에서 큰 잉어들이 느릿느릿 헤엄치고 있었다. 잉어들은 사내의 팔뚝보다도 굵어 보였다. 연못 앞 벤치에 앉아 있다가 문득 정지용이 남긴 글귀가 떠올랐다.

(사진 김웅교)

> 무시무시한 고독에서 죽었구나! 29세가 되도록 시도 발표하여 본 적도 없이! … (중략) … 일제 헌병은 동冬섣달에도 꽃과 같은, 얼음 아래 다시 한 마리 잉어鯉魚와 같은 조선 청년시인을 죽이고 제 나라를 망치었다.
>
> – 정지용, 「서문」, 윤동주 시집 『하늘과 별과 바람과 시』, 정음사, 1948

이 서문은 위대한 만남을 알리는 증언이다. 정지용은 윤동주가 "동冬 섣달의 꽃, 얼음 아래 다시 한 마리 잉어"라는 사실을 처음 알린 시인이었다.

이 날 나는 「윤동주와 『정지용 시집』의 만남」(『국제한인문학회』, 2015)을 발표하면서 연못 속의 잉어에 얽힌 이야기를 했다. 도시샤 대학 교수 몇 분에게, 정지용이 쓴 저 글을 알고 연못을 만들어 잉어를 넣은 것이냐고 물으니 그렇지 않다고 했다. 정지용과 윤동주 시인의 시비 앞에 작은 공간을 만들면서 오른쪽에 빈 공간이 생겨, 특별한 이유 없이 연못을 만들고 잉어를 넣었다고 한다. 한 일본인 교수는 연못 앞에 이러한 이야기를 써놓은 안내문이라도 세워둬야겠다고 했다.

2024년 2월 16일 윤동주 80주기를 맞이하여, 도시샤대학 고하라 가쓰히로 총장의 주재하에 학장단 회의를 열고 '시인 윤동주에 대한 명예 문화 박사 학위 증정에 관한 건'을 의결했다. 1875년 설립된 도시샤대학에서 사망한 인물에게 박사 학위를 수여하기는 처음인데, 단과대 학장과 대학원 원장 열여섯 명 모두가 찬성했다. 윤동주의 조카인 윤인석 성균관대 건축학과 명예교수가 대신 받았다.

(사진 김응교)

다케다 아파트 하숙집
나는 풀포기처럼 피어난다

교토에서 정지용과 윤동주 문학기행을 할 때는 되도록 차를 타지 말고 시간이 걸려도 걸어다닐 것을 권한다. 그들이 걸어다녔을 것이기 때문이다. 우지시 등 조금 떨어진 곳을 갈 때도 대중교통을 이용해서 최대한 정지용과 윤동주가 거닐었을 길이나 교통로를 이용해보기를 권한다.

1942년 10월 도시샤대학에 편입한 후, 1943년 7월 14일 체포될 때까지 10개월 간 머물렀던 다케다武田 아파트 터를 찾아가보자. 윤동주가 머물렀던 하숙집 터는 윤동주를 취조한 극비 자료인 『특고월보』에 '교토시 사쿄구左京區 다나카다카하라초田中高原町 27번지 다케다武田 아파트'로 나온다.

교토조형예술대학 내에 윤동주 하숙집 터가 있다 하여 정문 근처에 가서 찾으면 낭패다. 교토조형예술대학 캠퍼스가 그렇게 작은 곳이 아니다.

정문 맞은편 2차선 도로 쪽으로 1킬로미터쯤 들어가면 유치원이 나오고, 맞은편에 교토조형예술대학 다카하라 캠퍼스가 보인다. 아파트라고 하여 한국식으로 10여 층 올라간 건물을 상상하면 안 된다. 이층으로 길게 이어져 있는 공동주택일 뿐이다. 아파트가 있던 자리에는 현재 교토조형예술대학 분교가 있다. 그 분교의 도로 곁 작은 꽃밭에 윤동주 시비가 서 있다.

조선유학생 70여 명이 하숙했던 꽤 큰 하숙집 터에서 4킬로미터 정도 걸어가면 도시샤대학이 있다. 윤동주는 가모가와 천변을 걸어 학교로 갔을 것이다. 가모가와 천변에는 오리, 갈매기, 왜가리 등 온갖 새가 떼지어, 혹은 외로이 날아다닌다. 강은 저들에게 다양한 물고기며 온갖 벌레가 반찬으로 놓인 밥상일 것이다.

송몽규와 윤동주는 걸어서 4, 5분 떨어진 집에서 따로 살았다. 다케다 아파트에서 살던 윤동주와 달리, 송몽규는 '기타시라카와北白川 히가시히라이초東平井町 소스이도리疎水通 60번지, 시미즈에이清水榮一의 이층집'으로 교토제국대학과 은각사의 중간쯤에서 살았다. 가까운 곳에서 살면서 송몽규와 윤동주는 자주 만나 장래와 독립에 대해 대화했다.

1942년 12월 31일 그해 마지막 날에 윤영춘이 윤동주를 찾아온다. 일본인들이 소바를 먹는 풍습이 있는 날에, 두 사람은 노점에서 어묵과 참새고기를 실컷 먹었다고 한다.

프랑스 시를 좋아한다는 이야기와, 프랑시스 잠의 시는 구수해서 좋고 신경질적인 장 콕토의 시는 염증이 나다가도 그 날신날신한 맛이 도리어 매력을 갖게 해서 좋고, 나이두의 시는 조국애에 불타는 열성이 좋다고 하면서, 어떤 때는 흥에 겨워서 무릎을 치기도 했다.

– 윤영춘, 「명동촌에서 후쿠오카까지」, 『나라사랑』, 제23집, 1976, 110–111면

프랑시스 잠(1868~1938)은 윤동주의 「별 헤는 밤」 5연에 나온다. 평생 대자연에서 지내면서 어려운 상징시가 아닌 검박한 단어로 목가적인 시를 썼던 "프랑시스 잠의 시는 구수해서 좋다"고 윤동주는 말한다.

1964년에 발매된 사로지니 나이두 엽서
(출처 wikipedia)

윤동주가 인도의 정치가이자 시인인 사로지니 나이두Sarojini Naidu(1879~1949)의 시를 좋아했다는 것은 다른 곳에서 볼 수 없는 새로운 언급이다. 런던 케임브리지에서 공부한 시인 사로지니 나이두는 여성해방운동과 반反영국 민족운동에 참여한 인물이다.

"나이두의 시는 조국애에 불타는 열성이 좋다"는 증언은 앞으

로 더욱 분석해봐야 할 대목이다. 윤동주가 이렇게 평가했던 1942년에 나이두는 긴 투옥생활을 하고 있었다.

나이두 시인의 시는 서정 시인, 여성 시인, 민족주의 시인이라는 여러 시각에서 읽을 수 있다. 모윤숙의 초기 시에 나이두의 흔적이 있다는 연구가 있으나, 나이두는 당시 식민지 조선의 지식인이면 관심 기울일 수밖에 없는 시인이었다. 반反영국 민족운동에서 마하트마 간디와 나이두를 함께 기억해야 할 것이다.

1943년 1월 1일 윤영춘과 윤동주가 찾아간 비파호의 시라히게 신사

윤영춘과 윤동주는 다음날인 1943년 1월 1일 새해 첫 날, 비파호에 산책하러 가서 케이블카를 타고 산을 넘는다. 일본어로 비와코琵琶湖, びわこ, Lake Biwa는 교토역에서 전철로 40~50분이면 갈 수 있는, 일본에서 가장 큰 호수다. 비와코에 있는 시라히게 신사白鬚神社의 물 위에 떠 있는 도리이는 세계적인 명물이다. 여기까지 가려면 적어도 한 시간은 잡아야 한다. 윤영춘은 아름다운 풍경에

탄성을 질렀지만, 윤동주는 무덤덤했다고 한다. 사실 한적한 시골 마을을 한참 걸어 막상 가보면 161번 해변도로를 건너서 좁은 인도에서 봐야 하니 위험하다. 사진에 속았다며 윤동주처럼 반응이 무딘 이들도 있다.

문학 답사를 할 때 도시샤대학에서 다케다 하숙집까지 왕복하면 거의 6킬로미터이기에 부담스럽다. 택시를 타고 다케다 하숙집에서 내려 윤동주 시비를 보고, 시모가모 경찰서를 거쳐 도시샤대학으로 걸어가는 코스를 꼭 체험해보시기를 권하고 싶다. 윤동주의 통학길을 더듬어 걷다보니, 1942년 릿쿄대학교 시절에 쓴 소품이지만, 그가 원고지에 마지막으로 남긴 시 「봄」이 떠오른다.

봄이 혈관血管 속에 시내처럼 흘러
돌, 돌, 시내 가까운 언덕에
개나리, 진달래, 노오란 배추꽃

삼동三冬을 참아온 나는
풀포기처럼 피어난다.

즐거운 종달새야
어느 이랑에서나 즐거웁게 솟쳐라.
푸르른 하늘은
아른아른 높기도 한데……

그의 삶 근저根底에 흐르는 안간힘이 빛난다. "봄이 혈관 속에 시내처럼 흘러"라는 구절은 얼마나 힘찬가. 내 혈관 속에 흐르는 봄은 겨울을 견뎌온 개나리, 진달래, 노란 배추꽃을 살려낸다. 그에게 석 달의 겨울, 삼동三冬은 무엇이었을까. 자기고민과 일제의 억압일까. 석 달의 겨울을 참아온 "나는 풀포기처럼 피어난다"는 말은 어떤 어둠에도 굽히지 않았던 질긴 낙관주의를 보여준다. 자연을 좋아하는 그에게 도시샤로 가는 통학길은 매일 혈관에 봄이 흐르고, 풀포기처럼 피어나는 길이었을 것이다.

"즐거운" 종달새에게 어느 이랑, 어떤 상황에서도 "즐거웁게" 솟구쳐 날아오르라는 그의 시에는 내명內明한 명랑성이 있다. 다만 현실은 만만치 않다. "푸르른 하늘은/아른아른 높기도 한데"라며 말줄임표를 붙인 것은 표현 못할 아마득한 상황을 토로하고 있다.

"나는 풀포기처럼 피어난다."

1943년 7월 14일 체포될 때까지 10개월 간 지낸 다케다武田 아파트. 이곳에서 도시샤까지 왕복하며 지낸 시간. 짧은 기간이지만, 윤동주는 행복했을 것이다.

아마가세 다리(사진 김응교)

아마가세 구름다리
나를 버리고 가시는 님은

1943년 5월일까, 6월일까. 여름날 아침 윤동주는 교토 남쪽에 있는 우지강宇治川으로 도시샤대학 친구들과 놀러간다. 1943년 6월경 학기를 끝내고, 고향으로 일시 돌아가는 윤동주를 배웅하며 일본 친구들이 '송별회'를 열어준다.

교토 남쪽에 있는 우지시는 우지강과 녹차로 유명하고, 일본 고전문학 『겐지 이야기』 유적지가 있고, 일본돈 10엔 동전 뒷면에 그려진 불교 사원 뵤도인平等院이 있는 곳이다. 이곳은 일본 신화와 문학의 고향이라 할 수 있는 곳이다.

지금은 교토역에서 나라선 열차를 타면 우지역까지 31분 걸린다. 차를 몰고 가면 국도 1호를 사용하여 18.3킬로미터로 22분 정도 걸린다. 우지역에서 내려 뵤도인까지는 걸어서 10분 정도 걸

뵤도인(출처 뵤도인 홈페이지)

린다.

'뵤도인'이라고 부르는 이 평등원은 헤이안平安 왕조 후기 1052년에 고위권력자 후지와라노 요리미치藤原頼通의 별장 겸 저택으로 지어졌다. 이후 사찰로 바뀐 이곳은 유네스코 세계문화유산으로 지정된 교토 남부의 명소다. 17세기 이래 정토종과 천태종의 사찰이었으나, 현재는 특정 종단에 속하지 않은 독립된 불교 사원이라고 한다.

뵤도인에서 잊지 못할 사연이 내게 있다. 1996년 서생이 일본에 유학 왔을 때, 대부분 국비유학생인 이들에게 일본 문부성이 보내주는 코스를 체험했다. 그들은 보됴인의 한가운데 있는 일본 국보인 호우도鳳凰堂(봉황당) 안의 거대한 아미다도阿彌陀堂 앞에 유학생들을 둘러앉게 했다.

윤동주의 마지막 사진, 앞줄 왼쪽에서 두 번째가 윤동주(출처 연세대학교 윤동주기념관)

곧이어 스님이 나와서 뵤도인과 일본의 불교와 신사를 설명하기 시작했다. 유학온 지 얼마 안 되어 스님의 일본어를 모두 알아듣지는 못했지만, 스님이 일본은 '신의 나라'라는 사실을 몇 번이고 강조하던 것을 기억한다. 자랑스러운 나라, 아름다운 나라, 여기서 태어나는 것이 복福이라고 강조했다.

윤동주가 여기에 왔을 때도 뵤도인에 갔을 것이다. 여기까지 와서 뵤도인을 참배하지 않고 지나칠 일본인은 거의 없을 것이다. 분명 일본인 친구들은 뵤도인이 어떤 곳인지 설명했을 것이다.

뵤도인 관람을 마치고 나오면 우지강을 따라 아마가세 구름다리 쪽으로 갈 수 있다. 절대 차를 타고 가지 마시기를 권하고 싶다. 처음 갔을 때 차를 타고 갔는데 윤동주가 느꼈을 그 마음을 전혀 느낄 수 없었다.

동행과 천천히 이 얘기 저 얘기하면서, 점차 아침 물안개가 걷히며 짙은 에메랄드 빛을 튕겨내는 강물을 본다. 이른 아침인데 벌써 낚싯대 드리우고 앉아 있는 강태공을 멀찍이 보면서 올라갈 때, 아마가세 다리까지 걸어올라가던 윤동주의 마음에 조금이라도 다가갈 수 있었다. 물과 산이 있는 멋진 산책길을 놓치지 마시기 바란다.

우지교를 건너 이삼십 분쯤 걸어가면 아마가세天ヶ瀬 댐 아래 통나무를 밧줄로 당겨 만든 구름다리, 일본어로 츠리바시吊り橋가 있다. 이 다리에서 찍은 사진을 보면, 남학생 일곱 명과 여학생 두 명의 일행 속에 그는 마지막 사진일 줄 아는지 모르는지 담담한 표정으로 서 있다. 아흔을 넘은 기타지마 마리코 씨는 이렇게 증언했다.

> 식사가 끝난 후에 누군가가 '어이! 히라누마 군! 노래라도 한 자락 해.'라고 말했던 것 같아요. 그러자 히라누마 씨가 활짝 웃으면서 노래를 부르기 시작했어요. 그게 한국말로 된 한국인이 부르는 노래였기 때문에 굉장히 훌륭했어요. 목소리도 그다지 높지 않았어요. 오히려 저음이었고 약간 허스키한 목소리였는데요, 아리랑을 불렀어요. 정말 훌륭하게 불렀어요. 좋은 인상을 받았어요.
>
> – 기타지마 마리코의 말, KBS 다큐멘터리, 「불멸의 청년 윤동주」, 2017, 인터뷰 자막

두 여학생은 도시샤대학에서 윤동주와 함께 프랑스어 강의를

들었다고 한다. 다른 여학생은 윤동주가 키가 크고 늘 몸을 바르게 세웠다고 기억했다. 이 사진을 찍은 날 일본인 친구들 앞에서 윤동주는 〈아리랑〉을 부른다. 윤동주가 좋아하는 노래는 〈희망의 나라로〉 〈산타루치아〉 일본동요 〈이 길この道〉, 〈도라지〉 등 많았다. 일본인 친구들 앞에서 〈산타루치아〉나 〈내 고향으로 날 보내주〉를 부르면 멋졌을 텐데, 왜 하필 〈아리랑〉을 불렀을까.

그들이 자랑하는 명소를 보며, 역설적으로 그는 자신을 낳은 탯줄을 노래하고 싶었던 것이 아닐까. 조선의 가장 대표적인 노래를 부르고 싶었던 것이 아닐까. 그 마음을 기억하고 싶어서, 여기 올 때마다 〈아리랑〉을 부르려 하는데 번번히 실패한다. 목울대까지 묵직한 울혈鬱血 같은 것이 치밀어 끝까지 못 부르고 만다.

이 다리에서 댐 쪽으로 십여 분쯤 올라가면 일본 시민단체 〈시인 윤동주 기념비 건립 위원회〉가 세운 가로 120센티미터, 세로 175센티미터, 폭 80센티미터의 시비가 있다. 윤동주가 연희전문대학교 학우회지 『문우』에 발표한 「새로운 길」의 자필이 새겨져 있다. 여기서 그가 마지막 노래로 〈아리랑〉을 부르는 장면은 신화적 환상을 일으킨다. 우지강가에 세워진 시비 뒷면에 쓰여 있는 구절이 자꾸 생각난다.

> 2004년 국제연합이 5월 8일을 '제2차 세계대전 중에 목숨을 잃은 사람들을 위한 추도와 화해의 때'로 결의했다. 우리는 이 결의를 존중하여 자기실현의 길이 막혔던 시인 윤동주가 살았던 증거를 미래에 전하기 위해, 시 「새로운 길」을 새긴 비석을 이 땅에 세운다.

그에게 〈아리랑〉은 절실한 희망의 기도였을 것이다. 이 시비는 일본 시민단체가 세웠다. 오사카에서 열린 어느 시민단체 모임에서 윤동주를 잠깐 강연해달라는 부탁을 받아 간 적이 있다. 아베 정권의 극우정책을 비판하는 모임이었는데, 왜 윤동주를 강연해야 하고, 왜 무대 뒤편에 윤동주 사진이 붙어 있는지 묻자, 담당자는 낮은 목소리로 답했다.

일본 시민단체 〈시인 윤동주 기념비 건립 위원회〉가 세운 시비(사진 김응교)

"윤동주는 우리에게 시인 이상의 의미를 갖습니다. 우리에게 바른 세상을 향하도록 함께하는 벗이며 동지입니다."

일본과 한국의 교과서에 나오는 윤동주는 일본 시민단체 소속 회원들에게는 더욱 새로운 존재였다.

외국에서 해외 교포들을 대상으로 윤동주 시인을 강연할 때 마지막에 모두 일어나 〈아리랑〉을 부르면서 마무리하곤 했다.

시비 앞에서 윤동주를 위로하는 마음에서 〈아리랑〉을 불러보려 했다. 이제는 부를 수 있겠지. 아리랑 아리랑 아라리요, 불러보려 했지만, 오늘도 실패다. 상투적이고 사소한 것이 때로는 이토록 사무친다. 가슴 아래에서 끓어오르는 정체불명의 뜨거운 것은 울분일까 그리움일까. 무엇 때문에 끝까지 부를 수 없을까.

마지막 장소에서 〈아리랑〉을 부른 모습은 누군가의 최후를 예고하는 듯하다. 아마가세 현수교에서 사진을 찍은 한 달 후에 그는 일본 경찰에 체포된다.

윤동주를 기억하며 한국과 일본의 시민들은 찰나의 권력을 뛰어넘어 영원한 평화를 희구한다. 아리랑 아리랑 아라리요, 너무도 뻔하고 사소한 결말이 때로는 소름 돋도록 사무친다. 비루한 운명에 맞서는 우직한 노래 앞에서, 나도 풀포기처럼 피어난다.

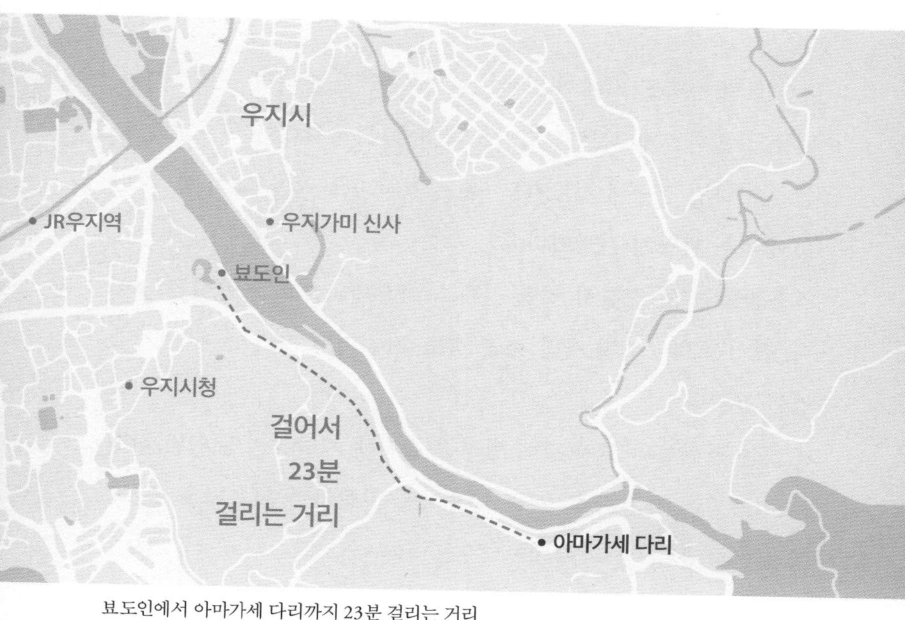

뵤도인에서 아마가세 다리까지 23분 걸리는 거리

시모가모 경찰서(출처 wikipedia)

시모가모 경찰서
구금 4개월 22일

교토의 하숙집 터에서 남쪽으로 철도 옆길을 따라 내려오다가, 너무도 평화롭게 흐르는 타카노 천川을 도시샤대학 쪽으로 15분쯤 걸어가면 강변에 시모가모下鴨 경찰서가 보인다. 흔히 볼 수 있는 평범한 관공서 건물이다.

윤동주는 이 경찰서 앞을 지나 도시샤대학으로 통학했을 것이다. 걸어서 학교까지 가면 40분 정도, 자전거로 가면 15분 정도 걸리는 길이다.

그는 알았을까. 통학길에 있던 경찰서에 치안유지법 위반 혐의로 체포되어 자기가 쓴 시를 일본어로 번역하며 취조받을 줄, 꿈에도 몰랐겠지.

오랫동안 이들의 공부 과정을 감시해온 일본 경찰은 결국 두 사람을 체포한다. 두 사람이 일본에 온 지 일 년 조금 넘은 시기였다. 송몽규는 1943년 7월 10일, 윤동주는 7월 14일에 체포된다. 다섯 명이 더 체포되어 모두 일곱 명이 되었고, 교토 시모가모 경찰서 유치장에 감금된다. 일곱 명에게 씌워진 죄명은 '재경도 조선인 학생 민족주의 그룹 사건 책동'이었다. 윤동주가 체포되었다는 소식을 들은 당숙 윤영춘은 도쿄에서 교토로 달려가 면회한다.

> 취조실로 들어가 본즉 형사는 자기 책상 앞에 동주를 앉히우고 동주가 쓴 조선말 시와 산문을 일어로 번역시키는 것이다. 이보다 훨씬 몇 달 전에 내게 보여준 시 가운데서 가장 좋은 것이라고 생각되어진 시들은 거의 번역한 모양이다. 이 시를 고르케라는 형사가 취조하여 일건 서류와 함께 후쿠오카福岡 형무소로 넘긴 것이다.
>
> – 윤영춘, 「명동촌에서 후쿠오카까지」, 같은 책, 110면

윤동주는 윤영춘에게 걱정 말라며 말한다.

"곧 얼마 후면 나가겠죠. 걱정 마세요."

시모가모 경찰서에 구금돼 있던 윤동주는 송몽규, 고희욱과 함께 1943년 12월 6일까지 이곳 유치장에 있다가 이후에는 교토 검사국 독방에 수감된다. 계산하면 시모가모 경찰서에 4개월 22일 동안 구금되었던 것이다. 이후 1944년 4월 2년형을 언도받고 후쿠오카 형무소에 수감된다.

시모가모 경찰서 앞에서 사진 찍고 여기서 있었던 일을 나누고 있자니, 당연히 일본인 경찰 두어 명이 나왔다. 놀라지 말고 천천

히 '윤, 동, 주'라고 한국어로 천천히 말한다면 경찰이 고개를 끄덕이며 답할 것이다.

"아하, 윤도옹주우 시진데스네(윤동주 시인이군요)."

담담하게 답하면서 경찰은 윤동주 시인 시비가 있는 도시샤대학 쪽을 손가락으로 가리키며 1.5킬로미터쯤 내려가라고 가르쳐 줄 것이다. 내가 경험한 일이다. 한국인이든 일본인이든 많이 답사 오기 때문에 경찰들이 아는 듯하다.

식민지 청년들이 법적인 보호도 못 받고, 4개월 22일 동안이나 미결수로 묶여 있었다. 어떻게 판결나지 않은 학생을 4개월씩이나 가두었을까. 당시에도 저렇게 친절했던 경찰이 제국의 국법에 따라 순하디 순한 학생들을 가둘 수밖에 없었을 것이다. 이곳에서 관광지에서처럼 사진이나 찍는다는 사실에 인지부조화가 일어난다. 천변으로 내려가면 돌층계가 마치 의자처럼 가지런하다. 일행이 앉아서 쉬다가, 돌아가면서 자기가 좋아하는 윤동주 시를 낭독하고 왜 좋아하는지 생각하는 시간을 가졌다.

시모가모 강은 저리도 평안하게 흘러가는데, 저리도 아름답게 청둥오리며 갈매기가 떠다니는데, 80여 년 전 한 젊은이는 여기에 4개월 22일 동안이나 갇혀 있었다.

윤동주가 수감된 후쿠오카 형무소가 있던 자리에는 현재 후쿠오카 문화센터가 있고, 지금 남아 있는 후쿠오카 형무소는 이전한 새 형무소다.(사진 김응교)

후쿠오카 교도소
나에게 내미는 최초의 악수

2011년 한여름에 왔을 때 후쿠오카福岡는 푹푹 찌듯 더웠다. 교토에서 15분 정도 걸리는 신오사카에서 환승하여 신칸센을 타고 3시간 정도 달리면 곧 후쿠오카에 도착한다. 교토에서 후쿠오카까지 신칸센 요금은 자유석이 14,700엔, 히카리와 코다마 열차의 지정석은 15,200엔, 노조미 열차의 지정석은 15,600엔이다. 우리 돈으로 18만 원 정도 된다. 후쿠오카 하카다역 건물에는 다양한 식당이 있어 요기를 할 수 있다. 이때는 혼자 가서 윤동주의 흔적을 찾아다녔다. 기간도 짧았고, 충분한 정보도 부족하여 허탕치고 돌아왔다. 답사여행은 준비한 만치 얻을 수 있는데, 그야말로 헛걸음이었다.

다음해 2012년 12월 13일 후쿠오카대학에서 가르치는 구마키 쓰토무熊木勉 교수의 배려로 후쿠오카에 남겼던 윤동주의 자취를 조금이라도 체험할 수 있었다.

후쿠오카대학에서 강연하기로 하고 한겨울에 갔다. 서울에서 비행기로 두 시간 걸려 도착한 후쿠오카는 12월이지만 서울보다 한참 따스하여, 마치 늦여름 같은 기분이었다. 구마키 쓰토무 교수는 윤동주에 관한 자료를 주고, 새로 발견한 내용 등 많은 정보를 주었다.

금요일에 후쿠오카대학에서 윤동주 강연을 했다. 학생 70여 명을 포함하여 백여 명의 일본 시민이 앉아 있었다.

"윤동주가 다녔던 명동학교는 그냥 학교가 아니었습니다. 용정 일본영사관을 학생들이 불태우기도 했습니다. 일본군 돈을 강탈한 1920년 1월 4일 '15만원 탈취사건' 주동자들도 명동학교 선배들이었고, 몇 명은 사형당했습니다. 이들이 나운규 윤동주 문익환 송몽규의 학교 선배들입니다. 여기 후쿠오카 구치소에서 윤동주는 감금되어 있다가 사망합니다. 먼저 간 그의 선배들이 하늘에서 윤동주를 맞이했을 겁니다."

그날 나는 평생 잊지 못할 체험을 했다. 강연을 마치고 내려왔는데 일본인 할머니가 내게 다가와 아주 작은 목소리로 말했다.

"정말 죄송합니다. 저희들이 맑디맑은 조선인 청년을 죽인 겁니다. 저희들이 죽였어요. 정말 죄송합니다."

할머니 눈시울이 금방 울듯 떨려서, 얼른 할머니 어깨를 감싸드렸다. 할머니의 과장된 행동이었을까. 시간이 지날수록 할머니의 목소리가 내 마음을 울리고, 그 떨리는 눈시울이 과장이 아니라

진실로 다가왔다. 모자란 서생인 나의 윤동주 연구는 2012년 12월 그 할머니의 떨리는 눈시울에서부터 시작되었다. 그날 밤새 윤동주와 그의 시대가 머릿속에서 빙빙 돌았다. 깊은 밤 어둠을 보다가 가슴에서 욱하고 무언가가 치밀었다.

동생과 나눈 엽서

구마키 쓰토무 교수의 안내가 아니라면 정확한 위치를 알 수 없었을 곳을 덕분에 확인할 수 있었다.

옛날 윤동주가 수감되었던 구치소 자리는 사실 찾아가기 간단하다. 후쿠오카 구코선(공항선)을 타고 K03 후지사키역에서 내려 2번 출구로 나가면, 롯데리아가 보인다. 롯데리아 옆골목으로 들어가면 사와라早良 시민센터가 뒤편으로 '모모치百道 바레즈'라는 콘서트홀이 있는데, 바로 그곳이 윤동주가 1945년 2월 16일에 사망한 후쿠오카 형무소福岡 刑務所(후쿠오카 케이무쇼)가 있던 곳이다.

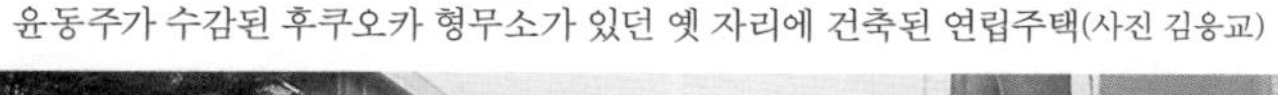
윤동주가 수감된 후쿠오카 형무소가 있던 옛 자리에 건축된 연립주택(사진 김응교)

후쿠오카 형무소 옛 정문

지금 있는 구치소는 윤동주가 수감되어 있던 자리에서 서쪽으로 옮겨져 다시 신축된 현대식 건물이다. 옛 자리에서 걸어서 10여 분 거리에 있다. 빨리 가려면 주택가 골목으로 가도 되고, 무로미 강가를 지나 천천히 돌아서 가도 된다.

주택가 안에 구치소가 있는 것, 구치소 바로 뒤편에 공터와 놀이터가 있는 것은 신기하다 못해 조금 의아하다. 저 놀이터에서 그네를 타고 미끄럼틀에서 내려오며 노는 아이들은 과거에 저 구치소에서 어떤 일이 있었는지 알 턱이 없다. 아무것도 모르고 태어난 아이들에게는 아무런 잘못도 없지만, 선조의 죄를 깨닫는 순간 무서운 죄책감에 휘말린다.

아파트 등 주거지 사이에 있는 새로운 구치소 뒤 공터에서는 매년 2월 16일에 윤동주 추도식이 열린다. 거기서 멀지 않은 곳에 윤동주의 시신이 태워졌으리라 추정되는 장소도 있다.

친동생 윤일주가 남긴 회고담에서 윤동주가 후쿠오카 구치소에서 어떻게 지냈는지 상상할 수 있는 귀중한 증언이 있다.

현재 후쿠오카 형무소 정문(사진 김응교)

1944년 6월, 재판 결과 동주 형이 2년, 몽규 형이 2년 6개월 형의 언도를 받고 후쿠오카福岡 형무소에 투옥되었다.(미결 기간을 가산하여 만기는 1945년 말이었다.) 그로부터 매달 한 장씩만 일어로 허락되던 엽서만으로는 옥중 생활을 알 길이 없으나, 『영일英日 대조 신약성서』를 보내라고 하여 보내 드린 일과 '붓 끝을 따라온 귀뜨라미 소리에도 벌써 가을을 느낍니다'라고 쓴 나의 글월에 '너의 귀뚜라미는 홀로 있는 내 감방에서도 울어 준다. 고마운 일이다'라고 답장을 준 일이 기억된다. 편지 쓸 날짜를 얼마나 기다렸던지 매달 초순이면 어김없이 써 오는 편지에는 가끔 먹으로 지워 버린 곳이 있었다. 옥중의 노동 장면 등의 구절이 간수들에 의하여 지워졌음을 짐작할 수 있었고, 더러는 짐작할 수 없을 정도로 먹칠해져 있었다.

– 윤일주, 「윤동주의 생애」, 『나라사랑』, 23집, 1976년. 155~156면

매년 2월 16일 윤동주 추도식이 열리는 구치소 뒤 공터(사진 김응교)

1944년 6월이면 윤동주가 구속된 지 거의 1년이 지난 시기다. 현재 연세대 윤동주 기념관에는 두 권의 영어성경이 남아 있다. "『영일英日 대조 신약성서』를 보내라고 하여 보내 드린" 성서는 그 중 한 권이 아닐까. 하카타 포트 타워에 올라가면 윤동주가 구속되어 있던 구치소 전체를 조망할 수 있다. 후쿠오카 타워 아래로 강과 바다가 보인다. "옥중의 노동 장면 등의 구절이 간수들에 의하여 지워졌"다고 윤일주는 증언한다.

"윤동주가 저기 강가에 가서 노역을 하지 않았을까요."

옛 구치소 자리에서 해변까지는 10분 정도면 갈 수 있다. 중요한 공간을 안내해준 구마키 쓰토무 교수의 박사 논문 『윤동주 연구』(2003)는 지금 읽어도 최고의 성과다. 구마키 교수를 뵐 때마다 나는 실례인 줄 알면서도 귀찮을 정도로 한국어로 출판해야 한다고 강권한다.

1944년 6월 엽서를 마지막으로 5개월 뒤, 윤동주는 "알 수 없는 주사를 맞고"(송몽규 증언) 영원한 불귀不歸의 영혼으로 변한다.

1년 만에 다시 간 지난 토요일, 할머니의 떨리는 눈시울을 본 그날 밤, 밤새 나는 윤동주와 송몽규의 신음소리를 환청으로 들었다.

윤동주가 경성 연희전문으로 유학 간 것과, 일본으로 유학 간 것은 전혀 다른 상황이었다. 38학번 윤동주는 숨 막히는 차이와 충격을 느꼈을 것이다. 4학년 때부터 시가 완전히 달라진다. 일본에서 송몽규와 함께 책을 읽다가, 1년 동안 옆방 벽에서 도청하던 경찰에 의해 체포되고, 후쿠오카 형무소에 갇히고 죽는다. 후쿠오카에서 그 생각을 하니 눈물이 치밀어 올랐다. 나는 혼자 침대에 엎드려 소리 없이 울었다. 마구 얽히고설킨 너절한 역사들이 목을 죄었다. 후쿠오카에 눈물처럼 시린 겨울비가 밤새 내렸다.

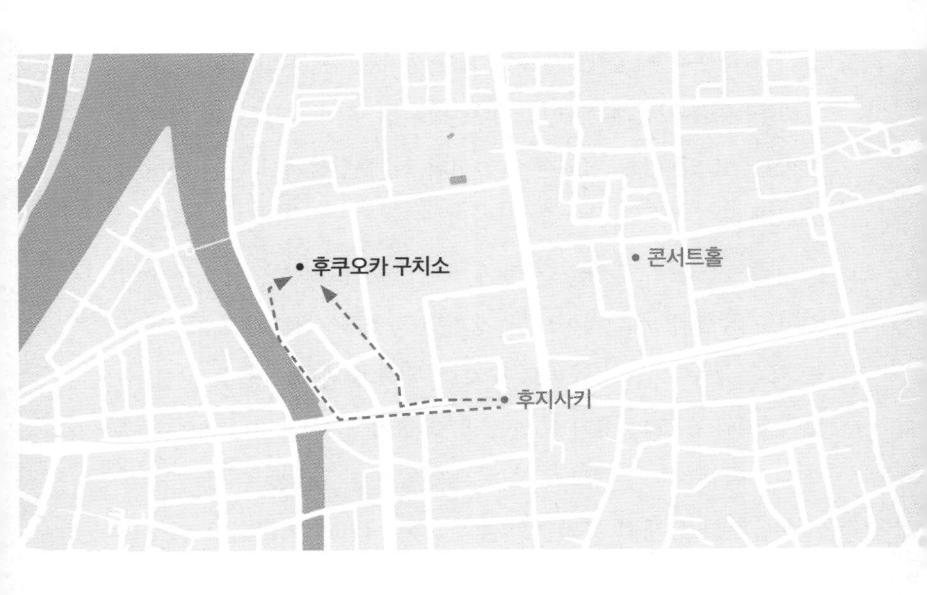

기타하라 하쿠슈 생가(사진 김응교)

기타하라 하쿠슈와 윤동주

후쿠오카에 가면 빼놓지 말고 가봐야 할 곳은 텐진天神 지하철역에 있는 거대한 지하상가이다. 밤에는 세계적으로 유명한 야간 포장마차 거리를 다녀도 좋지만, 윤동주가 좋아했던 일본 시인 기타하라 하쿠슈北原白秋(1885~1942)의 생가는 꼭 가봐야 한다. 후쿠오카 구치소에서 대략 1시간 정도 떨어진 곳에 〈기타하라 하쿠슈 문학관〉이 있다. 두 시인은 우연이라 하기엔 신기할 만치 가까이 있었다.

시인이자 단카 작가인 기타하라 하쿠슈의 고향은 수로가 놓여 있어 이국적 정서를 자아낸다. 생가인 양조장 건물에는 배를 띄우는 작은 부두가 있어 곧바로 수로를 통해 술과 해산물을 나를 수 있다. 지금도 그의 생가 주변을 보면 그가 얼마나 경제적으로 윤택하고 아름다운 환경에서 어린 시절을 보냈는지 볼 수 있다.

윤동주의 동생인 윤일주의 회고담에 의하면 기타하라 하쿠슈

의 「이 길この道」(1926.6.)을 윤동주가 매우 좋아했다는 기록이 나온다. 이 동시는 기타하라가 1925년 여름에 홋카이도를 여행할 때 그 인상을 그린 동시로 알려져 있다.

이 길은 언젠가 왔던 길
아 그래
아카시아꽃 피어 있네

저 언덕 언젠가 봤던 언덕
아 그래
봐, 흰 시계탑이야

'길'이라는 공간을 보고 자연의 아름다움과 자아성찰을 보여주는 작품이다. 4연으로 이루어졌는데 그 중 각 연의 2행에서 "아 그래"가 반복되면서 미묘한 리듬을 만들어내고 있다.

윤동주 시에서 자아성찰의 공간으로 '거울', '고향', '방', '별', '우물', '길' 등의 이미지가 나타난다. '길'이 주요한 상징으로 부각된 시는, 윤동주가 연희전문에 입학하고 '한 달 후'인 1938년 5월 10일 쓴 「새로운 길」이다.

내를 건너서 숲으로
고개를 넘어서 마을로

어제도 가고 오늘도 갈

나의 길 새로운 길

－윤동주, 「새로운 길」(1938.5.10.)에서

기타하라 하쿠슈 생가 앞에는 일본의 전통적인 운하가 있고, 노저어 주는 사람이 옛날 거룻배를 태워준다. 7천 원 정도 뱃삯에 40여 분 동안 노를 젓고 일본 민요를 불러주는데, 삯이 너무 싸서 미안한 마음까지 들었다. 저녁에는 그 운하에서 잡은 장어를 운하 옆에 늘어선 식당에서 장어구이로 먹을 수 있다. 먹다가 70년 전에 자기가 좋아했던 기타하라 하쿠슈의 생가를 목전에 두고 감옥에서 죽어간 윤동주를 생각하면, 장어구이를 먹다가 또 목이 멘다.

후쿠오카 해변에서 서쪽으로 가면 반도의 나라가 나온다. 조국 땅으로 가지 못했던 윤동주가 자주 불렀다는 민요 〈내 고향으로 날 보내주〉를 불러보자. 고향에 돌아가지 못했던 윤동주의 시혼詩魂을 위로해보자.

기타하라 하쿠슈(출처 나무위키)

윤동주가 좋아하던 기타하라 하쿠슈의 동시 「이 길この道」

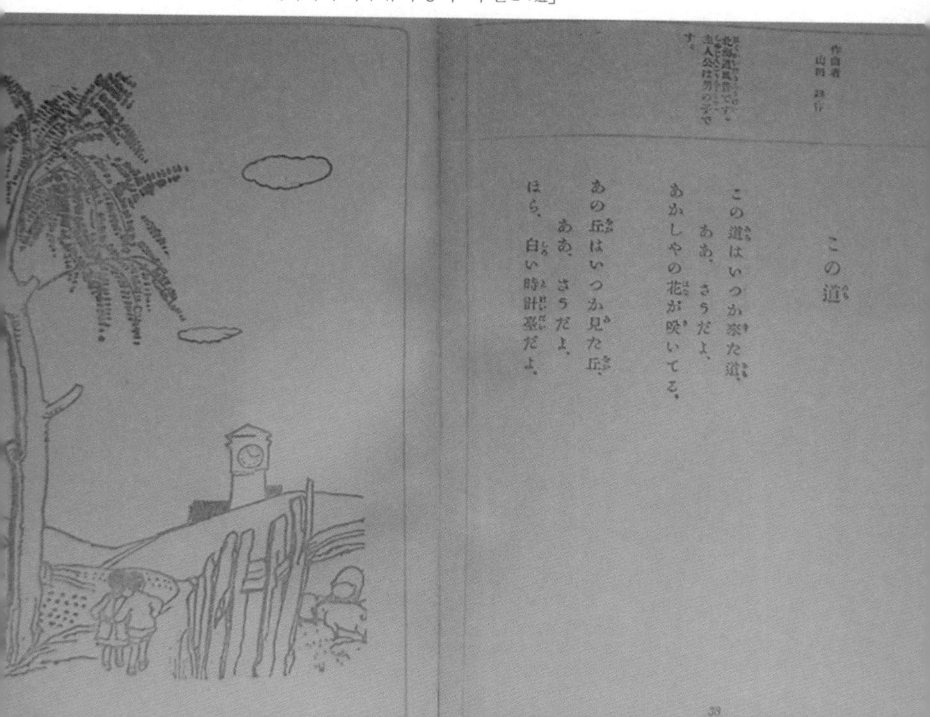

作曲者 山田耕作

北海道風景です。主人公は男の子です。

この道

この道はいつか来た道、
ああ、さうだよ、
あかしやの花が咲いてる。

あの丘はいつか見た丘、
ああ、さうだよ、
ほら、白い時計臺だよ。

39

06

YUN DONG-JU

만주와 조선

연희전문 시절 후배 정병욱과 윤동주(출처 연세대학교 윤동주기념관)

광양시 양조장집
불행을 이겨낸 '힘센 우정'

"아무리 좋은 학교나 직장에 다닌다 해도, 최후의 순간 내 상여를 앞뒤에서 메줄 두 명의 친구도 없다면, 그 인생은 의미가 있을까."

누가 말했는지 상관없이 이 서생이 유념해온 구절이다.

오래 친하게 지낸 친구親舊는 그냥 알고 지내는 지인知人과 다르다. 벗을 뜻하는 붕朋은 조개패貝 두 개가 나란히 곁에 서 있는 모습이다. 벗과 손을 나란히 맞잡은 모양이 우友, 깨끗하고 푸른靑 마음忄=心이 정情이다. 우정이란 깨끗하고 순수한 마음으로 맞잡은 손을 뜻한다.

특히 글을 나누며 친구를 만나고, 친구와 함께 어진 일을 행하는 '이문회우 이우보인以文會友 以友輔仁'의 인물들이 있다.

프란츠 카프카(1883~1924)는 1901년 카를대학에 입학해 막스 브로트(1884~1968)를 만난다. 브로트가 먼저 등단했을 때, 카프카는 상해보험회사에서 습작 중이었다. 이후 「변신」 등 주목받는 소설을 발표한 카프카는 1921년 "유고를 불태워 달라"는 유언장을 브로트 앞으로 써놓고 사망한다. 1939년 독일이 체코를 침략했을 때 브로트는 카프카의 유고를 들고 이스라엘 텔아비브로 피한다. 이후 여러 곡절을 거쳐 카프카의 원고는 빛을 본다. 지금도 카프카 묘지에 가면, 마치 대화하듯 카프카와 브로트의 묘지는 마주보고 있다.

막스 브로트와 카프카(오른쪽)

에마뉘엘 레비나스(1906~1995)와 모리스 블랑쇼(1907~2003)는 스트라스부르 대학에서 철학을 공부하며 만난다. 1930년대에 극우였던 블랑쇼는 나치가 파리를 점령했을 때 강제수용소로 끌려가려는 유대인 레비나스의 가족을 숨겨준다. 보수적인 블랑쇼는 동유럽에서 프랑스로 이주한 이방인

블랑쇼(왼쪽)와 레비나스

레비나스와 입장은 달랐지만, 레비나스와 함께 하이데거를 읽고 '바깥의 사유'를 깨닫는 섬광의 순간을 공유한다. 레비나스의 타자론을 토론하면서, 블랑쇼는 후기에 알제리 전쟁에 반대하는 등 초기와 다른 입장을 취한다. 이들에게 우정이란 서로를 변형시키는 동력이었다. 이들의 우정은 서로 차이와 영역을 존중하는 느슨한 결합이었다. 거의 사진을 찍지 않은 블랑쇼는 레비나스와 찍은 사진을 드물게 남겼다.

섬진강이 남해로 접어드는 망덕포구에 가면 윤동주(1917~1945)와 정병욱(1922~1982)의 우정이 잔물결 친다. 소설가 김훈이 극찬한 '섬진강 자전거길'의 출발지 망덕포구 맑은 바다에는 은어 떼가 노닐고 재첩이 군거群居한다.

1940년 연희전문에 갓 입학한 정병욱의 기숙사 방을 누군가 노크한다. 신문에 발표된 정병욱의 「뻐꾹이의 전설」을 읽고 찾아간 윤동주였다.

"정 형, 글 잘 읽었어요."

곧 친해진 두 사람은 영어성경 읽기 모임도 함께하고, 1941년에는 누상동 9번지에서 함께 하숙하고 시내를 산보하기도 한다.

남해바다 광양 망덕포구를 마주하며, 야트막한 산을 등진 채 낮게 누워 있는 상점을 겸했던 일본식 양조장이 있다.

당시 정병욱의 아버지 정남섭은 1930년 8월 28일부터 망덕에서 조선탁주와 조선약주 제조를 허가 받아 양조장과 정미소를 함께 운영했다. 연희전문학교를 다닐 때 정병욱은 방학 때면 아버지가 계신 저 집에 찾아가 섬진강 나루 혹은 바다를 보며 꿈을 키웠을

정병욱 아버지 댁 사진 위(과거), 아래(현재)(사진 김웅교)

것이다.

이 아담한 목조주택 '윤동주 유고 보존 정병욱 가옥' 마루에 잠잠히 앉아 있으면 목소리가 들려올지도 모른다.

"어머니, 동주 형 시 원고예요. 들키면 위험해요. 저와 동주 형이 살아 돌아올 테니 소중히 간수해주세요."

망덕산 넘어오는 길목에 있는 주조장 집에는 수시로 일본 순사들이 드나들었다. 어머니는 말없이 원고를 보자기에 싸서 항아리에 넣고, 마룻바닥 아래 항아리를 묻은 뒤 그 위에 마루를 덮는다.

금지된 언어로 쓴 글은 즉시 반역이 되는 광포한 시대였다. 어둠 속에서 1년 7개월간 숨을 고르던 19편의 생명, 지상에 한 권밖에 없는 자필원고 『하늘과 바람과 별과 시』는 생기롭게 살아남는다.

한글로 쓰는 것이 저항인가

2013년 10월 어느날, 고故 정병욱 교수의 차남 정학성 교수(인하대 명예교수)의 전화를 받았다.

"글쎄, 교학사에서 나온 왜곡 교과서에 일제가 한국어 교육을 필수화했다고 쓰여 있대요."

낮은 목소리에 분노가 담겨 있었다. SBS TV에서도 어처구니없는 내용을 보도했다.

> "일제 강점기인 1922년 조선 총독부는 2차 조선 교육령을 발표했습니다. 조선인에게 국어, 즉 일본어 교육을 강화하는 내용이 담겨 있습니다. 하지만 교학사의 한국사 교과서에는 한국인에게 '한국어 교육을 필수화'했다고 적고 있습니다. 일제가 우리 말과 글을 없애기 위해 혈안이 돼 있었던 역사적 사실과는 정반대의 기술입니다. 조선 교육령에 표기된 '국어國語'를 한국어로 잘못 인용한 겁니다. 실제로 조선교육령 공포 이후 각급 학교의 일본어 수업 시간이 크게 늘었습니다. 전문가들은 잘못된 인터넷 자료를 그대로 교과서에까지 옮긴 것으로 보고 있습니다."
>
> -「헌법 전문까지 바꾼 한국사 교과서…곳곳 오류」, SBS TV, 2013. 9. 8

이 보도에 정학성 교수님은 분노하셨다.

"한글이 필수화되고 장려되었다면 뭣하러 정병욱이 윤동주 유고를 마루 밑에 숨기려 했을까요."

일본 총독부가 한글을 장려했다는 생각이 일반화되면 윤동주 시나 정병욱의 유고 보존은 엉뚱한 시도를 한 짓이 된다는 말이다.

1900년을 전후한 시기에 주시경周時經을 중심으로 한글연구가 확대되는데, 1905년 을사늑약을 체결하자마자 일제는 한국통감부를 설치하고 일본어 과목을 필수과목으로 지정하여 조선어와 일본어를 같은 비율로 교육시키게 한다. 1910년 대한제국의 국권을 강탈한 일본은 1911년 제1차 조선교육령에서 조선어 과목을 제외한 모든 교과서를 일본어로 제작하도록 한다.

반면 1917년에 태어난 윤동주는 명동마을이라는 해방구에서 자유롭게 한글을 익히며 자랐다. 한글과 민족정신을 지키려고 1921년 12월 조선어연구회가 창립되었을 때 일제는 1922년 제2차 조선교육령을 공부하여 조선어 교육 시간을 교묘하게 줄인다.

1929년 10월에는 조선어사전편찬회가 조직되었고, 사전편찬을 위해 한글맞춤법통일안·표준어사정·외래어표기 등 여러 규칙이 정리되었다. 윤동주가 연희전문에 입학한 해인 1938년 총독부는 3차 조선교육령을 발표하여 일본어를 필수과목으로 지정하고 조선어를 선택과목으로 격하시켜 사실상 조선어 교육을 금지시키기 시작했다. 결정적으로 1940년 2월 11일부터 조선어 성씨를 일본식으로 바꾸라는 '창씨개명創氏改名'을 강요한다.

1941년 윤동주가 대학 4학년이 되었을 때에, 일제는 민족정신을 말살하는 '조선사상범 예방 구금령拘禁令'을 공포하여 조선인을 마구 잡아들였다.

급기야 1942년 10월 1일부터 1943년 4월 1일까지 33명이 검거되는 조선어학회 사건이 발생한다. 『배달 겨레말 사전』을 편찬하려는 조선어학회 학자들을 체포하고 고문하고 투옥한 사건이었다.

일제는 애국선열들을 감옥에 가두고 "물 먹이기, 공중에 달고 치기, 비행기태우기, 메어차기, 난장질하기, 불로 지지기, 개처럼 사지로 서기, 얼굴에 먹으로 악마 그리기, 동지끼리 서로 빰치게 하기" 들과 같은 온갖 모욕과 고문에 한징, 이윤재 두 분은 감옥에서 돌아가셨다.

– 한글학회, 『한글새소식』 제463호, 2011년 3월호, 16면

체포된 한글 연구자들은 참혹한 고문을 당했다. 일본 검사에 의하여 처벌 수준에 따라 분류되었는데, 이극로·이윤재·최현배·이희승·정인승 등 16명은 기소 처분되었고, 12명은 기소 유예되었다. 조선어학회 학자 33명이 일제에 검거돼 커다란 고초를 겪었으며 이 중 이윤재, 한징은 옥중에서 숨졌다.

"1945년 8월 15일 일본이 연합국에 항복해서 그 때까지 감옥에 있던 이극로, 최현배, 정인승, 이희승 선생도 풀려나게 되었다. 그 때 출

옥 광경을 목격한 이근엽(전 연세대 교수)님의 증언에 따르면 한 분은 들것에 실려 나오고, 한 분은 다리에 상처가 있어 절뚝거리고 나왔는데 그 모습이 너무 처참하였다고 한다."

– 한글학회, 위의 글

윤동주가 존경하는 스승 최현배 교수도 이런 고초를 당했다. 윤동주가 한글로 쓴 글이 발각되면 "물 먹이기, 공중에 달고 치기, 비행기태우기, 메어차기, 난장질하기, 불로 지지기, 개처럼 사지로 서기, 얼굴에 먹으로 악마 그리기, 동지끼리 서로 뺨치게 하기" 등을 당하고 체포당하지 않을 수 없는 야만의 시대였다.

이러한 시기였으니 한글로 시를 쓰던 윤동주의 마음이 편할 리 없었다. 윤동주는 육필 원고 묶음을 세 부 만들었다. 한 부는 지도교수였던 이양하 선생에게 드리고, 다른 한 부는 정병욱에게, 그리고 남은 한 부는 윤동주 자신이 지니고 1942년 2월 일본으로 유학을 떠났다.

동주가 졸업 기념으로 엮은 자선 시집 『하늘과 바람과 별과 시』의 자필 시고詩稿는 모두 3부였다. 그 하나는 자신이 가졌고, 한 부는 이양하 선생께, 그리고 나머지 한 부는 내게 주었다. 이 시집에 실린 19편의 작품 중에서, 제일 마지막에 수록된 시가 「별 헤는 밤」으로 1941년 11월 5일로 적혀 있고, 「서시」를 쓴 것이 11월 20일로 되어 있다. 이로 보아, 그는 자선 시집을 만들어 졸업 기념으로 출판하기를 계획했던 것 같다. 그러나 이 시고를 받아 보신 이양하 선생께서는 출판을 보류하도록 권하였다 한다. 「십자가」 「슬픈 족속」 「또 다른 고향」과 같은 작품들이 일본 관헌의 검열에 통과될 수 없을 뿐만 아니라, 그의 신변에 위험이 따를 것이니, 때를 기다리라고 하셨다는 것이다. 그러나 그는 결코 실망의 빛을 보이지 않았다. 선생의 충고는 당연한 것이었고, 또 시집 출간을 서두를 필요도 없다고 생각했기 때문이었을 것이다.

– 정병욱, 「잊지 못할 윤동주 형」, 위의 책, 22~23면, 밑줄은 인용자

이 글에서 이양하 교수는 첫째 일본 관헌의 검열에 통과될 수도 없고, 둘째 신변에 위험이 따른다고 지적하고 있다. 이렇게 불안한 상황이었다. 시인이 이렇게 한글로 불안하게 시를 쓸 때, 일제 말 서정주, 이광수, 이찬, 김용제 등 많은 시인들은 일본어로 편안하게 친일의 시를 쓰고 있었다.

이 글로 보아 윤동주가 정병욱에게 원고를 넘긴 때는 1941년 11월 20일 이후부터 1942년 2월 일본 유학 가려던 그 사이로 추정된다.

정병욱도 1944년 1월에 학병으로 끌려간다. 징집되기 직전 어머니에게 원고를 넘기며 보관해 달라고 신신당부했다고 한다. 징용되어 일본군이 되었던 정병욱이 1945년 2월 후쿠오카 감옥에서 윤동주 선배가 29살의 짧은 생을 마쳤다는 사실을 알 리가 없었을 것이다. 정병욱의 어머니는 원고를 항아리에 담아 마룻바닥 아래 묻어 둔다.

정병욱 생가의 의미

1945년 2월 16일 후쿠오카에서 윤동주가 사망하고, 징병 갔던 정병욱은 가까스로 돌아와 윤 형의 사망 소식을 듣는다. 윤동주의 한글 유고가 누추하기만 한 집 마루 밑에 숨겨져 있었다는 것은 기적에 가까운 일이었다. 마루 밑에 보관한 원고와 다른 시를 모은 31편으로 정병욱은 윤 선배의 시집 출간을 준비한다. 윤동주의 자필원고 위에는 정병욱이 교정 본 흔적들이 있다.

이 영혼의 기록은, 1948년 당시 경향신문 기자였던 강처중이 가진 원고와 합쳐져, 유고시집 『하늘과 바람과 별과 시』로 간행된다. 1955년 2월 15일 다시 발행한 윤동주 시집 『하늘과 별과 바람과 시』(정음사) 말미에 게재된 글에서 정병욱은 이렇게 윤동주의 혼을 위로한다.

> 슬프오이다. 윤동주 형尹東柱 兄. 형의 노래 마디마디 즐겨 외우던 '새로운 아침'은 형이 그 쑥스러운 세상을 등지고 떠난 지 반년 뒤에 찾아왔고, 형의 '별'에 봄은 열 번이나 바뀌어졌건만, 슬픈 조국의 현실은 형의 '무덤 위에 파란 잔디가 피어나'게 하였을 뿐, '새로운 아침 우리 다시 정답게 손목을 잡자'던 친구들을 뿔뿔이 흩어버리고 말았습니다.
>
> 그러나 형의 '이름자 묻힌 언덕 위에는 자랑처럼 풀이 무성'하였고, 형의 노래는 이 겨레의 많은 어린이, 젊은이들이 입을 모아 읊는 바 되었습니다. 조국과 자유를 죽음으로 지키던 형의 숭고한 정신은 겨레를 사랑하는 모든 사람들의 뼈에 깊이 사무쳤삽고 조국과

자유와 문학의 이름으로 당신의 이름은 영원히 빛나오리니 바라옵기는 동주 형東柱 兄, 길이 명복하소서. 분향焚香.

정병욱은 평생을 자신의 선배 윤동주를 기념하는 데 온 힘을 기울인다. 연세대 윤동주 기념시비도 정병욱이 노력한 결과이고, 정병욱이 외솔상을 받았을 때 모든 기금을 연세대의 '윤동주 장학금'에 헌납한다.

'진월면 망덕리 외망마을 23번지'에 1925년에 지어진 저 양조장 집은 역사에서 빼놓을 수 없는 종요로운 사연을 품어왔던 공간이다.

첫째, 윤동주와 정병욱을 생각하는 '인물의 공간'이다. 정병욱의 장녀 정덕희는 윤동주 시인의 남동생인 윤일주와 결혼하여 윤동주 시인의 제수가 된다. 동주의 남동생과 병욱의 여동생이 결혼하며 골육을 함께 나누게 된 두 사람의 얼魂은 이 옛집의 공기를 시큰하게 한다.

후일 고전시가와 판소리 등 국문학의 오롯한 대학자가 된 정병욱은 그의 학문에 선배 동주의 감화가 배어 있다고 고백한다. 정병욱은 이후 서울대 국문학과 교수로 임용되어 『국문학산고』, 『시조문학사전』, 『구운몽 공동 교주』, 『한국고전시가론』, 『한국의 판소리』 등을 냈고, 1974년 판소리학회의 초대 회장을 역임하며, 3.1문화상을 수상하는 등 국문학계 거목으로 기록된다. 안타깝게도 겨우 환갑의 나이에 존경하던 선배 윤동주를 따라 먼 여행을 떠난다.

이 공간이 윤동주의 유고만을 기리는 공간을 넘어, 정병욱을 기리는 공간으로도 의미를 넓혀야 한다. 이곳은 '윤동주'만 강조되는 곳을 넘어 '윤동주 + 정병욱'이 합해진 곳이 아닌가.

둘째, 장소애場所愛를 일으키는 '고향의 공간'이다. 정병욱이 윤동주 시집을 보존한 이 장소는 윤동주와 정병욱을 사모하는 후대 독자들의 마음에 토포필리아를 일으킨다. 자신은 단순히 선배의 시집을 보관하려 했는지 모르나, 현재 이 집은 후대에 새로운 의미를 주고 있다. 예전의 향수를 일으킬 수 있는 집 앞의 나루터를 복원하는 것도 좋은 방법일 수 있겠다.

셋째, 민족정신을 향한 '한국어의 공간'이다. 이 집은 단순히 옛집 한 채를 보존할 뿐 아니라, 민족정신을 교육하는 본부기지로 활용할 수 있겠다. 청소년들이나 젊은 사람들을 끌어들일 수 있도록 고전풍의 세련된 북 카페를 만드는 것도 좋은 생각일 것이다. 윤동주와 정병욱에 관한 심포지엄을 매년 1회씩 열고, 문학적 콘텐츠를 결합한 작은 북카페나 마을 도서관을 구상하고, 특화된 거리에 윤동주 시 낭독회 등을 기획할 수 있다.

넷째, 한류를 향한 '국제적 공간'이 될 수 있겠다. 한글과 한국문학을 사랑하는 한류韓流의 기지로 가꾸어 가야 한다. 현재 윤동주에 관한 공간은 탄생지인 '중국 용정 명동마을 → 서울 연세대 캠퍼스 → 도쿄의 릿쿄대 → 교토의 도시샤대 → 사망했던 후쿠오카 → 광양시 정병욱 가옥'으로 연결할 수 있겠다. 마지막 기행으로 광양시 '윤동주 유고 보존 정병욱 가옥'이 되게끔 알려야 한다.

일본에서 윤동주 시는 고등학교 교과서에 실려 있고, NHK특

집으로 방영되었으며, '후쿠오카 윤동주 시 읽기회福岡·尹東柱の詩を読む会'를 비롯하여 각지에 윤동주 시를 토론하는 모임과 윤동주 문학기행을 하는 모임이 있을 만치, 일본인에게 사랑받고 있다.

친구들이 살려낸 고전들

시가 어떻게 태어났고, 어떻게 전승되었는가는 분석하는 시에 대한 또 다른 공부라고 생각한다. 우리말과 윤동주의 시혼詩魂을 지키기 위해 정병욱과 그의 가족은 숨죽여 시집 한 권을 숨겨 지켰다.

> 그러나 겨울이 지나고 나의 별에도 봄이 오면
> 무덤 위에 파란 잔디가 피어나듯이
> 내 이름자 묻힌 언덕 위에도
> 자랑처럼 풀이 무성할 게외다.
>
> – 윤동주, 「별 헤는 밤」 8~10연

「별 헤는 밤」 8~9연은 정병욱의 권유로 윤동주가 추가한 부분이다. 거짓말처럼 이 양조장집 마루에 시집 원고를 숨긴 정병욱의 마음 덕에 "내 이름자 묻힌 언덕 위에도 / 자랑처럼 풀이 무성할 게외다."라는 구절은 성취되었다.

이 집은 비극을 이겨낸 두 청년의 영혼과 고난을 극복한 민족의 전설이 있는 판타지의 공간이다. 광양에 가면 반드시 저 허름한 영혼의 집, 윤동주와 정병욱의 영혼이 깃든 집에 찾아가자.

브로트가 없다면 카프카는 없다. 레비나스가 없다면 블랑쇼는 없다. 정병욱이 없다면 윤동주는 없다. 덮쳐오는 서늘한 불행을 이들은 '힘센' 우정으로 맞짱떴다. 어설피 살지 않고, 서로 격려했다.

"친구를 위하여 목숨을 버리면, 더 큰 사랑이 없나니"(요한복음 15:13)라는 정도는 아니더라도, 누군가에게 밉상이 아니라 친구로 기억되고 싶은 설날, 군색하지만 벗에게 전화라도 걸어야겠다.

프랑스어로 사랑Amour과 우정Amitié은 모두 '아'로 시작한다. 방금 태어난 아이가 내뱉는 첫 발음 닮은, 아, 진정한 우정은 느낌표를 절제할 수 없구나!

정병욱의 아버지는 하동에서 교사 생활을 하다가, 망덕 포구로 나와 어장과 양조장을 운영한다. 서울대 교수가 된 아들 정병욱을 따라 1960년대에 서울로 이주하기까지 양조장을 운영하다가, 이후 처조카에게 양조장을 넘긴다. 그 처조카 박영주는 1980년대까지 양조장을 운영하다가, 양조장 곁에서 음식점을 하는 아들 박춘식에게 넘긴다.

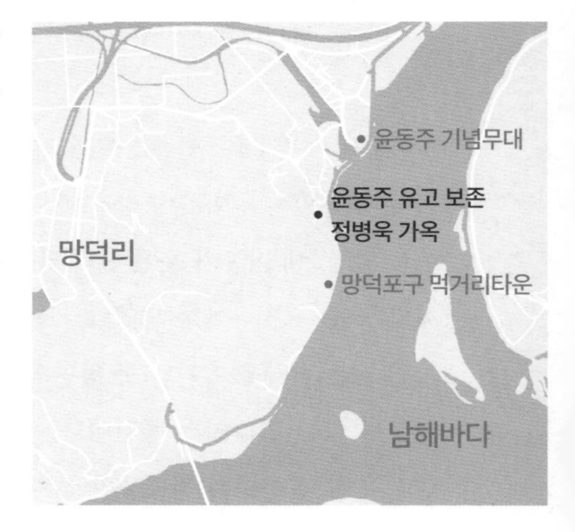

지금도 이 건물은 광양시 문화부에서 해설사를 상주시켜 설명하고 있으며, 미리 연락하면 박춘식 님의 친절한 안내를 받을 수 있다.

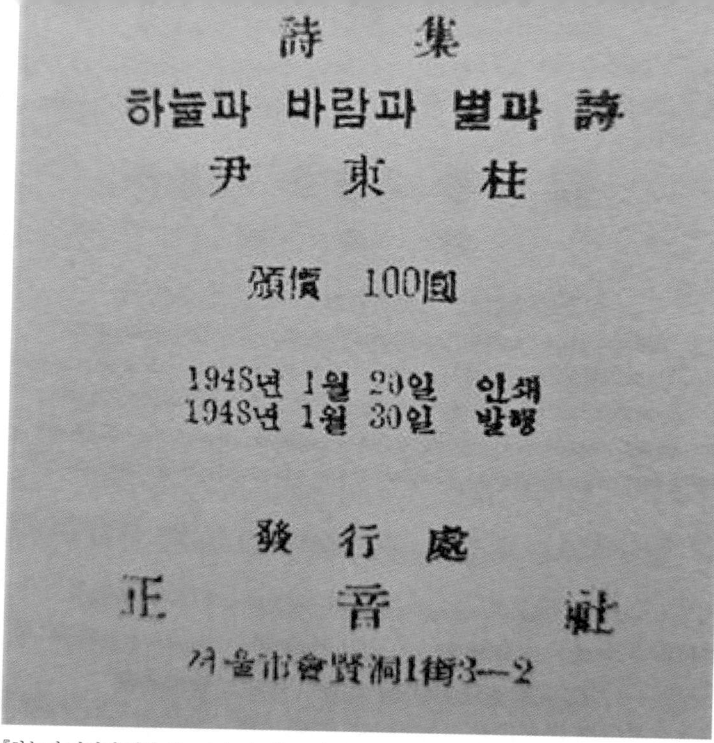

詩 集
하늘과 바람과 별과 詩
尹 東 柱

頒價 100圓

1948년 1월 20일 인쇄
1948년 1월 30일 발행

發 行 處
正 音 社
서울市會賢洞1街3—2

『하늘과 바람과 별과 시』, 1948년 1월 30일 발행(출처 정음사)

정음사
사랑으로 지은 시의 집

일기나 서류 글을 쓰는 것과, 남이 읽을 글을 쓰는 작가로 사는 삶은 다르다. 작가로 살려면 원고를 추려주는 편집자와 출판사의 도움이 있어야 한다. 출판사에서 작가의 원고를 편집하여 넘기면 인쇄소에서 인쇄하고, 제본소에서 크기대로 잘라 제본하여 완성한 책은 서점에 출시되어 독자들에게 얼굴을 내민다. 출판사는 책을 낸 뒤에도 홍보를 해서 책을 알리고 보존한다. 책을 읽은 독자나 정부는 인간이 해야 할 일을 성찰한다. 출판사는 작가를 통하여 시대정신을 보존하여 사회에 공헌한다.

소설가 버지니아 울프Virginia Woolf(1882~1941)가 활동할 때, 여성 작가의 책을 제작해주는 출판사는 없었다. 여성 작가도 남성 작가의 이름을 필명으로 하여 책을 내곤 했다. 1912년 버지니아는 집필 활동을 적극 지원하는 레너드 울프Leonard Woolf를 만나 결혼한다. 1917년 부부는 '호가스 출판사Hogarth Press'를 설립하는데, '호가스'란 그들이 살던 집의 이름을 딴 것이다. 버지니아 울프는 자신의 저서를 대부분 호가스 출판사에서 출판한다. 자신의 작품을 비롯해 T. S. 엘리엇, 캐더린 맨스필드, E. M. 포스터의 작품 등을 출간한다. 놀라운 것은 버지니아 울프의 페미니즘 소설을 낸 호가스 출판사가 한강의 맨부커상 수상작 『채식주의자』를 냈고, 이 업적이 노벨문학상 수상까지 이어졌다는 사실이다. 1946년 이후 주춤해 있는 호가스 출판사를 2012년 펭귄랜덤하우스가 인수하여 계속 그 정신을 이어가고 있다.

윤동주는 시집이 나오기 전에 이미 인정할 만한 매체에 시와 산문을 발표해왔다. 다만 그가 시인으로 일반인에게 알려진 것은 유고시집 『하늘과 바람과 별과 시』가 1948년 '정음사正音社'에서 출판된 이후다.

시집을 만든 사람들

윤동주 유고시집은 극진한 사랑으로 지은 시(詩)의 집이었다. 연희전문의 동창들인 정병욱, 강처중, 유영, 김삼불, 여기에 정지용, 최현배, 정음사의 최영해가 힘을 모아 만든 책이었다. 모두 중요한 역할을 했으나, 여기에서는 정병욱, 강처중, 정지용, 최현배, 최영해만 언급하고자 한다.

정병욱(1922~1982)은 광양 집 마루 아래 숨겨두었던 필사본에 든 열아홉 편 시를 중심으로 유고시집을 구상한다. 징병에서 살아 돌아온 정병욱은 해방후 서울대 국문학과 4학년생으로 경향신문 기자 강처중, 연희전문 동기 유영, 윤동주 친동생 윤일주와 더불어 경향신문 주간 정지용 시인의 서문을 받아 3주기 추도식 이전에 『하늘과 바람과 별과 시』를 출간하기로 강처중과 약속한다.

동생 윤일주와 후배 정병욱은 윤동주 시집 재판본을 초판본과 달리 1955년 출간된 『정지용시집』(시문학사, 1935)의 순서를 따라 편집하기로 상의한다. 『정지용시집』은 1부 최근작, 2부 초기 시, 3부 동요·동시, 4부 신앙시, 5부 산문시로 구성돼 있다. 마찬가지로 1955년 2월 16일에 출판된 재판본 『하늘과 바람과 별과 시』는 1부 자필시, 2부 도쿄 시편, 3부 발표시기를 모르는 작품들, 4부 동요, 5부 산문으로 구성됐다.

강처중(출처 1941년 연희전문 졸업앨범)

강처중(1917~1950?)은 윤동주, 송몽규와 함께 연희전문에 입학한 신입생으로 핀슨홀 3층 룸메이트였다. 1947년 당시 경향신문 창립멤버이자 조사부 주임기자였던 강처중은 경향신문 주필 정지용 시인에게 윤동주 시를 보여주어, 1947년 2월 13일 경향신문에 정지용의 소개 글과 함께 윤동주의 「쉽게 쓰여진 시」가 최초로 발표되었다. 1948년 1월에는 유고 31편을 모아 정지용 서문과 강처중 발문과 유영의 추도시를 붙여 『하늘과 바람과 별과 시』가 간행된다.

정병욱이 보관한 19편에, 강처중은 「쉽게 쓰여진 시」 등 5편과 윤동주가 일본 유학을 떠날 당시 자신에게 맡겼던 작품들 가운데 「팔복」, 「참회록」 등 7편을 더해 모두 31편으로 편찬했다. 시를 선정하고 편집 구성하는 작업과 발간 사업을 강처중이 주도한다. 강처중은 윤동주 시집 「발문」에서 가장 가까운 친구가 경험했던 윤동주의 일상을 남겼다.

> 동주는 말주변도 사귐성도 별로 없었건만 그의 방에는 언제나 친구들로 가득 차 있었다. 아무리 바쁜 일이 있더라도 "동주 있나?"하고 찾으면 하던 일을 모두 내던지고 빙그레 웃으며 반가이 마주 앉아 주는 것이었다.
>
> "동주 좀 걸어보자구!" 이렇게 산책을 청하면 싫다는 적이 없었다…(중략)…
>
> "동주 돈 좀 있나?" 옹색한 친구들은 곧잘 그의 넉넉지 못한 주머니를 노리었다. 그는 있고서 안 주는 법이 없었고 없으면 대신 외투든 시계든 내 주고야 마음을 놓았다. 그래서 그의 외투나 시계는 친구들의 손을 거쳐 전당포 나들기를 부지런히 하였다.
>
> – 강처중, 「발문」, 1948

정지용의 「서문」 바로 뒤에 실린 강처중의 「발문」은 윤동주의 따스한 면을 잘 알린다. 2016년 영화 〈동주〉는 송몽규와 더불어 함경도 사투리로 말하는 살가운 강처중을 익살스럽게 등장시킨다.

남로당 특수정보책으로 활동한 강처중은 언론계 비선책임자이자 이원조(이육사의 동생), 박치우와 함께 좌파의 요주의 인물이었다. 그는 1950년대 '정국은 간첩사건'의 배후 주범으로 사형선고를 받고 서대문형무소에 갇혀 있다가 6·25 직후 석방된다. 서울 집에서 두 달을 요양하다 1950년 9월 4일 소련으로 공부하러 간다며 아내 이강자 여사에게 말하고 집을 나섰지만 이후 소식이 두절된다.

정지용(1902~1950)은 윤동주가 1942년 자신의 집을 찾아왔지만 기억하지 못했다. 해방후 정지용의 「별똥」은 대한민국 교과서에 실리고, 경향신문 초대주필로 일한다. 강처중이 건넨 윤동주 시를 보고 탄복하고, 1947년 2월 13일 『경향신문』 지면에 「쉽게 쓰여진 시」를 발표한다. 3일 후 1947년 2월 16일 서울 소공동 '플라워 회관'에서 윤동주의 2주기 추도식이 열린다.

「또다른 고향」을 3월 13일, 「소년」을 7월 27일에 소개한다. 1948년 1월에 출간된 윤동주의 유고시집 『하늘과 바람과 별과 시』 초간본의 서문을 쓴다. 윤동주의 「십자가」를 인용하며 윤동주의 신앙적 측면에 공감하기도 한다.

1949년 '국가이념에 맞지 않는다'는 엉뚱한 이유로 「별똥」은 교과서에서 삭제된다. 정지용은 좌익 시인이라는 지목을 받고 경향신문 주간, 이화여자전문학교 교수 자리에서 물러나야 했다. 녹번동 한 초가에 은둔하다가 한국전쟁 중 1950년 9월 납북된다.

그의 이름은 오랫동안 '월북작가 정○○'으로 표기되어 왔었다. 1953년 평양교도소에서 미군 폭격으로 사망했다는 국방부 발표로 1987년 본래 이름을 찾고, 2019년 금관 문화훈장이 수여된다.

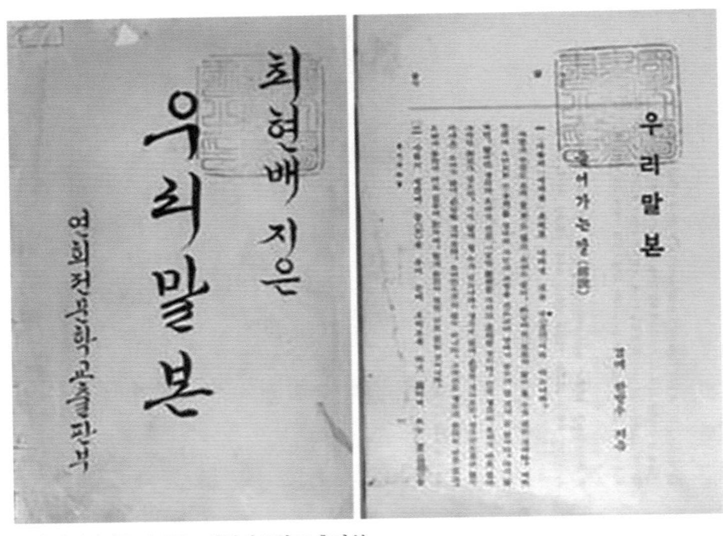

최현배 지은 『우리말본』, 연희전문학교 출판부

최현배(1894~1970)는 『우리말본』, 『소리갈』의 내용을 집에서 등사하여 학생들에게 나누어 주고 수업을 했다. 등사할 내용이 많아지면서 최현배는 아예 출판사를 차리기로 마음먹고 1928년 7월 7일, 서울특별시 서대문구 행촌동 최현배의 집에서 정음사正音社를 창업한다. '정음正音'이란 명칭에는 『훈민정음訓民正音』의 바른

소리를 알리려는 뜻이 명확히 담겨 있다.

1938년 3월 3일 조선어에 의한 교육이 금지되었는데도 최현배는 계속 조선어 수업을 연다. 결국 해직되었다가 교수가 아닌 도서관 직원으로 복직했던 최현배는 1942년 10월 조선어학회 사건으로 사임한다. 1942년 10월 1일에 투옥된 그는 1945년 8월 15일 광복 때까지 삼 년간 옥고를 치른다. 감옥에서 나온 후 그는 제자 윤동주의 시집을 자신의 출판사 정음사에서 내기로 한다. 윤동주 시집을 일본식 세로쓰기가 아니라, 가로쓰기로 내기로 한다.

정음사의 이력

일제의 탄압으로 1942년 잠깐 간판을 내렸던 정음사는 광복과 함께 새 출발을 한다.

해방이 되고 외솔의 아들인 최영해(1912~1981)가 대표 역할을 맡으며, 서울 북창동에 새롭게 사무실을 연다. 해방이 되자마자 다음달 9월에 정음사에서 낸 권덕규의 『조선사』는 해방 후 가장 처음 나온 한글 서적으로 알려져 있다.

연희전문 문과를 나온 최영해는 『조선일보』 출판부에 입사하여 『소년』을 편집했고, '삼사문학' 동인으로 활동했다. 해방 후 『경향신문』 부사장을 역임한다.

1948년 1월 30일 초판본 『하늘과 바람과 별과 시』를 출판한다. 이 책 판권을 보면 출판사 주소가 '서울시 회현동 1가 3-2'로 쓰여 있다. 현재 회현동 1가 지역은 남산 3호 터널이 뚫리고, 신세계백화점 주변으로 큰 도로와 거대한 빌딩들이 세워져 옛날의 자취를 찾아보기 어려울 정도다.

겉으로 보면 아버지의 제자이며, 연희전문 선배이고 경향신문을 통해 알려진 윤동주 유고시집을 출판하는 것은 너무도 자연스러운 흐름으로 보인다. 이 시기에 나온 정음사의 다른 시집들을 보면, 시집 출판의 의도가 개인적인 인연에 의해서만 결정되지는 않았다는 것을 볼 수 있다.

정음사에서 출판된 시집은 『하늘과 바람과 별과 시』 외에도 20여 종인데, 이 시집들이 여기에서 나왔느냐고 놀랄 만한 시집들이 많다. 김동석 『길』(1946), 오장환 『병든 서울』(1946), 김광균 『와사등』(1946), 설정식 『포도』(1948), 유진오 『창』(1948), 윤곤강 『피리』(1948), 이병철 편 『한하운 시초』(1949) 등이 있다. 윤동주와 한하운을 제외하면 모두 조선문학가동맹 소속 시인들이다.

출판사에서 보았을 때, 윤동주 시집은 개인적인 인연 이전에, 최현배가 추구해온 우리말 민족주의, 여기에 조선문학가동맹이 추구하는 반反제국 반反봉건주의와 통한다고 보았을 수도 있겠다. 『한하운 시초』를 편집한 이병철도 대표적인 진보적 전위시인이었다. 1950년 2월경 체포되어 옥살이를 하다가 6.25 때 석방되어 의용군 동원 연설 등을 하다가 가족과 함께 월북한다. 때문에 이후 『한하운 시초』는 공산주의자가 만든 시집이라는 혐의를 쓴 '한하운 시집 사건'에 휘말리기도 했다. 이렇게 볼 때 해방기 때 정음사는 다분히 진보적인 시인들의 양산박이었다.

당국은 정음사를 불손하게 보기 시작했다. 1955년 개정증보판 『하늘과 바람과 별과 시』를 내면서, '월북'한 것으로 잘못 알려진

정지용의 「서문」과 남로당원으로 사형이 언도된 강처중의 「발문」은 삭제된 상태로 출판된다. 극심한 냉전의 압박으로 인해, 윤동주의 산문 「종시」에서 노동자를 찬양하는 문장이 예리한 칼로 도려내진 것으로 추측된다. 1950년대 이승만의 멸공정책이 지배하던 검열사회에서 어쩔 수 없는 선택이었을 것이다.

1967년 2월에는 백철, 박두진, 문익환, 장덕순의 글을 책 말미에 추가 수록하고 판형을 바꾸어 새로 『하늘과 바람과 별과 시』를 간행하고 1983년까지 6판본을 간행한다.

윤동주가 『하늘과 바람과 별과 시』를 1941년 육필 자선 시집으로 세 권을 만들고 그 중에 한 권을 정병욱이 보관한 후, 1948년에 초판본, 1955년 재판본이 출판된다. 이후 제1차 교육과정(1954~1963)의 중학교 2학년 교과서에 「새로운 길」이 실리면서 윤동주는 이른바 '교과서 시인'으로 등장하기 시작한다.

이외에 정음사는 『우리말본』으로 대표되는 국어학 서적 30여 종, 『조선고대소설사』 등 국문학 서적 30여 종을 낸다. 특히 지금 생각해도 어려운 대형 기획물이 많았다. 마르셀 프루스트 『잃어버린 시간을 찾아서』를 비롯하여 『도스또옙스끼 전집』, 『셰익스피어 전집』, 『세계문학전집』 전 100권, 『삼국지』, 『소년소녀 세계명작문학전집』 20권 등 놀라운 역작을 펴냈다. 이중에 '박사학위 논문집'이 시리즈로 나왔는데 특히 마광수의 『윤동주 연구』(1989)는 지금도 꼭 읽어야 할 중요한 윤동주 연구서다.

최영해 대표의 건강문제로 60년대 초반에 최철해(1927~1993)에게 정음사를 맡겼다가 1981년 11월에 최영해의 아들 최동식

(1943~)이 경영권을 이어받는다. 65년간 중요한 도서를 낸 정음사는 1973년 서울 중구 충무로 5가로 옮겼다가, 경영난을 극복하지 못해 1993년 8월 아쉽게도 역사의 뒤안길로 사라진다.

정음사는 사라졌지만, 너무도 중요한 역할을 해냈다. 카프카가 가장 많은 작품을 발표한 『히페리온*Hyperion*』이라는 잡지가 있었다. 이 잡지에는 미술가 오귀스트 로댕, 하인리히 클레이의 그림도 실렸다. 이 잡지에 글을 기고한 작가는 노벨문학상 수상작가 호프만슈탈, 시인 라이너 마리아 릴케, 소설가 로베르트 무질, 앙드레 지드, 하인리히 만 등이었다. 『히페리온』이 폐간되자 카프카는 안타까워하며 「영면하게 된 어느 잡지」(1911)라는 글을 발표한다.

히페리온 원서

카프카는 이 글에서 『히페리온』을 만든 사람들의 "추억이 사라지지 않을 것"이라고 단언하며, "십 년이나 혹은 이십년 후에는 단순히 서지학상의 귀중한 보고로 남게" 될 것이라고 예언한다. 카프카의 마지막 문장대로 당시 문학을 공부하려면 꼭 검토해야 할 고전적인 잡지로 『히페리온』은 역사에 살아남았다.

같은 위상은 아니지만 정음사 또한 한국의 언어학, 현대문학, 출판사를 알기 위해서는 검토하지 않으면 안 될 종요로운 출판사였다. 최현배, 윤동주의 저서를 낸 것만으로도 거대한 출판사였다고 평하지 않을 수 없다.

윤동주 묘(사진 김응교)

동산묘지
죽은 자가 산 자를 살린다

과거가 현재를 도울 수 있는가?

죽은 자가 산 자를 구할 수 있는가?”

– 한강 노벨문학상 수상기념 강연문, 「빛과 실」, 2024.12.7.

깨달은 이들에게 과거는 낡은 흑백사진이 아니다. 깨달은 다중에게 과거는 내일의 나를 살리는 원동력이다. 단순히 같은 일이 일정한 시간마다 반복되는 것을 일컬어 주기週期라고 한다. 반면에 특별한 사람이 죽은 뒤 그 날짜가 해마다 돌아오는 횟수를 나타내 주기週忌라고 한다. 기忌 자는 ‘꺼리다’, ‘원망하다’라는 뜻도 있지만 ‘공경하다’라는 뜻도 있다. 우리에게 복합적인 감정을 일으키는 고인을 기릴 때 우리는 이 한자를 쓴다.

이 글을 쓰는 2025년은 윤동주 사망 80주기의 해다. 왜 우리는 윤동주라는 과거의 죽은 사람을 기억하려 할까. 시가 읽기 편해서 기억하려 하는가. 일본인들은 왜 윤동주를 기억하려 할까.

> 매달 늦어도 5일까지는 반드시 오던 엽서가 1945년 2월에는 중순이 되어도 오지 않았다. 사망 통지의 전보가 온 날은 일요일이었다. 식구들은 다 교회에 나가고 나와 동생이 집을 보는 고요한 오전, 날아들어온 전보는 '2월 16일 동주 사망, 시체 가지러 오라'였다. 나는 허둥지둥 교회로 달려가 어른들을 모셔 오고, 잠시 후 예배를 마친 교인들이 몰려와 집안은 삽시간에 빈소 없는 초상집이 되었다. 잠시 촌에 가 계시던 어머니를 사람을 보내 모셔 오고, 온 집안은 슬픔에 잠겼다.
>
> – 윤일주, 「윤동주의 생애」, 위의 책, 161면

윤동주가 사망하고 열흘 뒤 "2월 16일 동주 사망, 시체 가지러 오라"는 전보가 고향집에 왔다. 부친 윤영석은 시신을 수습하러 신경新京(현재 '장춘')에 있던 당숙 윤영춘과 함께 안동을 거쳐 후쿠오카로 향한다. 두 사람이 후쿠오카로 떠난 뒤 형무소에서 한 장의 통지서가 왔다.

> 미리 인쇄되어 있는 양식 속에 필요 사항만 기입하게 되어 있는 그 통지문의 내용은 '동주 위독함. 원한다면 보석保釋할 수 있음. 만약 사망시에는 시체를 인수할 것. 아니면 큐우슈우 제국대학에 해부용

으로 제공할 것임. 속답을 바란다'라는 것이었다. 그리고 거기에 씌어진 병명은 뇌일혈이었다. 아무리 일본에서 만주까지 우편이 4일 정도 걸린다고 해도 죽기 전에 보냈다는 편지가 10일이나 지난 후에 올 수 있는가.

– 윤일주, 「윤동주의 생애」, 위의 책, 161면

1945년 3월 6일 윤동주는 친구들과 축구를 하곤 했던 용정으로 돌아온다.

가족과 행복하게 지내던 용정 집 마당에서 열린 장례식을 흑백 사진 한 장이 증언한다. 가운데 영정에 연희전문 졸업식 때 학사모를 쓴 사진이 있다. 영정 사진 바로 왼쪽에 친구 문익환의 아버지 문재린 목사가 서 있다. 이 날 장례식은 문재린 목사가 집도했고, 윤동주의 「자화상」과 「새로운 길」이 낭송되었다.

사진 위쪽 메모를 보면 왼편에는 두 줄로, "윤동주군 장례식尹東柱君 葬禮式 강덕 12년 3월 6일康德十二年三月六日"이라고 쓰여 있다. '강덕康德'은 1934년 3월 1일에 건국된 만주국의 마지막 황제 푸이가 썼던 연호로 '강덕 12년'은 1945년이다.

오른편 두 줄에는 "강덕 12년 2월 16일 오전 2시 36분康德十二年二月十六日午前二時三十六分 후쿠오카시에서 별세, 이 때 나이 29세在福岡市別世時年二十九歲"라고 적혀 있다.

장례식 이후 윤동주의 유골은 동산묘지에 묻힌다. 용정의 동쪽 외곽에 영국 선교사들이 살던 동네인 '영국더기' 언덕이 있었다. 이후 캐나다 선교사들도 살기 시작했던 이 언덕에는 제창병원, 명

윤동주 장례식 1945(출처 유족 대표 윤인석 교수)

신여학교, 은진중학교, 동산교회 등의 건물이 있었다. 1941년 일제는 강제퇴거령을 내려서 선교사들을 몰아내고 일본 관동군 부대를 들였고, 제창병원, 명신여학교, 은진중학교, 동산교회는 파괴되어 사라져 버렸다.

윤동주 묘비에서 기념사진을 찍은 윤동주의 동생 윤광주 윤혜원(왼쪽 사진 왼쪽에서 2, 3번째)과 친척들(출처 유족 대표 윤인석 교수)

동산교회가 있었기에 동산묘지라고 불렸던 그곳에 윤동주의 유골은 매장된다. 당시 세워진 윤동주 묘비 측면을 보면 1945년 3월 6일 매장했고, 6월 14일 묘비석을 세웠다고 쓰여 있다.

찬찬히 묘비를 보니 연도가 모두 서기西紀로 쓰여 있다. 묘비문 끝에도 '1945년 6월 14일 근수謹竪'라 새겨져 있다. 송몽규나 현석칠 목사 묘비에는 일본이 세운 만주국 연호가 쓰여 있다. 윤동주 묘비의 연호는 만주국 연호가 아니라 서기다. 부친의 친구이며 명동학교 학감으로 윤동주의 스승이었던 김석관金錫觀 선생이 비문을 짓고 썼다. 일본 감옥에서 죽은 제자의 삶을 기려 만주국 연호를 쓰지 않은 스승의 마음은 얼마나 아팠을까.

묘비에 '시인윤동주지묘詩人尹東柱之墓'라고 쓰여 있다. 조부와 부친이 '시인詩人'이라 칭하기로 한 것은 윤동주가 1941년 12월 27일에 연희전문을 졸업하면서 만든 육필 원고 시집 『하늘과 바람과 별과 시』가 있다는 사실을 알았기 때문이다. 북간도를 떠나, 평양, 경성, 도쿄, 교토, 후쿠오카를 거쳐 다시 북간도로 돌아온 윤동주, 누가 뭐라 해도 가족들은 그를 제일 먼저 '시인'으로 인정했다.

그를 매장한 다음 날인 3월 7일 마치 동생의 모든 것을 마무리하고 떠나듯 송몽규가 사망했다. 이후 가족들이 대부분 조국으로 돌아오고 명동마을을 떠나면서 저 묘는 잊혀졌다. 중국과 국교가 끊어져서 남쪽 연구자들은 중국에 갈 수가 없었다. 아무도 찾는 이 없는 저 묘지는 1985년 5월 와세다대 오무라 마스오大村益夫 교수가 찾아오기 전까지 바람과 새떼와 양떼가 노니는 동산이었다.

오무라 교수는 동생 윤일주 교수가 준, 묘비 앞에서 가족 다섯 명이 찍은 사진을 들고 연변대 팀과 함께 헤매다가 사진에 있는 비석을 찾았다. 1945년에 장례식을 치른 지 40년 만에 묘지가 다시 가족에게 다가온 것이다.

1990년에는 송몽규의 묘소도 찾아 윤동주 묘소 가까운 곳으로 이장했다. 윤동주 묘 왼쪽으로 10m쯤 떨어진 곳에 '청년문사송몽규지묘青年文士宋夢奎之墓'라고 쓰인 비석과 묘가 있다.

윤동주 묘 오른쪽으로 5미터쯤에는 1919년 공주읍에서 독립만세운동을 주도했던 현석칠 목사의 묘도 있다. 문화대혁명 때 파괴되었다는 묘비석은 다시 세워졌다.

현석칠 목사는 1919년 3.1만세운동이 일어나자 공주 만세운동과 한성임시정부 수립운동을 지도하고 옥고를 치렀으며 출옥 후 목회와 민족운동에 매진하였다. 일제의 탄압이 가중된 1938년 만주로 이주하여 하얼빈과 사평가四平街, 용정에서 목회하던 중 1943년 9월 23일 별세하여 용정 동산 기독교 공원묘지에 안장되었다. 대한민국 건국훈장이 수여된 현 목사의 유해는 2005년 대전 국립 현충원으로 이장되었다. 용정시 동북쪽 합성리 동산東山 8분능선에 두 시인과 민족을 위해 기도한 신자들의 묘지를 보면 까닭없이 콧등이 시큰하다.

1993년 나는 윤동주 생가를 처음 방문한 이래로 명동마을에는 여러 번 갔으나, 윤동주 묘지에는 2010년 7월 여름에야 처음 갔다.

길이랄 것도 없었다. 묘지 사이를 걸었다. 온통 발이 푹푹 빠지는 시답잖은 늪지를 옌볜의 문학평론가 최삼룡 선생님께서 앞장서 안내해 주셨다. 날씨가 덥지 않으면 갈 수 없다 한 이유를 알 수 있었다. 날씨가 더워야 늪지가 굳기 때문에, 금방 땀으로 젖는 수건을 몇 번이나 쥐어짜면서 묘지를 찾아갔다. 능선을 두 개 정도 넘고 나서 윤동주 묘가 나타났다. 묘지 가는 길은 선인들의 삶을 생각하라고 한두 번 일부러 휘게 만든다던데, 늪처럼 질척이는 구릉을 한참 걸어야 하는 행로는 윤동주의 삶을 회고하게 했다.

묘지 앞에 엎드려 묵념하기 힘들 정도로 개미가 많았다. 헐벗은 봉분은 듬성듬성 파인 개미굴로 허물어져 있었다. 그가 겪어온 수난의 상징일까. 묘지 주변은 매일 양떼가 풀을 뜯어먹는 양떼의 식탁이었다. 개미가 많은 까닭은 양떼들이 여기저기 배설해 놓았기 때문이다. 배설물에 파리 날벌레 개미떼가 들끓었다. 바람이 조금만 불어도 푸석이며 먼지가 일었고, 전혀 관리되지 않는 상황이었다.

중국 용정시에 있는 윤동주 묘는 오랫동안 방치되다가 최근 들어 중국 정부의 관리를 받기 시작했다. 이제는 버스나 택시를 타고 30분이면 용정 시내에서 윤동주 묘지로 쉽게 갈 수 있다. 용정시 지신진정부龙井市 智新镇政府 건물이 오른쪽으로 보이면 좌회전하여 왼쪽 작은 샛길로 들어가서 빨간 벽돌담이 있는 언덕길을 계속 직진하면 판청년로青年路라는 표지과 호돌이 닮은 호랑이 돌상이 나온다. 우회전해서 옥수수 밭이 펼쳐진 들녘을 달리다 보면, 오른쪽에 무덤이 하나둘 보이기 시작한다. 교통표지판도 없는 시골길에 갑자기 보이는 '윤동주 묘소'라는 팻말이 반갑기만 하다.

2017년 12월 30일 100주년 탄생일에 찾아갔을 때는 묘지 근처로 대형 버스가 들어갈 수 있는 길이 생겼다. 안내판에는 50m 아래쪽에 묘지가 있다고 쓰여 있다. 윤동주를 기리는 태도가 변한 것을 볼 수 있었다. 1997년 6월 3일 용정시 인민정부가 묘역을 '룽징시 중점 문화재 보호단위'로 지정했다. 2014년 7월 15일에는 용정시에서 새로 묘비를 세우고, 묘지 뒤에는 '통비석을 중심으로 앞 5m부터 뒤 10m까지, 왼쪽 5m부터 오른쪽 5m까지' 보호한다고 썼다. 나아가 보호범위 밖 5m까지 건설을 통제한다고 썼다. 양떼가 방목된 초지였던 묘지 둘레에 나무 울타리를 세워 양들이 올라가지 못하도록 했다.

윤동주묘소 50m 표지판(사진 김응교)

신기하게도 윤동주가 살아 있을 때 이곳에 찾아오지 않았을까 싶은 시가 한 편 있다.

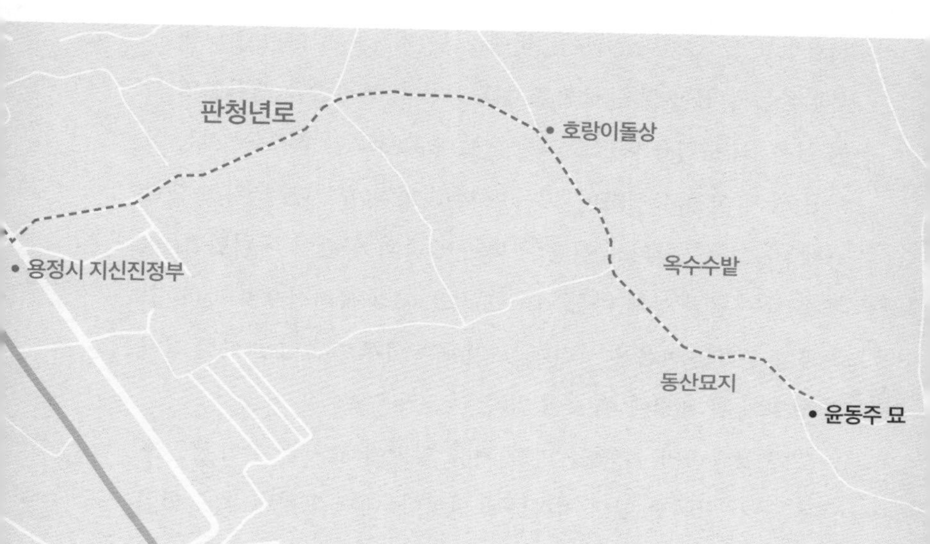

흐르는 달의 흰 물결을 밀쳐
여윈 나무 그림자를 밟으며,
북망산을 향한 발걸음은 무거웁고

고독을 반려伴侶한 마음은 슬프기도 하다
누가 있어만 싶던 묘지엔 아무도 없고,
정적만이 군데군데 흰 물결에 폭 젖었다

– 윤동주, 「달밤」(1937년 4월 15일)

'흐르는 달'이란 서쪽으로 밀려가는 밤하늘을 보여준다. '여윈 나무'란 잎사귀가 다 떨어져나간 겨울을 지명한다. 윤동주 자신의 모습일 수도 있겠다. 어두운 밤에 시린 겨울은 얼마나 암담한가. 북망산은 무덤이 많은 공동묘지를 말한다. 북망산을 생각하며 사는 삶은 늘 '무거웁'다. 산문 「달을 쏘다」(1938년)에서 보듯 그는 어두운 밤의 숲을 산책하며 '고독한 반려'를 연습했다. 모리스 블랑쇼에 따르면 문학의 공간은 황폐한 죽음의 공간이 아니던가. 흰 물결 치는 달빛 아래 마른 나무 숲길을 따라 북망산으로 간다. 고독과 동행하는 마음은 서럽다. 묘지에는 아무도 없고 괴이한 정적만 달빛의 흰 물결에 폭 젖어 있다.

오죽 답답하면, 무엇을 바라 겨울 달밤에 묘지를 찾아갔을까. 답은 '누가 있어만 싶던'이라는 표현이다. 대체 묘지에 누가 있기에. 그것은 어떤 정신이다. "죽음에 승리자 위인偉人들!"(「삶과 죽음」)이라 했던 바로 그 승리자들, 승리자들의 정신을 만나러 이곳에 오지 않았을까. 동산교회 묘지엔 마치 부활을 기다리듯 십자가가 그려진 비석이 많다.

'죽음에 승리자'인 윤동주와 송몽규와 많은 애국지사를 여기 동산묘지에 갈 때마다 만난다. 이들은 죽어서 살리는 죽음을 아찔하게 가르친다. 대한민국 정부가 1990년 광복절에 윤동주에게 건국훈장 독립장을, 1995년에 송몽규에게 건국훈장 애국장을 수여했다고 해서, 이분들의 헌신은 보상받는 것일까.

중국 땅에서 태어나 평양에서 공부하고, 일본 땅에서 죽어 다시 만주로 돌아온 그의 노곤한 뼈는 동아시아 평화의 씨앗으로 여기 심겼다. 묘지라는 공간은 몸을 부수어 과수원을 만드는 고요한 죽음을 가르치는 씨앗학교다. 저 시에는, 저 묘지에는 도대체 희망의 낌새가 없다. 우울과 절망에 대한 그의 산보는 집요하다. 어설픈 긍정은 미덥지 못하다. 잔혹한 겨울밤을 직시하는 그의 끈질긴 집요함 때문에 그의 시와 삶은 악착스레 미덥다.

과거가 현재를 도울 수 있는가?
죽은 자가 산 자를 구할 수 있는가?

2024년 노벨문학상 수상작가 한강은 기념 강연 「빛과 실」(2024.12.7)에서 이렇게 물었다. 이 물음에 대한 답을 우리는 얼마 전에 체험했다.

1980년 광주 5.18 때는 공수부대가 시민을 죽이고 잔인하게 학살했다. 사람들은 5월이 오면 죽어간 많은 시민들을 잊지 않기 위해 기억하고 추모했다. 다시는 그런 일이 없어야 한다고 기억했다.

2024년 12.3 내란 때 시민들은 비슷한 일을 겪어야 했다. 국회로 들어간 특수부대원들에게 가장 큰 충격을 준 것은 덩치 큰 보좌관이나 시민들의 저항이 아니라, 국회에서 일하는 사오십대 여성들이었다고 한다. "내 아들도 군대에 있어, 이러면 안 되는 거야."라면서 우는 여성도 있었고, 뺨을 때리면서 "당장 부대로 돌아가"라며 엄마처럼 야단치는 여성도 있었다고 한다.

어머니 또래 아줌마의 고함을 듣고, 이미 민주화 교육을 받았던 특전사 군인들은 어슬렁어슬렁 국회에 들어가는 시늉만 하고 사실상 명령을 거의 거부했고, 역시 민주화를 경험한 수많은 시민들이 그 추운 겨울밤에 국회로 나와 군인들을 막고 결국 계엄은 해제되었다.

한강의 질문에 대한 답이 현실에서 이루어졌다. 1980년 5월에 죽은 이들이 2024년 12월에 산 자들을 구한 것이다. 1960년 4.19 때 115명, 1980년 5.18 때 300여 명의 죽은 자들이 가르쳐준 교훈 덕분에 2024년 12월 단 한 명의 희생자도 없이 민주주의로 나아간 것이다.

이 경험을 윤동주의 경우에도 비교하고 싶다.

2024년 11월 26일 나는 한국에 거주하는 15개국 대사들에게 윤동주에 대해 강연한 적이 있다. 강연을 마치고 모하메드 벤사브리 주한 알제리 대사와 나누었던 대화를 잊을 수 없다. 모하메드 대사는 나지막이 말했다.

"윤동주가 자기 이름을 빼앗기고 한글을 쓸 수 없었던 고통을 이해합니다. 프랑스의 식민지가 된 내 나라 알제리에서도 프랑스어를 강제로 써야 했어요."

헝가리, 캐나다, 프랑스, 미국, 일본, 중국 등지를 다니면서 윤동주를 전하면, 나라마다 윤동주를 생각하는 마음이 다르다. 공통점이 있다면 윤동주가 "모든 죽어가는 것을 사랑해야지"(「서시」)라고 했던 대상들을 잊지 말고 지켜야 한다는 것이다. 윤동주가 사랑했던 변두리, 그가 사랑했던 '나'에 대한 성찰, 그가 사랑했던 별, 나무, 해, 귀뚜라미 등, 그가 사랑했던 빼앗긴 모국어 등을 공유하는 것이다.

거의 백여 년 전 사람인 윤동주, 과거에 죽은 자를 이런 까닭에 다시 호명하는 것이다. 과거의 그가 오늘날 살아있는 자들을 다시 깨닫게 하기 때문이다. 그가 사랑했던 것들, 그 과거의 극진한 사랑을 우리는 다시 기억한다. 다시 기억하며 그 극진한 사랑을 되살리고자 하는 것이다.

윤동주의 묘지는 우리에게 과거가 현재를 구원하고, 죽은 자가 산 자를 구원하는 현장이다. 한 인간이 지상에서 머문 27년 1개월 18일, 그 기간이 현재 산 자들에게 구원을 보여주고 있다. 이제 어둠 속의 씨앗이 잎사귀를 내고 숲이 되도록 하는 것은 우리 몫이다.

몸을 바수어 과수원 만들고

살리는 죽음을 가르치는 씨앗학교

– 김응교, 「그의 묘」, 시집 『부러진 나무에 귀를 대면』(2018)

다섯 번째 독자와 함께

1 첫 번째 독자는 그의 이름만 아는 독자다. 그의 시를 청소년들이나 좋아할 대중적인 하류 시라고 생각한다. 한때 내가 이런 독자였다.

두 번째 독자는 그를 교과서 시인으로 아는 독자다. 그의 시를 교과서에서만 보았던 사람들이다.

세 번째 독자는 그를 유명인사쯤으로 보는 독자다. 그는 독자의 연인이며, 우상이 되기도 한다. 그의 얼굴이나 시가 새겨진 온갖 팬시 상품을 구입하는 사람들이다.

네 번째 독자는 그의 시를 암기하고 공부하는 독자다. 팬시상품을 넘어, 그의 시와 산문을 깊이 연구하는 독자다.

다섯 번째 독자는 모든 죽어가는 것을 사랑하자는 독자다. 별을 노래하는 마음으로 함께 살아가는 독자다.

2『처럼-시로 만나는 윤동주』을 내고 여러 번 오류를 수정하며 10쇄를 넘어 계속 출판하면서, 쇄를 거듭할 때마다 틀린 부분을 발견하고 다시 깁고 다듬어 왔다. 나의 말과 글 또한 완벽하지 않아서, 늘 흔들리고 미끄러진다. 매일 무너지면서 새로운 것을 발견하고, 다시 배운다.

윤동주에 관한 세 권의 책『처럼-시로 만나는 윤동주』,『나무가 있다-윤동주 산문의 숲에서』,『서른세 번의 만남-백석과 동주』를 내고, 다행히 좋은 연구서들이 나와서 배울 수 있었다. 이어서 네 번째 윤동주 이야기『윤동주-문학지도, 걸어가야겠다』로 윤동주가 쓴 글과 장소에 대해 조망해보았다.

공간, 특히 토포필리아와 헤테로토피아의 관점에서 윤동주의 시를 살펴보니, 거의 주목받지 못했던「바다」,「둘 다」,「비로봉」같은 시들이 새롭게 돋아 보였다.「비로봉」의 시 형태가 좁고 길었던 까닭은 바로 금강산에 그런 형태의 기암절벽이 있었기 때문이라는 사실도 알았고, 윤동주가 찍은 사진의 배경을 조사하면서 정확히 어디서 찍었는지 그 장소를 파악하는 계기가 되었다. 그로 인해「동시 봄」,「사랑의 전당」,「사랑스런 추억」,「별 헤는 밤」같은 시들을 공간과 더불어 전혀 새로운 시각으로 해석할 수 있었다.

3 이 책을 작년에 영면永眠하신 스승 오무라 마스오 교수님께 드린다. 오무라 교수님과 오무라 아키코 사모님께 받은 은혜를 나는 영원히 갚을 수 없다.

이 책은 2017년에 〈동아일보〉에 1년간 연재한 '동주의 길'이 씨앗이 되었다. 이 글을 연재할 때뿐만 아니라, 윤동주에 관해 글을 쓸 때 유족회 대표 윤인석 성균관대학교 명예교수님께서 늘 자료를 사용하도록 허락하시고 격려도 해주셨다. 윤인석 교수님과 '시인 윤동주를 기념하는 릿쿄의 모임' 대표이신 야나기하라 야스코 楊原泰子 선생님께 얻은 정보들은 너무도 귀하여 고개 숙여 깊이 감사드린다.

또한 당시 동아일보 문화부 기자로 연재할 기회를 열어주시고, 현재는 서원대학교 교수로 계신 이광표 교수님께 감사드린다. 릿쿄대학 채플 주임교수인 유시종 신부님은 윤동주의 릿쿄대 시절을 알려주시려고 많은 사진과 자료를 아낌없이 보내주셨다. 다카다노바바에 있는 윤동주 하숙집을 답사할 때 동행해주신 이치가와 마키 市川眞紀 상에게도 감사드린다.

윤동주에 관한 네 번째 책을 내면서 낼 때마다 혹시 같은 이야기를 반복하는 자기표절이 일어날까, 늘 긴장한다. 서생의 윤동주 관련 책 원고를 모두 보아주신 대학 동문 최유진 선생께서 이번 책도 검토해 주셨다. 최 선생님은 서생의 졸저를 여섯권째 보아주셨다.

소설책이라면 문장만 그대로 편집해서 내면 되지만, 이 책은 지도를 그려야 하고, 사진도 배치해야 하고, 캡션도 신경 써야 하는 등 품이 많이 든다. 번거로울 수밖에 없는 편집과정을 책임편집자 이영애 에디터는 차분하게 진행해주셨다. 마지막으로 『나무가 있다-윤동주 산문의 숲에서』를 내주시고, '윤동주와 맹자' 강연을 듣고 격려해주시고, 다시 이번 책까지 내주신 북21 김영곤 대표께 감사드린다.

참, 다섯 번째 독자를 더 설명해야겠다. 2017년 공릉 화랑도서관에서 60여 명의 시민 학생들이 매달 한 번씩 1년간 윤동주를 공부했다. 1년 과정을 마치고 "모두 죽어가는 것을 사랑해야지"라는 윤동주의 시구에 따라 무엇인가 하자는 의견이 있었다. 이후 8년간 매년 윤동주 시인의 기일인 2월 16일 무렵에 백사마을 등 그늘진 곳에 연탄 2천여 장을 배달해왔다.

올해 2025년 윤동주 시인 80주기의 날, 연탄을 나누는 제9회 〈별을 노래하는 마음으로〉를 진행한다. 매년 함께하는 이름도 모르는 60여 명의 시민과 청소년들과 그 부모님, 늘 참여해주신 김영인하대 명예교수님, 이승훈 공릉청소년문화정보센터 센터장님, 김선영 화랑도서관 관장님, 한남교회 김민수 목사님, 다드림교회 김병년 목사님, 이재현 동덕여대 교수님, 나희덕 시인님, 백은희님, 최원녕 이사님, 하정, 강영희 님, 김순영 원장님, 공릉꿈마을공동체의 우귀옥, 김지원, 국순혜, 이선옥, 변수진, 김병호, 김명희님, 수많은 숙대생들, 조용히 연탄 나르다가 말없이 사라지시는 우원식 국회의장님 등 윤동주의 시구 따라 묵묵히 사시는 다섯 번째 독자들에게 이 책을 드린다.

발로 답사해야 글을 쓰는 여행광 남편의 건강을 위해, 된장두부국을 끓여주고, 새옷도 사주고, 기도도 해주는 말수 적은 아내 김은실 선생과 두 아들 재민·재혁에게 좋은 글로 보답하고 싶다.

2025년 1월 24일

윤동주가 1942년 「참회록」을 쓴 날, 김응교

지은이 김응교

시인, 문학평론가. 시집 『부러진 나무에 귀를 대면』, 『씨앗 / 통조림』을 냈고, 세 권의 윤동주 책을 냈다. 백 여 편의 윤동주 시를 해설한 평전 『처럼-시로 만나는 윤동주』, 윤동주가 쓴 4편의 산문을 비평한 『나무가 있다-윤동주 산문의 숲에서』, 윤동주가 필사하며 시를 배운 백석 시인과 윤동주를 비교한 『서른세 번의 만남-백석과 동주』를 냈다. 이번 책은 저자가 윤동주를 소개하는 네 번째 책이다.
윤동주가 평양에서 쓴 〈조개껍데기〉, 원산 송도에서 쓴 〈바다〉, 〈둘 다〉 등 '바다'는 윤동주 시에서 중요한 상징으로 나오기에, 표지에 '바다'를 펼쳐보았다.

〈동아일보〉에 「동주의 길」, 〈서울신문〉에 「작가의 탄생」, 〈중앙일보〉에 「김응교의 가장자리」를 연재했다. 중국, 일본, 프랑스 파리, 헝가리 부다페스트, 캐나다, 미국 등지에서 윤동주를 강연했고, CBS TV 〈크리스천 NOW〉 MC, 국민TV 인문학 방송 〈김응교의 일시적 순간〉을 진행, KBS 〈TV 책을 보다〉 자문위원, MBC TV 〈무한도전〉, CBS TV 아카데미숲에서 강연했다. 현재 숙명여자대학교 순헌칼리지 교수이고, 신동엽학회 학회장이다. 샤롯데출판문화대상 본상, 대산문화재단 외국문학 번역기금 등을 수상했다.

저자 김응교

윤동주 문학의 키워드

01 디아스포라

흩어져 살아야 하는 이들을 뜻하는 '디아스포라Diaspora'의 개념은 윤동주의 시를 이해하는 데 도움을 준다. 윤동주가 태어나고 자란 지역은 "돈 벌러 간 아버지 계신 만주 땅"(「오줌싸개 지도」), 떠도는 디아스포라의 유랑지였다.
평생 낯선 판타지 공간으로 향했던 디아스포라, 그는 대략 19년을 만주에서, 7개월쯤 평양에서, 4년을 경성에서, 4년을 일본에서 지냈다. 그에게 낯선 세계는 만주와 평양과 경성과 일본이었다.
"짝 잃은 조개껍데기/한 짝을 그리워하네", "나처럼 그리워하네"라는 표현은 디아스포라의 뿌리 뽑힌uprooted 무의식을 그대로 표출시킨 구절이다. 바다를 그리워하는 조개껍데기의 결핍은 고향과 떨어져 사는 윤동주의 상처일 것이다.
디아스포라의 입장에서 5월 12일에 「흐르는거리」를 썼을 것이다. "정박定泊할 아무 항구港口도 없이" 실려 가는 가련한 많은 사람들은 자신을 포함한 디아스포라이며, 난민이며, 혹은 징용이나 강제노역으로 "흘리워 가는" 당시 조선인들의 초상일 것이다.

02 소수자

그는 디아스포라 난민, 부모 잃은 결손가족, 줏대 있는 거지들, 여성노동자와 복선철도 노동자 곁으로 다가가며 부지런히 기록했다. 지붕이랑 길이랑 밭을 덮어주기 위해 "그러기에" 눈은 추운 겨울에만 내린다는 것이다. 약자를 생각하는 따스한 마음이 간절하다.
윤동주는 병자에게도 관심을 갖고 「팔복」, 「병원」, 「위로」를 쓴다. 「병원」에서 화자 '나'는 병자인 '여자'와 '나' 모두 '속速히' "회복回復되기를 바"란다. 둘 다 회복하기 위하여 작은 실천으로 다짐을 하는데 그 행동은 바로 "그가 누웠던 자리에 누워" 본다는 사소한 행동이다.

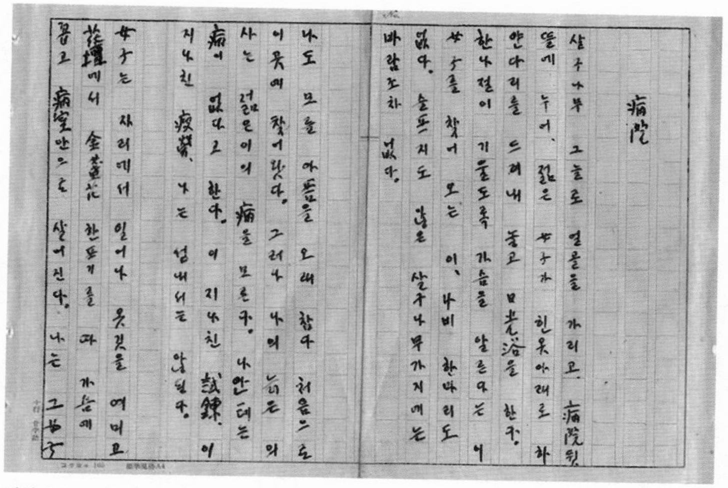
病院

살구나무 그늘로 얼골을 가리고, 病院 뒷
뜰에 누어, 젊은 女子가 흰옷 아래로 하
얀다리를 드려내 놓고 日光浴을 한다.
한나절이 기울도록 가슴을 앓는다는 이
女子를 찾어 오는 이, 나비 한마리도
없다. 슬프지도 않은 살구나무 가지에는
바람조차 없다.

나도 모를 아픔을 오래 참다 처음으로
이 곳에 찾어왔다. 그러나 나의 늙은 의
사는 젊은이의 病을 모른다. 나한테는
病이 없다고 한다. 이 지나친 試鍊, 이
지나친 疲勞, 나는 성내서는 안된다.
女子는 자리에서 일어나 옷깃을 여미고
花壇에서 金盞花 한포기를 따 가슴에
꽂고 病室안으로 사라진다. 나는 그 女子

병원 윤동주 육필원고(출처 유족 대표 유인석 교수)

「해바라기 얼굴」에서는 여성노동자, 산문 「종시」에서는 복선철도 노동자가 등장한다. 스크랩북을 보면, 좌파 시인이라고 하는 오장환, 임화, 박세영 등의 글을 스크랩하고, 노동자 문제에도 관심 기울인 그의 마음을 볼 수 있다.

난민, 디아스포라, 약자, 장애인 등에 대한 염려와 배려가 윤동주 문학에 명확히 나타난다. '소수자문학=약소자문학'이라 할 만치, 윤동주는 가난하고 병들고 약한 이웃에 관심을 갖는다.

03 신체적 글쓰기

윤동주는 소수자 혹은 약자의 '곁으로' 다가가는 정도를 넘어 작품에 등장하는 인물의 고통에 자신을 일치시키는 신체적 글쓰기corporeal writing를 보여준다.

윤동주는 글을 그저 관념으로만 쓰지 않았다. "두뇌로써가 아니라 몸으로써 일일이 헤아려 세포 사이마다 간직해두어서야"(산문 「화원에서 꽃이 핀다」) 가까스로 몇 줄 얻어 글로 기워왔다고 한다고 했다. 세포 사이마다 문장을 간직했다가, 일 년 이상을 묵혀서 한 문장 한 문장 쓴 글이 그의 작품이다.
작품에 등장하는 인물의 고통을 작가가 함께 겪으며 그 고통을 그대로 글로 쓰는 방식이다. 당연히 "나도 모르는 아픔"(「병원」)을 겪을 수밖에 없다.

04 천상의 상징, 하늘 바람 별

윤동주에게 '하늘'은 중요한 상징이다. 하늘을 배경으로 별, 바람, 구름, 달, 태양 등이 등장하며 천상天上의 이미지리를 형상화한다.
고향을 호명한 경우 "남쪽 하늘 저 밑엔/따뜻한 내 고향"(「고향집」) 이라며 남쪽 모국의 하늘을 그린다.
「둘 다」의 첫 연은 "바다도 푸르고,/하늘도 푸르고,"이다. '푸른'이란 단순히 색깔만 뜻하는 것이 아니라, 영원하고 끝없는 힘의 의지를 상징한다. 윤동주 시에는 푸른 힘이 있다. 하늘은 비교하지 않는다. 하늘은 홀로 푸르고 끝없을 뿐이다. 하늘은 쓸데없는 경쟁을 하지 않는다.
"하늘 다리 놓였다./알롱달롱 무지개/노래하자, 즐겁게"(「햇비」, 1936. 9. 9)라고 윤동주는 썼다. '하늘 다리'는 비교가 아니라 기쁨을 연결시키는 다리다.
"어두워 가는 하늘 밑에/조용히 흘리겠습니다"라는 구절은 윤동주 삶 전체를 요약할 수 있는 문장이다. '어두워 가는 하늘' 아래에서 윤동주는 자기만 천국 가겠다는 개인적 영성에 머물지 않고 이웃과 역사를 보는 사회적 영성으로 살았다.

05 잔혹한 낙관주의

희망을 꿈꿀 수 없는 절망적 상황에서 희망을 꿈꾸는 시간은 얼마나 지루하고 끔찍한가. 전혀 희망이 보이지 않는 시대에서 꿈꾸는 것은 잔혹하다. 무지막지하게 끝까지 희망을 걸어보려는 태도야말로 암담한 식민지 상황을 견딜 수 있던 힘이었다. 윤동주 작품 전체에 나타나는 이 참혹한 기다림, 이 참혹한 믿음을 '잔혹한 낙관주의Cruel

Optimism'로 명명해 본다.

이 믿음은 상처투성이의 현재를 견디며 기어가며 넘어서는 용기이며 행동이다. 일찌감치 친일의 길에 들어선 친일 문인들은 눈에 보이는 현실권력을 따르며, 잔혹한 낙관주의를 포기했던 인물들이 있었다. 그들의 낙관주의는 '비겁한 낙관주의'(본 회퍼, 『옥중서신』)라고 할 수 있겠다.

식민지 시대에 해방을 꿈꾸는 것은 위험하다. 걸렸다 하면 잔혹한 일을 당할 수도 있다. 눈에 전혀 보이지 않는 희망을 계속 기다리다가 윤동주는 희생되었다. 덕분에 우리는 잔혹한 낙관주의를 기억하며, 다시는 그런 비극적 시대가 없도록 긴장하고 감사하며 살아간다.

06 정지용(1902~1950)

열아홉 살의 윤동주는 1935년에 출간된 『정지용 시집』(시문학사)을 1936년에 구입해서 밑줄 쳐가며 읽는다. 정지용은 청소년이던 윤동주에게 이미 '시의 아버지'였다.

1939년, 기숙사를 나와서 북아현동에서 하숙을 했던 윤동주는 역시 북아현동에 살던 정지용 시인 댁에 찾아간다. 1941년 일본에 유학 간 윤동주는 존경하는 정지용이 다

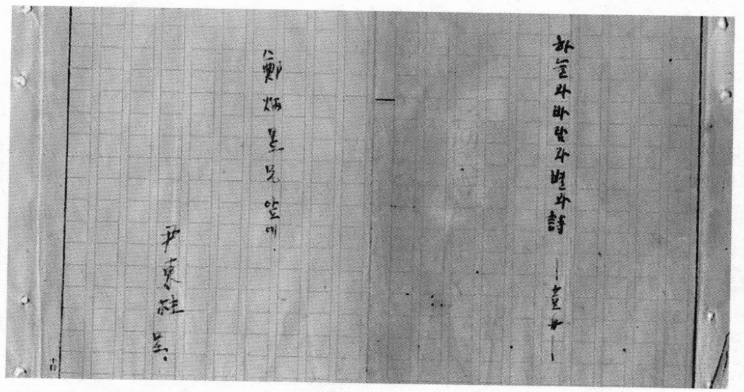

윤동주 「하늘과 바람과 별과 시」 육필원고(출처 유족 대표 유인석 교수)

녔던 도시샤대학 영문학과에 입학한다.

해방 후 정지용은 『경향신문』에 윤동주의 시를 알리고, 윤동주 시집 『하늘과 바람과 별과 시』(정음사, 1948)의 서문을 쓴다. 위대하다는 상투적인 말로 표현할 수 없는 두 시인의 업적과 관계를 기려서, 일본 도시샤대학 캠퍼스에는 두 시인의 시비가 나란히 세워져 있다.

07 백석(1912~1996)

윤동주가 영향받은 시인은 정지용, 이상, 오장환 등이 있다. 스무 살의 윤동주는 백석의 시집 『사슴』 전체를 필사하고, 자신의 생각을 메모하며 습작을 한다. 백석의 많은 시에 빨간 색연필로 밑줄을 긋고 메모한다. 백석의 「모닥불」을 필사한 윤동주는 시의 끝에 "걸작"이라고 써놓았다. 윤동주의 「별 헤는 밤」은 백석의 「흰 바람벽이 있어」의 영향을 받았다. 윤동주가 백석 시를 어떻게 읽고 배웠는지, 그에 관해서는 졸저 『서른세 번의 만남, 백석과 동주』(아카넷, 2020)를 참조해주시기 바란다.

윤동주 「별 헤는 밤」 육필원고(출처 유족 대표 유인석 교수)

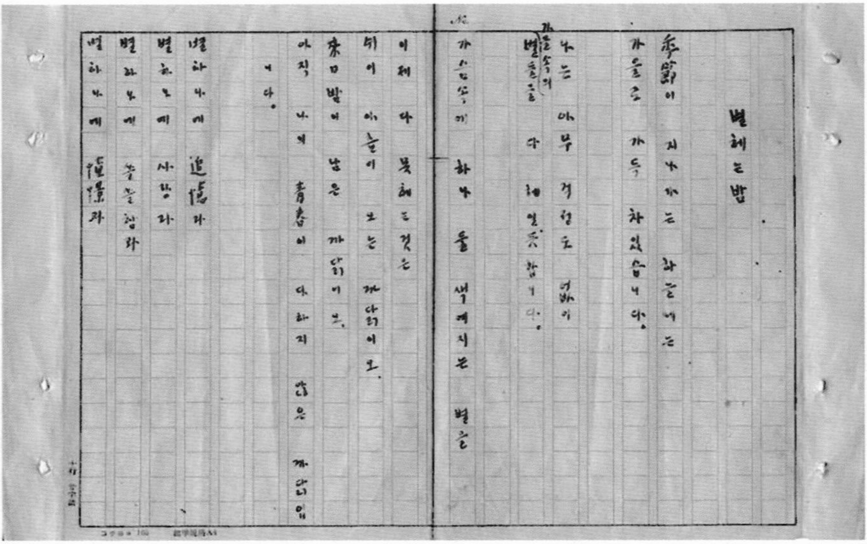
별헤는밤

季節이 지나가는 하늘에는
가을로 가득 차 있습니다.

나는 아무 걱정도 없이
가을속의 별들을 다 헤일듯합니다.

가슴속에 하나 둘 색여지는 별을
이제 다 못헤는 것은
쉬이 아츰이 오는 까닭이오,
來日밤이 남은 까닭이오,
아직 나의 靑春이 다하지 않은 까닭입니다.

별하나에 追憶과
별하나에 사랑과
별하나에 쓸쓸함과
별하나에 憧憬과

08 창씨개명

일제는 1939년 11월 창씨개명령을 공포한다. 이름을 일본식으로 개명해야 한다는 것은 윤동주에게 견디기 어려운 일이었다.
1942년 1월 29일 윤동주는 '히라누마 도주平沼東柱'라는 새로운 이름을 적은 창씨개명계를 연희전문에 제출한다. 창씨개명을 해야 일본 유학이 가능했다는 것은 사실과 다르다. 당시 창씨를 하지 않고 조선어 이름으로 유학 간 학생도 적지 않다. 윤동주 일가가 먼저 창씨를 했고, 일본 대학 입학을 위해 가족과 호적이 같아야 하기에 윤동주는 어쩔 수 없이 창씨를 신고했다.
한글을 없애려 하고 성씨까지 일본식으로 바꾸라는 총독부의 강요에 괴로워하는 윤동주의 번민은 「별 헤는 밤」, 「참회록」 등에서 볼 수 있다.

09 침묵기

1939년 9월 자아 성찰이 담긴 「자화상」과 이웃을 향한 실천의 고민을 담은 「투르게네프의 언덕」을 쓴 이후, 윤동주는 어떤 글도 남기지 않는 일 년 이삼 개월의 긴 침묵기를 겪는다. 그 기간 동안 정병욱과 함께 이화여전 협성교회 영어성경반에서 아픔을 견딘 것으로 보인다.
1940년 12월 연희전문 3학년 겨울에 침묵기를 마친 윤동주는 「팔복」, 「병원」, 「위로」 세 편을 쓴다. 세 편의 시에서 예전의 시와 다른 새로운 윤동주의 모습을 볼 수 있다. 졸저 『처럼-시로 만나는 윤동주』(문학동네, 2016. 240~261면)를 참조해주시기 바란다.

10 나무와 단독자

꽃과 풀과 대화했던 윤동주에게 나무도 귀한 대화 상대였다. 연희전문에 입학하기 전의 글에도 나무가 등장한다. "나무 가지 위에 하늘이 펼쳐 있다"(「소년」), "눈 내리는 저녁에 나무 팔러간/우리 아빠 오시나 기다리다가"(「창구멍」) 등에서 나무는 늘 그의 곁에 있다. "나무가 춤을 추면 / 바람이 불고"(「나무」)라고 했듯이, 나무 하나가 우주를 움직이는 단독자로 형상되기도 한다. 나무를 잘 형상화한 문장은 산문에 나온다.

나무가 있다.
그는 나의 오랜 이웃이요 벗이다.
나는 처음 그를 퍽 불행한 존재로 가소롭게 여겼다. 그의 앞에 설 때 슬퍼지고 측은한 마음이 앞을 가리곤 하였다. 마는 돌이켜 생각컨대 나무처럼 행복한 생물은 다시 없을 듯하다. 굳음에는 이루 비길 데 없는 바위에도 그리 탐탁치는 못할망정 자양분이 있다 하거늘 어디로 간들 생生의 뿌리를 박지 못하며 어디로 간들 생활의 불평이 있을소냐. 칙칙하면 솔솔 솔바람이 불어오고, 심심하면 새가 와서 노래를 부르다 가고, 촐촐하면 한줄기 비가 오고, 밤이면 수많은 별들과 오손도손 이야기 할 수 있고(윤동주, 「별똥 떨어진 데」, 1939)

윤동주에게 나무는 오랜 이웃이고 벗이다. "칙칙하면 솔솔 솔바람이 불어오고, 심심하면 새가 와서 노래를 부르다 가고, 촐촐하면 한줄기 비가 오고, 밤이면 수많은 별들과 오손도손 이야기"하는 나무의 일상은 행복 자체다. 나무는 세상과 대립하는 명령자가 아니라, 세상과 더불어 움직이는 존재다. 윤동주는 나무를 가리켜 "하늘만 바라고 뻗어질 수 있는 것이 무엇보다 행복幸福스럽지 않느냐"라고 썼다.

"나무틈으로 반짝이는 별만이 / 새 세기의 희망으로 나를 이끈다"(「산림」, 1936)는 구절처럼, 나무에 관한 단아하고 찰진 윤동주의 성찰은 우리 몸 어딘가를 툭 건드리며 이끈다.

11 예수

예수는 윤동주에게 하나의 나침반 혹은 내비게이션이었다. 윤동주가 지면에 남긴 첫 번째 시 「초 한 대」에서 양초는 예수 그리스도를 비유한 것이다. 윤동주가 짝사랑하던 순이가 바라본 것은 '성스런 촛대'(예수)였다.

"행복한 예수 그리스도에게 / 처럼 / 십자가가 허락된다면"(「십자가」, 1941. 5. 31) 모가지를 드리우고 피 흘리는 순교자적 삶을 살겠다고 윤동주는 다짐하고, 자신이 쓴 대로 예수의 길을 따라 먼 여행을 떠났다.

十字架

쫓아오든 햇빛인데
지금 教會堂 꼭대기
十字架에 걸리였습니다.

尖塔이 저렇게도 높은데
어떻게 올라갈수 있을가요.

鐘소리도 들려오지 않는데
휫파람이나 불며
서성거리다가,

괴로왓든 사나이,
幸福한 예수·그리스도에게
처럼
十字架가 許諾된다면

목아지를 드리우고
꽃처럼 피여나는 피를

윤동주 「십자가」 유필원고(출처 유족 대표 유인석 교수)

윤동주 생애의 결정적 장면

1899 명동 커뮤니타스의 탄생

1899년 함경도 출신의 김약연, 김하규, 문병규 등이 140여 명을 이끌고 '비둘기 바위'라는 뜻의 부걸라재로 이주하고, 이후 윤동주의 조부인 윤하현 등이 합세한다. 동학농민혁명의 실패와 일본군의 토벌과도 관련된 것으로 보인다.

1901년 『맹자』를 가르치고, 맹자 사상에 기초를 둔 공동체를 만들고자 김약연은 서당 규암재를 설립한다.

1906년 용정에 이상설의 주도로 서전서숙瑞甸書塾이 설립된다. 하지만 이상설이 헤이그 특사로 떠나면서 서전서숙은 일 년 만에 문을 닫는다.

1908년 4월 27일 명동마을에서도 신학문 교육이 필요하자 규암재, 소암재, 오룡재를 합하고 서전서숙을 계승해 명동서숙明東書塾을 개교한다.

1909년 4월 명동서숙을 명동학교로 발전시켜 김약연이 초대교장으로 취임한다. '동방을 밝히는 곳(明東村)'이라는 뜻의 '명동마을'로 불리기 시작한다.

1910년 3월 명동중학교가 세워진다. 명동학교 설립자 김약연의 누이동생 김용과 결혼한 윤동주의 아버지 윤영석은 명동학교에서 교사로 가르친다.

1917년 12월 30일(1세) 아버지 윤영석(1895~1962)과 어머니 김용(1891~1948)의 장남으로 윤동주가 태어난다. 갓난 아기 윤동주, 유아세례를 받는다.

1918년(2세) 11월, 길림에서 39인이 발표한 '무오독립선언'에 김약연도 참여한다.

1919년(3세) 3월 '간도 독립선언포고문' 작성에 참여한 김약연은 동간도 3·13 만세 운동을 이끌고, 체포되어 2년 동안 옥고를 치른다.

1920년(4세) 10월 20일 일본군 간도토벌대는 명동학교를 파괴하고, 1925년에는 명동학교를 폐쇄한다. 이때까지 명동학교는 17년간 1,200여 명의 학생을 교육했다.

1923년 9월(7세) 명동소학교에서 교편을 잡았던 윤동주의 아버지 윤영석은 도쿄에 유학 갔다가 관동대지진을 겪고 귀국한다.

CBS TV 다큐멘터리 〈북간도의 십자가〉 명동학교 기념관 장면(출처 CBS)

1925 소년 시절부터 글을 쓰다

1925년(9세) 명동소학교에 입학하여 고종사촌인 송몽규 등과 함께 문예지 『새명동』을 만든다.

1931년(15세) 3월 20일 명동소학교를 졸업하고, 화룡현립 제일소학교에 편입하여 1년간 공부하다가, 온 가족이 용정으로 이사하여, 윤동주는 용정 은진중학교에 입학한다.

1935년(19세) 소학교 동창 문익환이 다니는 평양 숭실중학교에 4월 학기에 진학하려 했으나 시험에 낙방하여 마음에 상처를 받는다.

10월 숭실중학교에 입학하여 학우지『숭실활천』15호에 시 「공상」을 발표한다.

12월 숭실학교 학생들이 신사참배를 거부한다.

1936년(20세) 1월 18일 조지 S. 맥퀸(한국명 윤산온) 교장도 신사참배를 거부하여, 1월 20일 교장직에서 파면된다. 이후 숭실중학교가 무기휴교로 폐교된다.

3월 문익환과 함께 용정에 있는 5년제 광명학원 중학부 4학년에 편입한다.

1937년(21세) 9월 금강산과 원산 송도원에 수학여행을 다녀와서 「바다」, 「비로봉」을 쓴다. 졸업 후 의대 진학을 원하는 아버지와 갈등하다가 조부 윤하현이 중재하여 연희전문학교 문과에 진학하기로 한다.

윤동주가 다녔던 1930년대 평양 숭실중학교
(출처 숭실100년사, 숭실고등학교, 1997)

1938 연희전문학교에 입학하다

1938년(22세) 2월 17일 광명중학교를 졸업하고 경성京城으로 간다.

4월 9일 연희전문학교에 입학하여, 송몽규, 강처중과 핀슨홀에서 한 방에 기거한다. 최현배 교수의 수업을 듣는다.

11월 27일 이화여자전문학교 협성교회 영어성경반에서 공부한다.

1939년(23세) 연희전문 2학년 윤동주는 『조선일보』 학생란에 산문 「달을 쏘다」를 발표하고 그 해 『소년少年』에 시를 발표하며 처음으로 원고료를 받는다. 9월 「자화상」, 「귀뚜라미와 나와」를 쓰고 일년 이삼 개월 동안 글을 발표하지 않는다.

11월 조선총독부는「조선민사령 중 개정의 건」을 발표하여 조선 민족 고유의 성명 제도를 폐지하고, 일본식의 '씨氏' 명으로 바꾸도록 강요한다.

협성 교회가 있었던 이화여대 중강당(출처 이화여자대학교)

1939.9-1940.12 침묵기, 깊은 성찰을 하다

1940년(24세) 2월 11일부터 창씨개명령이 시행되어, 8월 10일까지 일본식 성씨를 결정하여 제출해야 하는 상황에 처한다.

5월 전쟁으로 인한 물자 부족으로 연희전문학교 기숙사의 식사가 나빠지자 후배 정병욱과 함께 연희전문 기숙사에서 나온다. 북아현동, 누상동 9번지 등지에서 정병욱과 하숙한다.

12월 「팔복」, 「병원」, 「위로」를 쓰며 다시 시를 발표한다.

연희전문 시절 후배 정병욱과 윤동주(출처 유족 대표 윤인석 교수)

1941 한 권의 시집이 탄생한다

1941년(25세) 이화여자전문학교 협성교회 영어성경반에서 계속 공부한다.

12월 27일에 연희전문학교 문과 졸업을 앞두고 시 19편을 골라 시집 『병원』을 내려 했으나. 위험하다는 이양하 교수의 만류로 『하늘과 바람과 별과 시』라는 제목으로 바꾼다. 77권을 내려 했으나 내지 못하고, 세 권만 묶어 한 권은 자신이 갖고, 나머지를 이양하 교수와 정병욱에게 건넨다.

하늘과 바람과 별과 시 초간본, 정음사 발행

1942 일본으로 유학가서 투옥되다

1942년(26세) 1월 29일 '히라누마 도주平沼東柱'라는 이름으로 '창씨개명계'를 연희전문에 제출한다. 창씨개명계를 내기 닷새 전 괴로워하며 「참회록」(1942.1.24)을 쓴다.

3월 일본으로 건너가 일본 성공회에서 운영하는 도쿄 릿쿄대학 문학부 영문과에 입학한다. 릿쿄대학에 군국주의 교육이 심하여, 6개월 만에 중퇴한다.

10월 가장 좋아하는 시인 정지용이 다닌 교토 도시샤대학 영문학과에 편입한다.

1943년(27세) 7월 14일 귀향길에 오르기 전 치안유지법에 따른 사상범으로 일본 경찰에 체포되어 교토의 시모가모 경찰서에 구금된다.

1944년(28세) 3월 31일 교토 지방 재판소에서 송몽규와 함께 치안유지법 제5조 위반죄로 2년형을 선고받고 후쿠오카 형무소에 수감된다.

1945년(29세) 2월 16일 오전 3시 36분 후쿠오카 형무소에서 옥사하다. 부친 윤영석과 당숙 윤영춘이 시신을 수습하러 일본으로 간다.

3월 6일 장례식을 치른다. 조부 윤하현의 비석으로 쓰려고 준비했던 흰 돌을 윤동주의 비석으로 사용한다.

1947년 2월 13일 강처중이 정지용에게 부탁하여 『경향신문』에 윤동주의 유작이 「쉽게 씌어진 시」부터 소개되고, 사흘 후 서울 소공동 플라워 회관에서 2주기 추도회가 거행된다.

1948년 2월 윤동주의 3주기 추도식에 맞춰 윤동주의 유작 31편과 정지용의 서문으로 이루어진 유고시집 『하늘과 바람과 별과 시』 초간본이 정음사에서 간행된다.

1954년 중학교 2학년 교과서에 「새로운 길」이 실리면서 지금까지 윤동주 시는 늘 교과서에 실린다.

1990년부터 일본의 출판사 치쿠마쇼보(筑摩書房)에서 제작한 『현대문』 교과서에 윤동주 시가 실린다.

8월 15일 윤동주 시인에게 건국공로훈장 독립장이 추서된다.

윤동주 「쉽게 쓰여진 시」 육필원고(출처 유족 대표 유인석 교수)

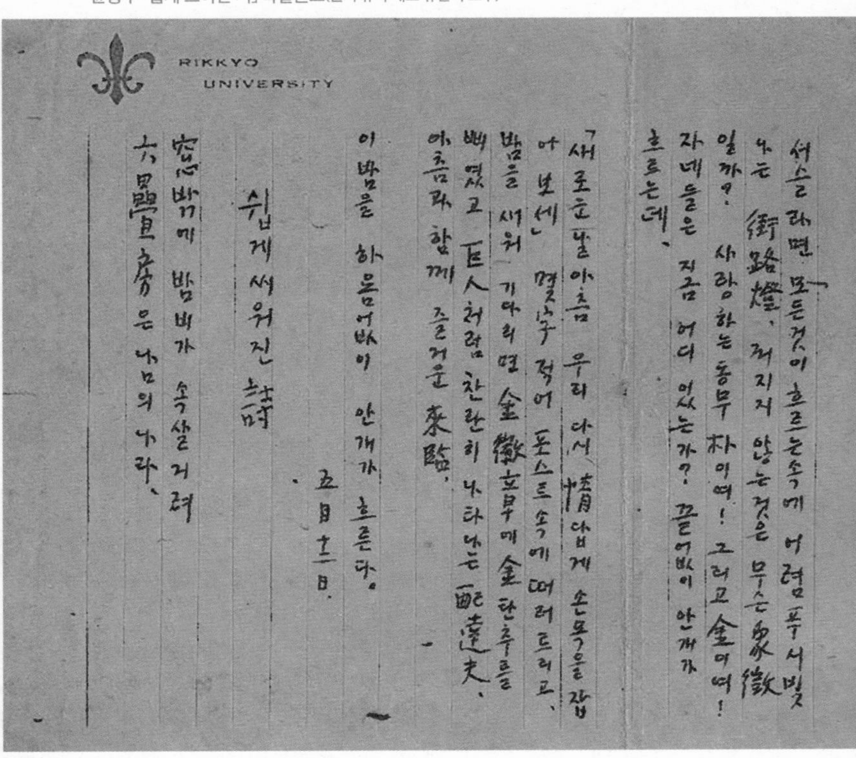

RIKKYO
UNIVERSITY

섰을라면 모든것이 흐르는속에 어렴풋시 빛
나는 街路燈, 꺼지지 않는것은 무슨 象徵
일까? 사랑하는 동무 朴이여! 그리고 金이여!
자네들은 지금 어디 있는가? 끝없이 안개가
흐르는데,
「새로운날 아침 우리 다시 情답게 손목을 잡
아 보세」 몇字 적어 포스트속에 떨어트리고,
밤을 새워 기다리면 金徵章에 金단추를
삐였고 巨人처럼 찬란히 나타나는 配達夫,
아침과 함께 즐거운 來臨,
이 밤을 하염없이 안개가 흐른다。
五月十二日.

쉽게 씨워진 詩

窓밖에 밤비가 속살거려
六疊房은 남의 나라,

참고 문헌

1차 자료

윤동주, 『하늘과 바람과 별과 시』, 정음사, 1948.

윤동주, 『하늘과 바람과 별과 시』, 정음사, 1955.

윤동주, 『윤동주 자필 시고전집』, 왕신영·심원섭·오무라 마스오·윤인석 엮음, 민음사, 1999.

윤동주, 『정본 윤동주 전집』, 홍장학 엮음, 문학과지성사, 2004.

『숭실활천』, 학생YMCA문예부, 1935.

정병욱, 『바람을 부비고 서 있는 말들』, 집문당, 1980.

2차 자료

마광수, 『윤동주 연구』, 정음사, 1986.

송우혜, 『윤동주 평전』, 열음사, 1988. 세계사, 1998. 푸른역사, 2004. 서정시학, 2014.

오무라 마스오 『윤동주와 한국 근대문학』, 소명출판, 2001.

구마키 쓰토무, 『윤동주 연구』, 숭실대학교 박사논문, 2003.

홍장학, 『정본 윤동주 전집 원전연구』, 문학과지성사, 2004.

조재수, 『윤동주 시어 사전』, 연세대학교 출판부, 2005.

문재린 김신묵 회고록, 『기린갑이와 고만네의 꿈』, 문영금·문영미 엮음, 도서출판 삼인, 2006.

권오만, 『윤동주 시 깊이 읽기』, 소명출판, 2009.

김 혁, 『윤동주 코드』, 연변인민출판사, 2015.

안소영, 『시인 동주』, 창비, 2015.

김응교, 『처럼-시로 만나는 윤동주』, 문학동네, 2016.

연세대학교 국학연구원 연세학풍연구소, 『윤동주와 그의 시대』, 혜안, 2018.

류양선·조영환 엮음, 『윤동주 시인과 함께』, 다시올, 2018.

김치성, 『윤동주의 시인되기』, 국학자료원, 2019.

김응교, 『나무가 있다-윤동주 산문의 숲에서』, 아르테, 2019.

김응교, 『서른 세 번의 만남, 백석과 동주』, 아카넷, 2020.

정우택, 『시인의 발견, 윤동주』, 성균관대학교출판부, 2021.

김형태, 『윤동주 연구-실존의식과 서지자료를 중심으로』, 역락, 2023.

색인

클래식 클라우드 036

윤동주

1판 1쇄 인쇄 2025년 2월 5일
1판 1쇄 발행 2025년 2월 16일

지은이 김응교
펴낸이 김영곤
펴낸곳 아르테

편집팀 정지은 김지혜 이영애 김경애 박지석 양수안
출판마케팅팀 남정한 나은경 최명열 한경화 권채영
영업팀 변유경 한충희 장철용 김영남 강경남 황성진 김도연
제작팀 이영민 권경민
교정 최유진 책임편집 이영애
디자인 이찬형

출판등록 2000년 5월 6일 제406-2003-061호
주소 (10881) 경기도 파주시 회동길 201(문발동)
대표전화 031-955-2100 팩스 031-955-2151

ISBN 979-11-7357-088-9 04000
ISBN 978-89-509-7413-8(세트)
아르테는 (주)북이십일의 문학·교양 브랜드입니다.

(주)북이십일 경계를 허무는 콘텐츠 리더

네이버오디오클립/팟캐스트 **[클래식 클라우드-책보다 여행]**, 유튜브 **[클래식클라우드]**를 검색하세요.
페이스북 www.facebook.com/21classiccloud
인스타그램 www.instagram.com/21_arte
유튜브 youtube.com/c/classiccloud21

또 다른 세계로 가는 문학의 다리
아르테 세계문학 시리즈 '클래식 라이브러리'

CL 001 슬픔이여 안녕
프랑수아즈 사강 지음 | 김남주 옮김
값 15,000원

'매혹적인 작은 괴물'
프랑수아즈 사강의 대표작

CL 002 평온한 삶
마르그리트 뒤라스 지음 | 윤진 옮김
값 15,000원

프랑스 현대문학의 거장
마르그리트 뒤라스의 숨은 걸작

CL 003 자기만의 방
버지니아 울프 지음 | 안시열 옮김
값 15,000원

이름 없는 모든 여성들을 소환한
버지니아 울프의 기록

CL 004 워더링 하이츠
에밀리 브론테 지음 | 윤교찬 옮김
값 22,000원

단 하나의 소설로 신화가 된
에밀리 브론테의 기념비적인 작품

CL 005 변신
프란츠 카프카 지음 | 목승숙 옮김
값 15,000원

현대인의 불안과 소외를 예견한
프란츠 카프카의 대표 단편 4선

CL 006 1984
조지 오웰 지음 | 배진희 옮김
값 19,800원

가장 정치적이면서도 가장 예술적인 고전
디스토피아적 SF 문학의 원조

CL 007 인간 실격
다자이 오사무 지음 | 신현선 옮김
값 15,000원

일본 데카당스 문학의 결정체이자
청춘의 자화상과도 같은 작품

CL 008 도리언 그레이의 초상
오스카 와일드 지음 | 김순배 옮김
값 16,000원

예술 같은 인생을 살다 간
심미주의 문학의 대가 오스카 와일드가 남긴
유일한 장편 소설

CL 009 월든

헨리 데이비드 소로 지음 | 신재실 옮김

값 22,000원

월든 호수에서 소로가
보고 느낀 것들의 집대성

CL 010 코·초상화

니콜라이 바실리예비치 고골 지음 | 이경완 옮김

값 16,000원

고골의 페테르부르크 이야기들
'보이는 웃음 속의 보이지 않는 눈물'

CL 011 수레바퀴 아래서

헤르만 헤세 지음 | 박광자 옮김

값 16,000원

흔들리며 성장해 가는 젊은 영혼들을 위하여
헤르만 헤세가 들려주는 자전적 이야기

CL 012 데미안

헤르만 헤세 지음 | 정현규 옮김

값 16,000원

성장소설의 영원한 고전
헤르만 헤세의 영혼의 자서전

CL 013 비곗덩어리

기 드 모파상 지음 | 임희근 옮김

값 16,000원

현대 소설의 아버지,
모파상의 걸작 단편선

CL 014 사랑에 관하여

안톤 파블로비치 체호프 지음 | 김현정 옮김

값 16,000원

세계 3대 단편 작가,
체호프의 대표 단편 선집

CL 015 허클베리 핀의 모험

마크 트웨인 지음 | 노동욱 옮김

값 24,000원

미국의 셰익스피어, 마크 트웨인의 대표
반드시 읽어야 할 독보적 작품

CL 016 이방인

알베르 카뮈 지음 | 박언주 옮김

값 15,000원

태양 아래에서 발견한 진실,
그 의미를 묻지 않는 자
〈르 몽드〉 선정 세기의 도서 1위